Praxisleitfaden Governance, Risk und Compliance

Ausgewählte Fachbeiträge zur Einrichtung und Prüfung von Corporate-Governance-Systemen

IDW VERLAG GMBH

© 2017 IDW Verlag GmbH, Tersteegenstraße 14, 40474 Düsseldorf
Die IDW Verlag GmbH ist ein Unternehmen des Instituts der Wirtschaftsprüfer in Deutschland e.V. (IDW).

Druck und Bindung: Druckerei C.H.Beck, Nördlingen
PN 56022/0/0   KN 11769

ISBN 978-3-8021-2132-6

Bibliografische Information der Deutschen Bibliothek
Die Deutsche Bibliothek verzeichnet diese Publikation in der Deutschen Nationalbibliografie; detaillierte bibliografische Daten sind im Internet über http://www.d-nb.de abrufbar.

© istockphoto.com / CircleEyes

www.idw-verlag.de

Vorwort

Die Einrichtung und Prüfung von Corporate-Governance-Systemen hat in den letzten Jahren sowohl für die Unternehmen als auch für den Berufsstand der Wirtschaftsprüfer zunehmend an Bedeutung gewonnen. Das IDW hatte hierzu bereits in 2011 einen Prüfungsstandard zur Prüfung von Compliance-Management-Systemen (IDW PS 980) veröffentlicht. Im Rahmen eines breiter angelegten Projektes „Governance, Risk und Compliance" (GRC) hat das IDW im April 2017 unter Berücksichtigung der in § 107 Abs. 3 AktG genannten Überwachungsgebiete des Aufsichtsrats ergänzende Verlautbarungen zur Prüfung folgender Corporate-Governance-Systeme veröffentlicht:

- Risikomanagementsystem (IDW PS 981),
- Internes Kontrollsystems des internen und externen Berichtswesens (IDW PS 982) sowie
- Internes Revisionssystem (IDW PS 983).

In einem einleitenden Beitrag werden zunächst die Organisationspflichten des Vorstands, die Überwachungspflichten des Aufsichtsrats sowie die diesbezüglichen Berichtspflichten des Vorstands dargestellt. Darauf aufbauend wird eine Systematisierung der Corporate-Governance-Systeme vorgenommen, die das IDW bei der Entwicklung der Prüfungsstandards im Rahmen seines GRC-Projekts zugrunde gelegt hat. Anschließend werden in einem weiteren Beitrag die GRC-Systeme und -Prozesse als Steuerungsinstrument aus Unternehmenssicht beschrieben. Darauf aufbauend wird mit Visualisierungen ein Überblick über die einzelnen Verlautbarungen der 980er-Reihe vermittelt. Anhand der jeweiligen – zum Teil aktualisierten – Einführungsaufsätze, die in den Medien des IDW erschienen sind, werden die einzelnen Prüfungsstandards dann näher erläutert.

Zur Prüfung von Compliance-Management-Systemen haben sich seit der Veröffentlichung in 2011 einige Anwendungsfragen sowie Fortentwicklungen ergeben. Hierzu werden in den IDW Medien veröffentlichte Fachbeiträge wiedergegeben. Diese betreffen insbesondere:

- Compliance-Kultur – Impulse für die Gestaltung und Prüfung von CMS
- CMS – Praktische Ausgestaltung für die Teilbereiche Antikorruption sowie Wettbewerbs- und Kartellrecht
- Einrichtung von Compliance-Management-Systemen in der Praxis
- Planung und Risikobeurteilung bei der Prüfung von CMS
- Zum Verhältnis von ISO 19600 und IDW PS 980
- Compliance im Mittelstand
- Tax Compliance

Dieser Praxisleitfaden eignet sich sowohl für Wirtschaftsprüfer als auch für Vorstände, Geschäftsführer, Aufsichtsräte, Verwaltungsratsmitglieder und sonstige Interessierte, die zunächst einen Überblick über die Prüfungen von Corporate-Governance-Systemen gewinnen und sich darauf aufbauend vertieft mit Anwendungsfragen befassen wollen.

Düsseldorf, im Mai 2017

Inhalt

1. Governance, Risk und Compliance – Einführung

2. Prüfung von Risikomanagementsystemen

3. Prüfung des internen Kontrollsystems des internen und externen Berichtswesens

4. Prüfung von Internen Revisionssystemen

1. Governance, Risk und Compliance – Einführung

A Corporate-Governance-Systeme – Pflichten der Unternehmensorgane und Unterstützung durch den Wirtschaftsprüfer

Von WP StB Daniel Groove

1. Vorbemerkung

Während dem Vorstand die Geschäftsleitung der Gesellschaft obliegt, ist es die zentrale Aufgabe des Aufsichtsrates, die Geschäftsleitung zu überwachen. Voraussetzung für die dem Aufsichtsrat nach § 111 Abs. 1 AktG obliegende Überwachung der Geschäftsleitung ist die angemessene Informationsversorgung des Aufsichtsrats durch den Vorstand. Stehen angemessene Informationen nicht zur Verfügung, kann der Aufsichtsrat weder den Vorstand überwachen noch den Vorstand beraten und damit nicht möglichen Fehlentwicklungen rechtzeitig entgegenwirken. Um eine adäquate Informationsversorgung der Aufsichtsratsmitglieder zu fördern, hat der Gesetzgeber im Aktiengesetz (AktG) (Mindest-) Vorschriften zur Information des Aufsichtsrates sowie zu dessen Informationsrechten formuliert. Zudem sind im Deutschen Corporate Governance Kodex (DCGK) Empfehlungen und Anregungen ausgeführt.

Im Folgenden wird zunächst der Pflichtenrahmen der Unternehmensorgane dargestellt (vgl. Abschnitt 2). Dies umfasst insbesondere die Darstellung der Organisationspflichten des Vorstands sowie die rechtlichen Grundlagen der Überwachungspflichten und der Informationsrechte des Aufsichtsrats in Bezug auf die Corporate-Governance-Systeme des Unternehmens. In einem weiteren Abschnitt werden die Anforderungen an die Berichterstattung des Vorstands an den Aufsichtsrat bzgl. der Corporate-Governance-Systeme dargestellt (vgl. Abschnitt 3). In einem letzten Abschnitt wird aufgezeigt, wie die zur Unternehmensführung und -überwachung eingesetzten Corporate-Governance-Systeme abgegrenzt werden können und welche Verlautbarungen zur Prüfung dieser Corporate-Governance-Systeme das Institut der Wirtschaftsprüfer (IDW) hierzu veröffentlicht hat (Abschnitt 4).

2. Pflichtenrahmen der Unternehmensorgane

Die **Leitungsaufgabe des Vorstands** nach §§ 76 Abs. 1, 93 Abs. 1 Satz 1 AktG umfasst die Verpflichtung zur Schaffung einer Organisationsstruktur, mit der Unternehmenszweck und Unternehmensgegenstand erfüllt werden können. Der Vorstand muss sicherstellen, dass die der Gesellschaft obliegenden Aufgaben durch qualifiziertes Personal auch tatsächlich erfüllt werden. Im Rahmen seiner Organisationspflicht hat der Vorstand für eine gesetzmäßige, satzungskonforme und möglichst effiziente Organisationsstruktur Sorge zu tragen. Der konkrete Organisationsgrad hängt von Art, Größe und Komplexität des Unternehmens ab.[1]

---

[1] Vgl. *Wiesner*, Münchener Handbuch des Gesellschaftsrechts, 4. Auflage 2015, § 25 Organpflichten des Vorstands, Rn. 8 ff.

Mit dem Gesetz zur Kontrolle und Transparenz im Unternehmensbereich (KonTraG) wurde mit § 91 Abs. 2 AktG bestimmt, dass der Vorstand geeignete Maßnahmen zu treffen, insbesondere ein Überwachungssystem einzurichten hat, damit den Fortbestand der Gesellschaft gefährdende Entwicklungen früh erkannt werden. In der Gesetzesbegründung zum KonTraG wird hierzu ausgeführt, dass mit dieser Regelung die Verpflichtung des Vorstands, für ein angemessenes Risikomanagement und für eine angemessene interne Revision zu sorgen, verdeutlicht werden soll. Danach handelt es sich um eine gesetzliche Hervorhebung der allgemeinen Leitungsaufgabe des Vorstands gemäß § 76 AktG, zu der auch die Organisation gehört. Die Verletzung dieser Organisationspflicht kann gemäß § 93 Abs. 2 AktG zu einer Schadensersatzpflicht führen.[2] Diesbezüglich ist auch darauf hinzuweisen, dass das nach § 91 Abs. 2 AktG einzurichtende System zu dokumentieren ist. Wird dieses System nicht ordnungsgemäß dokumentiert, kann der Hauptversammlungsbeschluss, durch den die Hauptversammlung den Vorstand entlastet, gem. § 243 Abs. 1 AktG anfechtbar sein.[3]

In Bezug auf andere Rechtsformen wird in der Gesetzesbegründung zum KonTraG zu § 91 Abs. 2 AktG ausgeführt, dass für Gesellschaften mit beschränkter Haftung je nach ihrer Größe, Komplexität ihrer Struktur usw. nichts anderes gilt und die Neuregelung Ausstrahlungswirkung auf den Pflichtenrahmen der Geschäftsführer auch anderer Gesellschaftsformen hat.[4]

Während dem Vorstand die Geschäftsleitung der Gesellschaft obliegt, ist es die zentrale Aufgabe des Aufsichtsrates, die Geschäftsleitung zu überwachen. Die Überwachungspflicht nach § 111 Abs. 1 AktG obliegt zwar dem Aufsichtsrat als Organ der Gesellschaft. Zu ihrer sorgfältigen und am Unternehmensinteresse ausgerichteten Wahrnehmung sind allerdings sämtliche Aufsichtsratsmitglieder kraft ihrer Zugehörigkeit zum Aufsichtsrat verpflichtet; bei Verletzung ihrer Pflichten haften sie nach Maßgabe der §§ 116 Satz 1, 93 AktG auf Schadensersatz. Der Aufsichtsrat hat die Geschäftsleitung regelmäßig, d.h. laufend zu überwachen.[5]

Als Mittel und Grundvoraussetzung zur Überwachung der Geschäftsführung nennt § 111 Abs. 2 AktG u.a. das Recht des Aufsichtsrats zur Einsichtnahme in und Prüfung der Unterlagen und Vermögensgegenstände der Gesellschaft. Diese Rechte schaffen dem Aufsichtsrat eine eigenständige Möglichkeit zur Beschaffung der benötigten Informationen und Aufklärungen. Diese treten neben die Informationspflichten des Vorstands (Abschnitt 3). Ziffer 3.4. des Deutschen Corporate Governance Kodex (DCGK) empfiehlt insoweit eine Informationsordnung festzulegen, die den Informationsfluss zwischen Vorstand und Aufsichtsrat konkret regelt.[6] Die Intensität der vom Aufsichtsrat geforderten Überwachungstätigkeit richtet sich neben der Komplexität der Geschäftstätigkeit auch nach der Lage der Gesellschaft. Ist diese angespannt oder bestehen besondere Risiken, muss auch die Überwachungstätigkeit des Aufsichtsrats entsprechend der jeweiligen Risikolage intensiviert

---

2 Vgl. Begr. RegE KonTraG, BT-Drucks. 13/9712, S. 15.
3 Vgl. LG München I, Urteil vom 5.4.2007 – 5 HK O 15964/06.
4 Vgl. Begr. RegE KonTraG, BT-Drucks. 13/9712, S. 15.
5 Vgl. *Habersack*, Münchener Kommentar zum Aktiengesetz, 4. Auflage 2014, § 111 AktG, Rn. 18 ff.
6 Vgl. *Bürgers/Israel* in Bürgers/Körber, AktG, 3. Auflage, § 111 Rn. 11.

werden. Für die Durchführung seiner Überwachungstätigkeit sieht § 111 Abs. 2 Satz 2 AktG vor, dass der Aufsichtsrat auch einzelne Mitglieder oder besondere Sachverständige (ggf. einen Wirtschaftsprüfer) mit der Wahrnehmung bestimmter Aufgaben beauftragen kann.[7]

Die Vorschriften des § 111 AktG finden nicht nur auf die AG und die KGaA (§ 278 Abs. 3 AktG), sondern nach § 25 Abs. 1 S. 1 Nr. 2 MitbestG, § 3 Abs. 2 MontanMitbestG, § 3 Abs. 1 MitbestErgG, § 1 Abs. 1 Nr. 3 DrittelbG, § 24 Abs. 2 S. 2 MgVG auch auf die mitbestimmte GmbH Anwendung. Auf die mitbestimmungsfreie GmbH findet § 111 AktG nach § 52 Abs. 1 GmbHG nur insoweit Anwendung, als im Gesellschaftsvertrag nicht etwas anderes bestimmt ist.[8]

Bestandteil der Leitungsaufgabe des Vorstands und damit zugleich der Überwachungsaufgabe des Aufsichtsrats ist insbesondere die Organisation der Geschäftsführung in ihrer Gesamtheit. Hierzu zählen neben wesentlichen operativen Maßnahmen die Delegation von Geschäftsleitungsaufgaben auf leitende Angestellte nebst deren Überwachung durch den Vorstand sowie die vom Vorstand einzurichtenden Überwachungs- bzw. Steuerungssysteme[9]. Durch das BilMoG wurde zudem § 107 Abs. 3 Satz 2 in das AktG neu eingefügt, wonach der Aufsichtsrat aus seiner Mitte einen Prüfungsausschuss bestellen kann, der sich neben der Überwachung der Abschlussprüfung befasst mit

- der Überwachung des Rechnungslegungsprozesses,
- der Wirksamkeit
  - des internen Kontrollsystems,
  - des Risikomanagementsystems und
  - des internen Revisionssystems.

Die Begriffe Risikomanagementsystem (RMS), Internes Kontrollsystem (IKS) und Internes Revisionssystem (IRS) sind weder im Gesetz noch in der Literatur eindeutig definiert und werden in unterschiedlichen Ausprägungen verwendet. Die in § 107 AktG genannten Objekte der Überwachung können als Bestandteile eines unternehmensweiten Rahmenkonzepts für das RMS, IKS und die IRS verstanden werden, wenn hierfür das von COSO entwickelte übergreifende Rahmenwerk „Unternehmensweites Risikomanagement" (COSO ERM) zugrunde gelegt wird[10]:

---

7 Vgl. *Hüffer*, Aktiengesetz, 11. Auflage, § 111 Rn. 23.
8 Vgl. *Habersack*, Münchener Kommentar zum Aktiengesetz, 4. Auflage 2014, § 111 AktG, Rn. 5.
9 Vgl. *Habersack*, Münchener Kommentar zum Aktiengesetz, 4. Auflage 2014, § 111 AktG, Rn. 20, m.w.N.
10 Vgl. COSO, Unternehmensweites Risikomanagement – Übergreifendes Rahmenwerk – Zusammenfassung, 2004, S. 5 (https://www.coso.org/Documents/COSO-ERM-Executive-Summary-German.pdf)

§ 107 AktG normiert jedoch keine Pflicht zur Einrichtung entsprechender Systeme. Die Befassung durch den Aufsichtsrat und den Prüfungsausschuss setzt vielmehr voraus, dass die Systeme vorhanden sind oder dass die Gesellschaft nach den Verhältnissen des Einzelfalls verpflichtet ist, solche Systeme einzurichten. Die Frage, ob und in welcher Ausgestaltung die Systeme einzurichten und zu unterhalten sind, ergibt sich als Ausfluss der Leitungspflicht (§ 76 AktG) sowie der Organisations- und Sorgfaltspflichten des Vorstands (§ 93 AktG).[11]

In der Gesetzesbegründung zum BilMoG weist der Gesetzgeber darauf hin, dass die in § 107 Abs. 3 Satz 2 AktG – der zunächst lediglich die innere Ordnung des Aufsichtsrats betrifft – genannten Bereiche als eine Konkretisierung der allgemeinen Überwachungsaufgabe des Aufsichtsrats aus § 111 Abs. 1 AktG anzusehen sind. Zudem wird in der Gesetzesbegründung klargestellt, dass der Aufsichtsrat die in § 107 Abs. 3 Satz 2 AktG angesprochenen Aufgaben selbst wahrzunehmen hat, wenn er keinen Prüfungsausschuss einrichtet.[12]

Ziffer 5.3.2 des DCGK führt zu den Aufgaben des Prüfungsausschusses aus, dass sich der Prüfungsausschuss auch – falls kein anderer Ausschuss damit betraut ist – mit der Compliance befasst.

Dem Aufsichtsrat bzw. dem von ihm eingerichteten Prüfungsausschuss obliegt somit die Prüfung, ob die vorstandsseitig eingerichteten Systeme und Abläufe mit Blick auf die Verhältnisse und Risiken der Gesellschaft angemessen und wirksam sind und – sollte es an

---

11 Vgl. *Gelhausen/Fey/Kämpfer*, Rechnungslegung und Prüfung nach dem Bilanzrechtsmodernisierungsgesetz, Abschn. Y, Rz. 67.

12 Vgl. BT-Drucks. 16/10067, S. 102.

entsprechenden Systemen fehlen – ob der Verzicht darauf mit den Leitungs- und Sorgfaltspflichten des Vorstands nach § 93 Abs. 1 Satz 1 AktG noch im Einklang steht.[13] Der Sorg-
faltsmaßstab wird durch § 93 Abs. 1 Satz 2 AktG konkretisiert, wonach eine Pflichtverletzung nicht vorliegt, wenn das Vorstandsmitglied bei einer unternehmerischen Entscheidung vernünftigerweise annehmen durfte, auf der Grundlage angemessener Information
zum Wohle der Gesellschaft zu handeln. Hierbei handelt es sich um die sog. Business
Judgement Rule, die den Vorstandsmitgliedern einen Ermessensspielraum bei ihren unternehmerischen Entscheidungen belässt. Soweit die Vorstandsmitglieder die in § 93 Abs. 1
Satz 2 AktG genannten Voraussetzungen bei ihrer Entscheidungsfindung beachten, liegt
keine Pflichtverletzung vor.[14]

Die Wirksamkeitsüberwachung nach § 107 Abs. 3 Satz 2 AktG setzt eine systematische, auf
Basis einer risikoorientierten Betrachtungsweise durchgeführte Bestandsaufnahme des
vorhandenen internen Kontrollsystems, des Risikomanagementsystems sowie des Internen Revisionssystems voraus. Bei Fehlen adäquater Systeme oder bestehenden Schwächen
ist der Aufsichtsrat bzw. Prüfungsausschuss aufgefordert zu prüfen, ob solche Systeme notwendig sind und welche Maßnahmen zur Verbesserung, Veränderung und Ergänzung angemessen sind sowie den Vorstand zu entsprechenden Maßnahmen zu veranlassen.[15]

Schließlich wird in Ziffer 5.2 DCGK zu den Aufgaben und Befugnissen des Aufsichtsrats-
vorsitzenden empfohlen, dass der Aufsichtsratsvorsitzende zwischen den Sitzungen mit
dem Vorstand, insbesondere mit dem Vorsitzenden bzw. Sprecher des Vorstands, regelmäßig Kontakt halten und mit ihm Fragen der Strategie, der Planung, der Geschäftsentwicklung, der Risikolage, des Risikomanagements und der Compliance des Unternehmens beraten soll. Der Aufsichtsratsvorsitzende wird über wichtige Ereignisse, die für die Beurteilung der Lage und Entwicklung sowie für die Leitung des Unternehmens von wesentlicher
Bedeutung sind, unverzüglich durch den Vorsitzenden bzw. Sprecher des Vorstands informiert. Der Aufsichtsratsvorsitzende soll sodann den Aufsichtsrat unterrichten und erforderlichenfalls eine außerordentliche Aufsichtsratssitzung einberufen.

3. Berichterstattung des Vorstands an den Aufsichtsrat

3.1. Grundlagen der Berichterstattung des Vorstands

Das Aktienrecht sieht weitgehende Informationspflichten des Vorstands gegenüber dem
Aufsichtsrat vor. Insbesondere hat der Vorstand gegenüber dem Aufsichtsrat nach § 90
Abs. 1 AktG die folgenden Berichtspflichten (sogenannte Regelberichte), wobei sich die
Häufigkeit und Zeitpunkte der Berichterstattung aus § 90 Abs. 2 AktG ergeben:

1. Die beabsichtigte Geschäftspolitik und andere grundsätzliche Fragen der Unterneh-
   mensplanung;
2. die Rentabilität der Gesellschaft;
3. den Gang der Geschäfte;

---

13 Vgl. *Habersack*, Münchener Kommentar zum Aktiengesetz, 4. Auflage 2014, § 111 AktG, Rn. 20.

14 Vgl. *Hölters*, in Aktiengesetz, 2. Aufl. 2014, § 93 AktG, Rn. 4 und 29.

15 Vgl. *Hölters*, Aktiengesetz, 2. Aufl. 2014, § 107 AktG, Rn. 105a.

4. Geschäfte, die für die Rentabilität oder Liquidität der Gesellschaft von erheblicher Bedeutung sein können.

Gemäß § 90 Abs. 1 Satz 2 AktG hat sich die Berichterstattung des Vorstands bei einer Aktiengesellschaft, die Mutterunternehmen i.S.v. § 290 Abs. 1, 2 HGB ist, auch auf Tochterunternehmen und auf Gemeinschaftsunternehmen gemäß § 310 Abs. 1 HGB zu erstrecken.

Über die Regelberichte hinaus hat der Vorstand dem Vorsitzenden des Aufsichtsrats gemäß § 90 Abs. 1 Satz 3 AktG aus sonstigen wichtigen Anlässen zu berichten (sogenannte **Sonderberichte**). Zu solchen wichtigen Anlässen gehören z.B. dem Vorstand bekannt gewordene geschäftliche Vorgänge bei einem verbundenen Unternehmen, sofern sie auf die Lage der Gesellschaft von erheblichem Einfluss sein können.

Darüber hinaus kann der Aufsichtsrat vom Vorstand gemäß § 90 Abs. 3 AktG jederzeit einen Bericht verlangen über Angelegenheiten der Gesellschaft, über ihre rechtlichen und geschäftlichen Beziehungen zu verbundenen Unternehmen sowie über geschäftliche Vorgänge bei diesen Unternehmen, die auf die Lage der Gesellschaft von erheblichem Einfluss sein können (sogenannte **Anforderungsberichte**). Dabei ist der Begriff „Angelegenheiten der Gesellschaft" grundsätzlich weit auszulegen und von einer weit gefassten Berichtspflicht gegenüber dem Aufsichtsrat auszugehen.[16] § 90 Abs. 3 AktG sieht – anders als § 90 Abs. 1 AktG, der die grundsätzlichen Berichtspflichten des Vorstands regelt – ein eigenes Informationsrecht des Aufsichtsrats vor. Hiervon müssen die Mitglieder des Aufsichtsrats – z.B. in Zeiten wirtschaftlicher Krise – ggf. Gebrauch machen, um Schadensersatzpflichten gegenüber der Gesellschaft nach § 116 i.V.m. § 93 AktG zu vermeiden; sie können sich nicht auf die eigene Unkenntnis berufen.[17]

Die Berichte nach § 90 Abs. 1 Satz 1 und Abs. 3 AktG sind gem. § 90 Abs. 4 Satz 2 AktG i.d.R. in Schriftform abzufassen. In Ausnahmefällen (etwa aus Gründen der Aktualität oder gesteigerten Geheimhaltungsbedürfnisses) kann auch eine mündliche Berichterstattung in Betracht kommen. Für Berichte nach § 90 Abs. 1 Satz 3 AktG gibt es gem. § 90 Abs. 4 Satz 2 AktG keine Regelform. Dies trägt dem Umstand Rechnung, dass bei besonderer Eilbedürftigkeit oder vertraulichem Informationsaustausch die Textform in diesen Fällen eher hinderlich wäre.[18]

Jedes Aufsichtsratsmitglied hat das Recht, von den Berichten Kenntnis zu nehmen (§ 90 Abs. 5 Satz 1 AktG).

Gemäß § 52 Abs. 1 Satz 1 GmbHG sind die Regelungen des § 90 Abs. 3, 4, 5 Satz 1 und 2 AktG auch bei einer GmbH entsprechend anzuwenden, wenn nach dem Gesellschaftsvertrag ein Aufsichtsrat zu bestellen ist.

---

16 Vgl. *Manger*, Das Informationsrecht des Aufsichtsrats gegenüber dem Vorstand – Umfang und Grenzen, NZG 2010, S. 1255f.

17 Vgl. *Wachter*, AktG, § 90 AktG, Rn. 21; BGH NJW 2009, 2454 f.

18 Vgl. *Hüffer*, Aktiengesetz, 10. Auflage 2012, § 90 AktG, Rn. 13 f.

3.2. Berichterstattung in Bezug auf die Überwachung der Corporate-Governance-Systeme

§ 90 AktG regelt die Berichterstattung an den Aufsichtsrat nicht abschließend. So ist in Bezug auf das nach § 91 Abs. 2 AktG einzurichtende Überwachungssystem für bestandsgefährdende Entwicklungen davon auszugehen, dass der Vorstand den Aufsichtsrat trotz eines fehlenden Hinweises im Gesetz über die Einrichtung, Form und Zuverlässigkeit des Überwachungssystems zu unterrichten hat.[19]

Auch Ziffer 3.4 DCGK sieht zur ausreichenden Informationsversorgung des Aufsichtsrats vor, dass der Vorstand den Aufsichtsrat über alle für das Unternehmen relevanten Fragen der Strategie, der Planung, der Geschäftsentwicklung, der Risikolage, des *Risikomanagements und der Compliance* informiert. Zudem wird im DCGK empfohlen, dass der Aufsichtsrat die Informations- und Berichtspflichten des Vorstands näher festlegen soll. Insbesondere im Hinblick auf die Überwachungsaufgabe des § 107 Abs. 3 AktG wird der Aufsichtsrat bzw. der Prüfungsausschuss im Rahmen einer Informationsordnung die Voraussetzung dafür schaffen, um sich adäquat mit den Unternehmensrisiken und den etablierten Kontroll- und Informationssystemen auseinandersetzen zu können. Wird der Empfehlung zur Festlegung der Informations- und Berichtspflichten nicht gefolgt, hat dies grundsätzlich eine Offenlegungspflicht in der Entsprechungserklärung nach § 161 AktG zur Folge.

Die Überwachung der in § 107 Abs. 3 Satz 2 AktG genannten Corporate-Governance-Systeme stellt hohe Anforderungen an die Informationsversorgung des Prüfungsausschusses. Um eine ausreichende Transparenz der zu überwachenden Systeme herzustellen, wird angesichts der Vielfalt der zu überwachenden Systeme eine Integration der im Unternehmen eingerichteten Corporate-Governance-Systeme empfohlen, um inkonsistente Informationen zu vermeiden. Darüber hinaus sollte die Überwachung auf Maßnahmen zur Minimierung der wesentlichen Unternehmensrisiken fokussiert sein.

Nach der Empfehlung des Arbeitskreises Externe und Interne Überwachung der Unternehmung der **Schmalenbach-Gesellschaft für Betriebswirtschaft e.V.** umfasst die Berichterstattung an den Prüfungsausschuss über die Wirksamkeit der in § 107 Abs. 3 Satz 2 AktG genannten Corporate-Governance-Systeme die folgenden Mindestbestandteile:[20]

- Überblick über wesentliche Instrumente (umfassende Erstberichterstattung, Aktualisierung bei Änderungen): Themen und Verantwortlichkeiten, Risiken, wesentliche Prozesse und Maßnahmen, Implementierungsstand;
- Ergebnisse aus der Analyse der Angemessenheit und Funktionsfähigkeit der internen Steuerungs- und Kontrollsysteme;
- festgestellte wesentliche Schwächen bzw. Verstöße und Vorschläge zum weiteren Vorgehen;

---

19 Vgl. *Kropff*, Zur Information des Aufsichtsrats über das interne Überwachungssystem, NZG 2003, S. 346, m.w.N.

20 Vgl. *Arbeitskreis Externe und Interne Überwachung der Unternehmung der Schmalenbach-Gesellschaft für Betriebswirtschaft e.V.*, Überwachung der Wirksamkeit des internen Kontrollsystems und des Risikomanagementsystems durch den Prüfungsausschuss – Best Practice, DB 2011, S. 2102.

- Überblick über den Status der Beseitigung wesentlicher Schwächen und den Umsetzungsstand von Aufträgen des Prüfungsausschusses.

4. Die Prüfung von Corporate-Governance-Systemen

Auch wenn die Überwachungsfunktion höchstpersönlich von den Aufsichtsrats- bzw. Prüfungsausschussmitgliedern wahrzunehmen ist und nicht an Dritte delegiert werden kann, kann es für den Aufsichtsrat von Interesse sein, einen Wirtschaftsprüfer als Sachverständigen (vgl. § 111 Abs. 2 Satz 2 AktG) mit Prüfungsleistungen in diesen Bereichen zur Absicherung der eigenen Beurteilung zu beauftragen.

Auch der Vorstand kann ein Interesse daran haben, einen Wirtschaftsprüfer z.B. mit der Prüfung bestimmter Teilbereiche der Corporate-Governance-Systeme zu beauftragen, um hierdurch einen Nachweis zu erlangen, ob er seinen Pflichten nachgekommen ist.

Der Abschlussprüfer befasst sich zwar im Rahmen der Durchführung der Abschlussprüfung von börsennotierten Unternehmen mit den in § 107 Abs. 3 Satz 2 AktG bzw. in Tz. 5.3.2 des DCGK genannten Corporate-Governance-Systemen. Allerdings geschieht dies vor dem Hintergrund der Zielsetzung der Jahresabschlussprüfung zum Teil nur in einem sehr begrenzten Umfang, wie die nachfolgende Übersicht verdeutlicht[21]:

Bereiche nach AktG bzw. DCGK	Aufgabe des Prüfungsaus-schusses bzw. des Auf-sichtsrats	Gegenstand der Abschluss-prüfung	Erläuterung
Rechnungsle-gungsprozess	Ja	Ja	Grundlage für risikoorientierte Prüfung des Jahresabschlusses und des Lageberichts.
Internes Kontrollsystem	Ja	teilweise	Der Abschlussprüfer beurteilt das IKS nur insoweit, als es für den Abschluss und den Lagebericht relevant ist und er sich i.R.d. risikoorientierten Prüfungsansatzes auf dieses IKS stützt. Die Beurteilung des IKS durch den Prüfungsausschuss ist hingegen weitgefasst und bezieht sich auf das gesamte IKS im Unternehmen unabhängig vom Bezug zur Rechnungslegung.

---

21 Vgl. Schmidt/Tilch/Lenz/Eibelshäuser, WPg 2016, S. 945.

Bereiche nach AktG bzw. DCGK	Aufgabe des Prüfungsaus- schusses bzw. des Auf- sichtsrats	Gegenstand der Abschluss- prüfung	Erläuterung
Risikomanage- mentsystem	Ja	teilweise	Das Risikofrüherkennungssystem ist Gegenstand der Abschlussprüfung bei börsennotierter AG, soweit es sich auf bestandsgefährdende Entwicklungen bezieht. Die Prüfung des Lageberichts umfasst u.a. die Beurteilung, ob die wesentlichen Chancen und Risiken der künftigen Ent- wicklung vollständig im Lagebericht an- gegeben werden. Soweit für die Prüfung des Lageberichts erforderlich, hat sich der Abschlussprüfer daher auch damit zu befassen, wie das Unternehmens Chan- cen bzw. Risiken der künftigen Entwick- lung erfasst und bewertet.
Internes Revi- sionssystem	Ja	teilweise	Der Abschlussprüfer beurteilt die interne Revision als Teil der Befassung mit dem rechnungslegungsbezogenen IKS und verwertet ggf. Ergebnisse der internen Revision i.R.d. Prüfung.
Compliance-Ma- nagement-Sys- tem (außerhalb der Rechnungs- legung)	Ja	Nein	Grundsätzlich nicht Gegenstand der Ab- schlussprüfung. Ergibt sich allerdings aus Compliance-Verstößen ein Bezug zur Rechnungslegung, dann wird dies durch die Abschlussprüfung mit eingeschlos- sen.

Um Wirtschaftsprüfer bei freiwilligen Prüfungen von Corporate-Governance-Systemen außerhalb der Jahresabschlussprüfung zu unterstützen und gleichzeitig ein einheitliches Prüfungsvorgehen zu fördern, hat das IDW Verlautbarungen zur ordnungsmäßigen Prü- fung von Corporate-Governance-Systemen entwickelt. Zur Systematisierung und Abgren- zung der Prüfungsleistungen wurde hierbei das von COSO entwickelte übergreifende Rahmenwerk „Unternehmensweites Risikomanagement" (COSO ERM) zugrunde gelegt und die folgenden Prüfungsstandards entwickelt:

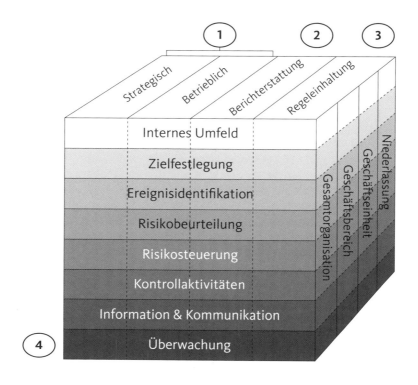

1. *IDW Prüfungsstandard: Grundsätze ordnungsmäßiger Prüfung von Risikomanagement-systemen (IDW PS 981) (Stand: 03.03.2017)*
2. *IDW Prüfungsstandard: Grundsätze ordnungsmäßiger Prüfung des internen Kontrollsystems des internen und externen Berichtswesens (IDW PS 982) (Stand: 03.03.2017)*
3. *IDW Prüfungsstandard: Grundsätze ordnungsmäßiger Prüfung von Compliance Management Systemen (IDW PS 980) (Stand: 11.03.2011)*
4. *IDW Prüfungsstandard: Grundsätze ordnungsmäßiger Prüfung von Internen Revisionssystemen (IDW PS 983) (Stand: 03.03.2017)*

Diese Kategorisierung ermöglicht grundsätzlich eine Abgrenzung der Prüfungsleistungen. Die Abgrenzung der Prüfungsgegenstände ist dabei jedoch nicht notwendigerweise überschneidungsfrei. In Abhängigkeit von den Prüfungszielen und der Festlegung des zu prüfenden Teilbereichs durch die gesetzlichen Vertreter können deshalb mehrere dieser Verlautbarungen bei einem Prüfungsauftrag anwendbar sein.
Für die Darstellung und Erläuterung der einzelnen Prüfungsstandards wird auf die Beiträge dieses Buches verwiesen.

5. Zusammenfassung

Der Vorstand hat im Rahmen seiner Leitungsaufgabe nach §§ 76 und 93 AktG in Abhängigkeit von Art, Größe und Komplexität des Unternehmens Corporate-Governance-Systeme einzurichten, die vom Aufsichtsrat zu überwachen sind. Der Aufsichtsrat benötigt für die Überwachung der Geschäftsleitung angemessene Informationen. Die Informationsversorgung stellt das Gesetz durch die klare Definition von Informationspflichten und Informationsrechten im Rahmen der Unternehmensüberwachung sicher. Zusätzlich kann es nach den Empfehlungen des Deutschen Corporate Governance Kodex sinnvoll sein, dass der Aufsichtsrat die Informations- und Berichtspflichten des Vorstands in einer Informationsordnung näher festlegt. Grundlage für eine adäquate Informationsversorgung sind funktionsfähige Corporate-Governance-Systeme, deren Wirksamkeit der Aufsichtsrat (bzw. der Prüfungsausschuss) nach § 107 Abs. 3 AktG zu überwachen hat.

Die Überwachungspflichten des Aufsichtsrats bzw. Prüfungsausschusses stellen sich insgesamt als komplexe Aufgabe dar. Der Wirtschaftsprüfer kann mit seinen Prüfungsleistungen den Aufsichtsrat bzw. Prüfungsausschuss bei der Überwachung der Corporate-Governance-Systeme unterstützen und deren eigene Beurteilung absichern.

Auch der Vorstand kann ein Interesse daran haben, einen Wirtschaftsprüfer mit der Prüfung bestimmter Teilbereiche der Corporate-Governance-Systeme zu beauftragen, um hierdurch einen Nachweis zu erlangen, ob er seinen Pflichten nachgekommen ist.

Vor diesem Hintergrund hat das IDW Verlautbarungen zur Prüfung von Corporate-Governance-Systemen entwickelt. Damit möchte das IDW auch zu einer Stärkung der Unternehmensüberwachung beitragen.

B Governance, Risk und Compliance – GRC-Systeme und -Prozesse als Steuerungsinstrument

Von Björn Schneider und Kevin Forscht[1]

Erstveröffentlichung: WPg 04/2017 (S. 200 ff.)

Governance-, Risk- und Compliance-Systeme und entsprechende Prozesse werden nicht erst aufgrund der Vorfälle der vergangenen Jahre immer wichtiger für Vorstände und Aufsichtsräte. Neuerdings wird aber mehr und mehr diskutiert, wie man die seinerzeit implementierten und „Compliance-getriebenen" Systeme und Prozesse als Steuerungsinstrument in den Unternehmensprozessen einsetzen kann.

1. Einleitung

Das eng miteinander verzahnte Zusammenspiel der drei „Säulen" von Corporate Governance – Compliance-Management, Risiko-Management und Internes Kontrollsystem – ist ein wesentlicher Baustein für eine „gelebte" Governance. Dies ist unter anderem auch die Grundlage für ein nachhaltiges Wirtschaften und somit für eine gute Unternehmensführung. Weiterhin ist es Aufgabe der Internen Revision als „Third line of Defense", Prüfungen zur Umsetzung der Corporate-Governance-Anforderungen sowie vertiefte Prüfungen organisatorischer Abläufe durchzuführen (vgl. Übersicht 1).

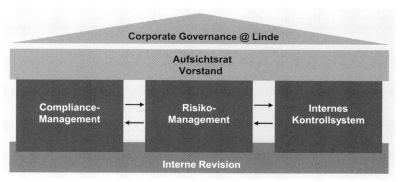

Übersicht 1: Drei „Säulen" von Corporate Governance

Der Wichtigkeit dieser Verzahnung wird auch in den neuen Entwürfen der GRC-Verlautbarungen des IDW – *IDW EPS 981*[2], *IDW EPS 982*[3] und *IDW EPS 983*[4] – Rechnung getra-

---

1 Grundlage des Beitrages ist ein Vortrag des Verfassers anlässlich eines gemeinsamen Symposions von DRSC und IDW „Die Zukunft der Unternehmensberichterstattung" am 29.11.2016.

2 *Entwurf eines IDW Prüfungsstandards: Grundsätze ordnungsmäßiger Prüfung von Risikomanagementsystemen (IDW EPS 981)* (Stand: 03.03.2016); dazu etwa *Schmidt* u.a., WPg 2016, S. 944.

3 *Entwurf eines IDW Prüfungsstandards: Grundsätze ordnungsmäßiger Prüfung des internen Kontrollsystems der Unternehmensberichterstattung (IDW EPS 982)* (Stand: 14.06.2016); dazu etwa *Laue/Glage/Havers*, WPg 2016, S. 1208.

4 *Entwurf eines IDW Prüfungsstandards: Grundsätze ordnungsmäßiger Prüfung von Internen Revisionssystemen (IDW EPS 983)* (Stand: 14.06.2016); dazu etwa *Eichler*, WPg 2016, S. 1159.

gen. Die hierin beschriebenen Prüfungsbereiche und -schwerpunkte gehen weit über das hinaus, was aktuelle Prüfungsstandards vorsehen. Auch wenn die Prüfungsstandards nicht verpflichtend anzuwenden sind, kann davon ausgegangen werden, dass sich Aufsichtsräte ihrer mittelfristig bedienen und diese Art von Prüfungen in Auftrag geben werden.

Neben diesen auf die Corporate Governance bezogenen Standards steht der kürzlich veröffentlichte Entwurf des neuen COSO-Standards zu „Enterprise Risk Management – Aligning Risk with Strategy and Performance" (Juni 2016) des Committee of Sponsoring Organizations of the Treadway Commission (COSO). Der ERM-Entwurf beschreibt Wege, wie ein Wertbeitrag zur Weiterentwicklung eines Unternehmens auf der Basis eines integrierten ERM erreicht werden kann. Die Neuerungen dieses COSO-Standards umfassen neben der Verlinkung des ERM in den Entscheidungsprozess eines Unternehmens, der Definition von Risiko-Appetit und deren akzeptierte Varianzen vor allem die Ableitung der Risiko-Ziele aus der Unternehmensstrategie und der Verankerung des Risiko-Managements in der Unternehmenskultur.

Im Folgenden wird am Beispiel der Linde Group diese integrierte und abgestimmte Betrachtungsweise eines ERM beschrieben, da diese es erst ermöglicht, die hieraus generierten Informationen zur Entscheidungsunterstützung und somit zu einer effektiveren Steuerung des Unternehmens einzusetzen.

2. Enterprise Risiko-Management@Linde Group

2.1. Überblick

Die Linde Group verfügt über ein Berichts-, Überwachungs- und Risiko-Managementsystem, das der Vorstand kontinuierlich weiterentwickelt und an die sich verändernden Rahmenbedingungen anpasst. Die Interne Revision überprüft in regelmäßigen Zeitabständen die Funktionsfähigkeit und die Effizienz des Risiko-Managementsystems und des Internen Kontrollsystems. Darüber hinaus beurteilt der Abschlussprüfer die Funktionsfähigkeit des Risiko-Früherkennungssystems und berichtet regelmäßig auf globaler Ebene über das Ergebnis seiner Prüfung an Vorstand und Aufsichtsrat. Im Übrigen unterstützt der Prüfungsausschuss den Aufsichtsrat bei der Überwachung der Geschäftsführung und befasst sich in diesem Zusammenhang auch mit Fragen des Risiko-Managements. Er erhält regelmäßig Berichte des Vorstands über das Risiko-Management, die Risiko-Lage, die Risiko-Erfassung und die Risiko-Überwachung. Über bestehende Risiken und deren Entwicklung wird er regelmäßig unterrichtet. Ferner hat der Prüfungsausschuss mit dem Abschlussprüfer vereinbart, dass dieser ihm – soweit notwendig – über wesentliche Schwächen des Internen Kontrollsystems, bezogen auf den Rechnungslegungsprozess, und des Risiko-Früherkennungssystems berichtet.

Diese beiden Teildisziplinen – Risiko-Management und Internes Kontrollsystem – sind bei der Linde Group organisatorisch in einer Abteilung integriert, um Synergien in einem übergreifenden ERM heben zu können.

2.2. Risiko-Management bei der Linde Group

Die Risiko-Definition umfasst künftige ungewisse Risiko-Ereignisse, die das Potential haben, die geschäftliche Entwicklung dahingehend zu beeinflussen, dass die gesetzten Geschäftsziele nicht mehr in dem Maß erreicht werden, wie es an den Kapitalmarkt kommuniziert wurde. Dies umfasst unter anderem verpasste Opportunitäten ebenso wie höhere Kosten, die sich im Ergebnis negativ auf die Kennzahl EBIT (Earnings before Interest and Tax) auswirken. Auf der Basis dieser Definition führen die Geschäftseinheiten der Linde Group den klassischen Risiko-Management-Prozess regelmäßig im Rahmen ihrer Management Meetings durch. Dieser umfasst die Phasen der Risiko-Identifizierung, Risiko-Analyse, Risiko-Bewertung, Risiko-Mitigierung und des Risiko-Monitorings (vgl. Übersicht 2). Änderungen, die aus diesem Prozess resultieren, werden quartalsweise in eine zentrale Risiko-Datenbank eingepflegt. Hierbei ist hervorzuheben, dass die Linde Group über die KonTraG-Anforderungen hinaus ein ganzheitliches Risiko-Management in der Steuerung des Geschäfts einsetzt; die Geschäftseinheiten melden also nicht nur die bestandsgefährdenden Risiken, sondern alle Risiken, die einen gewissen Schwellenwert überschreiten. Der nach DRS 20 geforderten Risiko-Quantifizierung – also der Bewertung der Schadenshöhe und der Eintrittswahrscheinlichkeit der Risiken – wird in der Linde Group durch eine Netto-Betrachtung der Risiken Rechnung getragen.

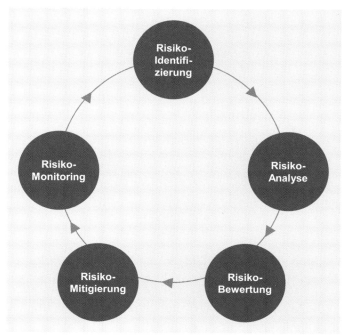

Übersicht 2: Bestandteile des Risiko-Management-Prozesses

Eine solche Netto-Betrachtung bezieht alle bereits bestehenden Mitigierungen und Kontrollen in die Risiko-Bewertung ein. Der Fokus für die Einschätzung der Schadenshöhe und der Eintrittswahrscheinlichkeit der Risiken liegt also auf dem verbleibenden Anteil, den die Linde Group entweder noch nicht endgültig akzeptiert hat oder bei dem ein Potential gesehen wird, die Risiken (anteilig) auf ein „finales" Restrisiko zu minimieren (vgl. Übersicht 3). Hierfür verwendet die Linde Group die klassischen Response-Möglichkeiten nach dem ARTA-Prinzip (Avoid, Reduce, Transfer, Accept). Die im Rahmen dieses „Bottom-up-Prozesses" auf Managementebene in den einzelnen Geschäftseinheiten gewonnenen Risiko-Erkenntnisse werden zur Steuerung und Ausbalancierung des lokalen Geschäfts verwendet. Des Weiteren finden regelmäßig Risiko-Workshops auf der operativen Ebene statt, die den Führungsverantwortlichen die entsprechende Entscheidungsunterstützung bieten. Diese Workshops behandeln unterschiedliche Fokusthemen, beispielsweise Sicherheit, Qualität, Verfügbarkeit von Produktionsanlagen und andere operative Themen.

Übersicht 3: Vom Brutto-Risiko zum Rest-Risiko

Diese Informationen aus den Ländern und Regionen werden entsprechend der zugeordneten Risikokategorie sowohl mit den Zentralfunktionen (den sogenannten Corporate Support Functions, beispielsweise IT, Human Resources, Finance, Treasury) als auch mit den zentralen Business-Line-Verantwortlichen (den sogenannten Global Governance Centern) abgestimmt und validiert, um mögliche Trends und Muster zu erkennen, die sich zu einem größeren „Gruppenrisiko" entwickeln könnten. Diese Entwicklungen werden sodann in die Geschäftseinheiten als Input für deren Risiko-Management-Prozess gespiegelt. Dieser zentral orchestrierte „Top-Down-Prozess" ermöglicht es der Linde Group zusätzlich, die Datenqualität der Risiko-Meldungen stetig zu verbessern und einen Quervergleich der Risiko-Situationen über Länder und Regionen hinweg durchzuführen.
Quartalsweise werden alle Risiko-Erkenntnisse aus den Regionen und den Zentralfunktionen durch das zentrale Risiko-Management aggregiert und mit den zuständigen Vorstandsmitgliedern diskutiert und anschließend in einem offiziellen Bericht dem Gesamtvorstand vorgestellt. Zusätzlich zu diesem Prozess werden einmal jährlich sogenannte Risiko-Workshops im Rahmen der Strategieplanung und der Budget-Runden durchgeführt, um mögliche strategische Anpassungen auch im Risiko-Management zu verankern.

2.3. Internes Kontrollsystem der Linde Group

Das Interne Kontrollsystem wurde mit Einführung eines Reifegrad-Modells der Geschäftsprozesse in der Linde Group in den Jahren 2010/2011 formalisiert. Neben einer strukturierten Prozessdokumentation und der Definition der jeweiligen Reifegrade wurden auch die Kontrollpunkte in die Prozesse integriert. Insgesamt wurden zu diesem Zeitpunkt mehr als 200 globale Kontrollpunkte in den Support-Prozessen der Linde Group identifiziert. Auch hier liegt der Fokus nicht nur auf dem vom Gesetzgeber geforderten Minimum der „Internen Controls over Financial Reporting" (ICOFR); vielmehr werden auch andere Kernprozesse – beispielsweise der Vertrieb (Sales), die Logistik (Supply) und der Einkauf (Procurement) – in den Blick genommen. Aufgrund der stark dezentralisierten, unterschiedlichen ERP-Systeme wurden der „Test of Design" und der „Test of Operative Effectiveness" anfänglich mit Hilfe einer jährlichen Selbstbeurteilung (Self-Assessment) durchgeführt. Dieser Prozess ist im Jahr 2015 erstmals mit einem standardisierten GRC-System workflow-unterstützt abgelaufen. Die Prozessverantwortlichen in den in diesem Prozess integrierten Geschäftseinheiten erhalten also einmal jährlich für jeden ihrer zugeordneten Sub-Prozesse einen Workflow mit der Aufgabe, den „Test of Design" und den „Test of Operative Effectiveness" durchzuführen und im GRC-Tool zu dokumentieren.

Über diesen einmal pro Jahr stattfindenden Self-Assessment-Prozess hinaus werden bei der Linde Group sukzessiv weitere Kontrollbereiche (beispielsweise HR, IT, Tax, Compliance, Operations) in das GRC-Tool integriert, um eine einheitliche Vorgehensweise in einem unternehmensweiten Internen Kontrollsystem sicherzustellen. Der Fokus liegt dabei auf der Überprüfung der Effektivität der Kontrollhandlungen. In den kommenden Jahren sollen die Automatisierung der Kontrolldurchführung und des Kontrolltestens im Internen Kontrollsystem priorisiert werden, und zwar indem die ERP-Systeme mit dem GRC-Tool verbunden werden. Über entsprechend definierte Abfrageregeln kann auf diese Weise für einzelne Kontrollpunkte der „Test of Operative Effectiveness" automatisiert durchgeführt werden. Dies wird es der Linde Group mittelfristig ermöglichen, das Self-Assessment durch ein auf Fakten basierendes Kontrolltesten abzulösen.

3. Fazit

Die Mission der Linde Group besteht darin, „value-adding risk management services" anzubieten, die weit über das hinausgehen, was der Gesetzgeber im KonTraG, in DRS 20 und anderen Richtlinien fordert. Interne Kunden sollen in ihren Entscheidungsfindungsprozessen unterstützt werden, um langfristig die Vision zu verwirklichen, dass das ERM integraler Bestandteil der Unternehmenskultur wird.

2. Prüfung von Risikomanagementsystemen

A IDW PS 981 visuell

Erstveröffentlichung: WPg 09/2017 (S. 496 ff.)

Anwendungsbereich:

Freiwillige Prüfungen von Risikomanagementsystemen (RMS) für strategische und operative Risiken.

Negativer Anwendungsbereich:

IDW PS 981 betrifft freiwillige Prüfungen von RMS. Er findet keine Anwendung auf gesetzlich vorgeschriebene Prüfungen von RMS, z.B. Prüfung des RMS für aufsichtsrechtliche Zwecke bei Kreditinstituten nach dem Kreditwesengesetz.

Kernaussagen:

IDW PS 981 ist Bestandteil einer Serie von IDW PS zur Prüfung der für die Unternehmensüberwachung relevanten Corporate-Governance-Systeme (vgl. § 107 Abs. 3 Satz 2 AktG).

Die Prüfung des Risikomanagementsystems nach *IDW PS 981* bezieht sich auf den Teil des unternehmensweiten Risikomanagements, der sich mit den strategischen Risiken und den operativen Risiken aus der Geschäftätigkeit (Risiken aus den Leistungserstellungsprozessen) befasst. Die Prüfung kann auf das Management der strategischen Risiken begrenzt werden. In diesen Fällen wird grundsätzlich eine unternehmensübergreifende Sichtweise verfolgt. Daher erfolgt i.d.R. keine Eingrenzung auf einzelne Unternehmensprozesse oder Bestandteile der Unternehmensorganisation. Für Zwecke der Prüfung des operativen Risikomanagementsystems sieht IDW PS 981 eine Abgrenzung der zu prüfenden Teilbereiche durch die gesetzlichen Vertreter vor.

Neben einer umfassenden Wirksamkeitsprüfung ist auch die Beauftragung einer Prüfung möglich, die sich nur auf die Angemessenheit und Implementierung der in der RMS-Beschreibung dargestellten Regelungen des RMS bezieht (Angemessenheitsprüfung).

IDW PS 981 erläutert die wesentliche Grundelemente, die ein RMS typischerweise aufweist, und beschreibt die Prüfungsanforderungen bei der Auftragsannahme, der Prüfungsplanung und -durchführung sowie bei der Dokumentation und Berichterstattung des RMS-Prüfers. Ein gesonderter Abschnitt enthält zusätzliche Anwendungshinweise und Erläuterungen, ferner Musterformulierungen für die Berichterstattung des RMS-Prüfers zu den beiden Auftragsarten.

Pflicht zur Anwendung:

IDW PS 981 ist erstmals anzuwenden bei freiwilligen Prüfungen von RMS, die nach dem 30.04.2017 beauftragt werden.

Kreis der Unternehmen:

Alle Unternehmen.

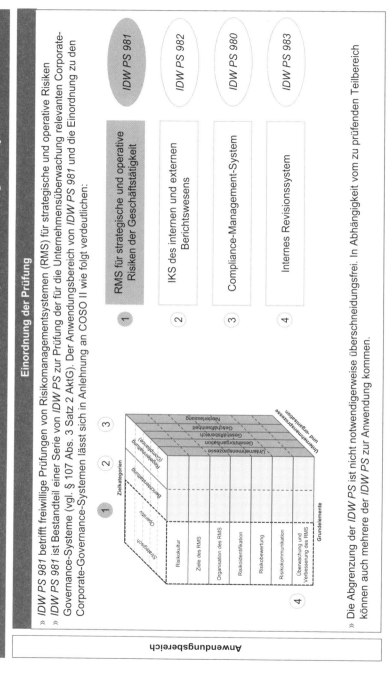

Zu prüfende Teilbereiche

Operative (betriebliche) Risiken

» Risiken, die dem Erreichen von operativen Zielen entgegenstehen.

» Bezieht sich i.d.R. auf einzelne Unternehmensprozesse oder einzelne Bestandteile der Unternehmensorganisation.

» Im Bereich der operativen Risiken erfolgt für Zwecke der Prüfung eine Abgrenzung der zu prüfenden Teilbereiche.

Strategische Risiken

» Risiken, die dem Erreichen der Unternehmensziele entgegenstehen.

» Hierbei wird grundsätzlich eine unternehmensübergreifende Sichtweise verfolgt, d.h. keine Eingrenzung auf einzelne Unternehmensprozesse oder einzelne Bestandteile der Unternehmensorganisation.

Gegenstand der Prüfung: die in der RMS-Beschreibung enthaltenen Aussagen des Unternehmens über das RMS

Zielsetzung der RMS-Prüfung

grundsätzlich: Wirksamkeitsprüfung

Urteil mit hinreichender Sicherheit, ob

» die im geprüften Zeitraum implementierten Regelungen des RMS in der RMS-Beschreibung in Übereinstimmung mit den angewandten RMS-Grundsätzen in allen wesentlichen Belangen angemessen dargestellt sind,

» die dargestellten Regelungen in Übereinstimmung mit den angewandten RMS-Grundsätzen in allen wesentlichen Belangen

» während des geprüften Zeitraums geeignet waren, mit hinreichender Sicherheit die wesentlichen Risiken, die dem Erreichen der festgelegten Ziele des RMS entgegenstehen, rechtzeitig zu erkennen, zu bewerten und zu überwachen, und

» während des geprüften Zeitraums *wirksam waren.*

daneben auch zulässig: Angemessenheitsprüfung

Urteil mit hinreichender Sicherheit, ob

» die zu einem bestimmten Zeitpunkt implementierten Regelungen des RMS in der RMS-Beschreibung in Übereinstimmung mit den angewandten RMS-Grundsätzen in allen wesentlichen Belangen angemessen dargestellt sind,

» die dargestellten Regelungen in Übereinstimmung mit den angewandten RMS-Grundsätzen in allen wesentlichen Belangen

» geeignet waren, mit hinreichender Sicherheit die wesentlichen Risiken, die dem Erreichen der festgelegten Ziele des RMS entgegenstehen, rechtzeitig zu erkennen, zu bewerten, zu steuern und zu überwachen, und

» zu einem bestimmten Zeitpunkt implementiert waren.

» Ziel der RMS-Prüfung als Systemprüfung liegt vor allem nicht in der Feststellung, ob einzelne von den gesetzlichen Vertretern eingeleitete oder durchgeführte Maßnahmen als Reaktion auf erkannte und beurteilte Risiken geeignet oder wirtschaftlich sinnvoll sind (keine Geschäftsführungsprüfung).

Anwendungsbereich

Gegenstand, Ziel und Umfang der Prüfung

IDW PS 981   2/6

25

Grundelemente eines RMS (31)

IDW PS 981   3/6

Grundelemente eines RMS

1. Risikokultur
- » Grundsätzliche Einstellung und Verhaltensweisen
- » Beeinflusst Risikobewusstsein
- » Grundlage eines RMS

2. Ziele des RMS
- » Ableitung einer Risikostrategie im Einklang mit Unternehmensstrategie und Unternehmenszielen
- » Festlegung des Risikoappetits
- » Vorgaben zum Umgang mit Risiken (Risikopolitik)

3. Organisation des RMS
- » Transparente und eindeutige Aufbauorganisation
- » Klar definierte Ablauforganisation
- » Erfüllung der persönlichen und fachlichen Voraussetzungen
- » Ausreichende Ressourcen

4. Risikoidentifikation
- » Regelmäßige und systematische Analyse von internen und externen Entwicklungen im Verhältnis zu den festgelegten Zielen

5. Risikobewertung
- » Systematische Beurteilung mittels Bewertungsverfahren
- » Verwendung eines Verfahrens zur Einschätzung von Bedeutung und Wirkungsgrad von Steuerungsmaßnahmen

6. Risikosteuerung
- » Maßnahmen zur Risikosteuerung mit dem Ziel einer Risikovermeidung, Risikoreduktion, Risikoteilung bzw. -transfer sowie Risikoakzeptanz

7. Risikokommunikation
- » Angemessener Informationsfluss
- » Festlegung von Zuständigkeiten, Intervallen, Schwellenwerten und Berichtsformaten
- » Berichtsprozess zur zeitnahen Übermittlung von relevanten Informationen

8. Überwachung und Verbesserung des RMS
- » Überwachung der Angemessenheit und Wirksamkeit durch prozessintegrierte und prozessunabhängige Kontrollen

Grundelemente eines RMS

26

Prüfungsplanung

Allgemeine Grundsätze (43 ff.)

Wesentlichkeit (50)

Prüfungshandlungen zur Identifikation und Beurteilung von Risiken wesentlicher Fehler in der RMS-Beschreibung

Gewinnung eines Verständnisses vom Unternehmen sowie vom rechtlichen und wirtschaftlichen Umfeld (51 f.)

» Erlangung des für RMS-Prüfung relevanten Verständnisses

» von dem rechtlichen und wirtschaftlichen Umfeld,

» den Merkmalen des Unternehmens sowie

» den Unternehmenszielen, -strategien und -risiken

» Erlangung eines ausreichenden Verständnisses

» zur Feststellung und Beurteilung der Risiken für wesentliche Fehler in der RMS-Beschreibung bzw. für wesentliche Mängel des RMS

» als Grundlage für die Planung und Durchführung von Prüfungshandlungen für die Erlangung hinreichender Sicherheit.

Gewinnung eines Verständnisses von dem in der RMS-Beschreibung dargestellten RMS (53 f.)

» Hierzu gehört, dass sich der RMS-Prüfer u.a. durch Befragungen ein angemessenes Verständnis von den Verantwortlichkeiten sowie über die Prozesse zur Aufstellung der RMS-Beschreibung verschafft.

» Im Rahmen der Prüfung eines abgegrenzten Teilbereichs des operativen RMS hat sich der Prüfer auch mit dem RMS in Bezug auf strategische Risiken zu befassen.

Identifizierung und Beurteilung der Risiken wesentlicher Fehler in der RMS-Beschreibung (55 f.)

» Auf dieser Grundlage Planung und Durchführung weiterer Prüfungshandlungen zur Prüfung der

» Angemessenheit und

» Wirksamkeit des RMS.

IDW PS 981   4/6

Prüfungsanforderungen

27

Prüfungsanforderungen

Prüfungsdurchführung

Prüfung der Ausgestaltung und Aktualität der RMS-Beschreibung (57 ff.)

» **Ausgestaltung der RMS-Beschreibung:** Prüfung, ob in der RMS-Beschreibung die Regelungen vollständig und richtig sowie verständlich dargestellt sind.

» **Aktualität der RMS-Beschreibung:** Prüfung, ob die RMS-Beschreibung dem zu prüfenden Stand entspricht bzw. ob zwischenzeitlich Änderungen vorgenommen wurden, die ggf. eine Anpassung der RMS-Beschreibung erforderlich machen.

» **Bei einer Wirksamkeitsprüfung:** Beurteilung, ob die RMS-Beschreibung auf wesentliche Veränderungen im RMS, bezogen auf den Betrachtungszeitraum, gesondert eingeht.

Prüfung der in der RMS-Beschreibung enthaltenen Aussagen zur Angemessenheit des RMS

» Prüfung, ob die dargestellten Regelungen so ausgestaltet und implementiert sind, dass sie in Übereinstimmung mit den angewandten RMS-Grundsätzen geeignet sind, mit hinreichender Sicherheit die wesentlichen Risiken rechtzeitig zu identifizieren, zu bewerten und entsprechend den vom Unternehmen festgelegten Zielen des RMS zu steuern und zu überwachen.

» Prüfung durch die Kombination von Befragungen mit anderen Prüfungshandlungen (einschließlich Beobachtung sowie Einsichtnahme in Aufzeichnungen und Dokumente), ob das RMS wie beschrieben zu einem bestimmten Zeitpunkt eingerichtet (implementiert) ist.

Prüfung der in der RMS-Beschreibung enthaltenen Aussagen zur Wirksamkeit des RMS

» Prüfung, ob die dargestellten Regelungen innerhalb des gesamten zu prüfenden Zeitraums eingehalten wurden.

» Prüfung muss einen angemessenen Zeitraum abdecken, z.B. ein Geschäftsjahr.

IDW PS 981   5/6

Auswertung der Prüfungsfeststellungen und Bildung des Prüfungsurteils (87 ff.)

Uneingeschränktes Urteil	» Keine wesentlichen Beanstandungen » Keine wesentlichen Prüfungshemmnisse
Eingeschränktes Urteil	» Festgestellte Beanstandung ist wesentlich, aber nicht umfassend, oder » wesentliche Prüfungshemmnisse, aber Positivbefund zu wesentlichen Teilen des RMS noch möglich
Versagung des Urteils	» Festgestellte Beanstandung wesentlich und nicht eingrenzbar
Nicht-Erteilung des Urteils	» Prüfungshemmnisse, aufgrund derer auch nach Ausschöpfung der prüferischen Möglichkeiten ein Urteil nicht abgegeben werden kann

» Stellt sich heraus, dass die RMS-Beschreibung nicht geeignet ist oder für die Berichtsadressaten ggf. irreführend ist, ist das Prüfungsurteil einzuschränken oder erforderlichenfalls zu versagen!

RMS-Prüfungsbericht (105 ff. Anlage 2)

Bestandteile insbesondere:

» Überschrift: Angabe, dass es sich um den Bericht eines unabhängigen Wirtschaftsprüfers handelt
» Berichtsadressaten
» Prüfungsauftrag
» Beschreibung des zu prüfenden RMS
» Darstellung der oder Bezugnahme auf die vom Unternehmen angewandten RMS-Grundsätze
» Gegenstand, Art und Umfang der Prüfung
» Beschreibung der Verantwortlichkeiten der gesetzlichen Vertreter und des RMS-Prüfers

» Aussage, dass die Prüfung in Übereinstimmung mit diesem *IDW Prüfungsstandard* durchgeführt wurde
» Aussage, dass bei der Prüfung die Berufspflichten der WPO und der Berufssatzung WP/vBP angewendet wurden
» Feststellungen zum RMS und ggf. Empfehlungen
» Zusammenfassendes Prüfungsurteil
» Aussage über die inhärenten Grenzen des RMS
» Datum, Unterschrift, Name und Ort des Prüfers

Prüfungsanforderungen

IDW PS 981   6/6

B IDW PS 981: Grundsätze ordnungsmäßiger Prüfung von Risikomanagementsystemen

Von WP StB Dr. Stefan Schmidt, Dipl.-Kfm. Thomas Tilch, StB Dr. Alexander Lenz und Dr. Beate Eibelshäuser

Aktualisierte Fassung des in der WPg 17/2016 (S. 944 ff.) veröffentlichten Beitrags

Der HFA des IDW hat im März 2017 mit IDW PS 981 den IDW Prüfungsstandard zur ordnungsmäßigen Prüfung von Risikomanagementsystemen (RMS) verabschiedet. IDW PS 981 ist erstmals anzuwenden bei freiwilligen Prüfungen von RMS, die nach dem 30.04.2017 beauftragt werden. Eine freiwillige frühere Anwendung ist zulässig. Mit IDW PS 981 wurde ein allgemein anerkannter Prüfungsstandard für die Beurteilung von RMS entwickelt. Er orientiert sich an IDW PS 980 zur ordnungsmäßigen Prüfung von Compliance Management Systemen. Seine Vorschriften sind branchen-, rechtsform- und unternehmensgrößenunabhängig anwendbar.

1. Einführung – Pflichtenrahmen für Unternehmensorgane

Der Aufsichtsrat kann nach § 107 Abs. 3 Satz 2 AktG aus seiner Mitte einen Prüfungsausschuss bestellen, der sich neben der Überwachung der Abschlussprüfung mit der Überwachung der folgenden Systeme zu befassen hat:
- des Rechnungslegungsprozesses,
- der Wirksamkeit
- des internen Kontrollsystems (IKS),
- des Risikomanagementsystems (RMS) und
- des internen Revisionssystems (IRS).

Diese Bereiche konkretisieren die Überwachungsaufgabe des Aufsichtsrats gemäß § 111 Abs. 1 AktG. Für den Fall, dass ein Aufsichtsrat aus seiner Mitte keinen Prüfungsausschuss eingerichtet hat, obliegt es ihm, diese Aufgaben selbst wahrzunehmen. Darüber hinaus umfassen die Überwachungsaufgaben des Aufsichtsrats auch die Maßnahmen des Vorstands, die dieser ergriffen hat, um Risiken aus möglichen Verstößen gegen gesetzliche Vorschriften und interne Richtlinien (Compliance) zu begrenzen. Dieser Aspekt spiegelt sich auch in Tz. 5.3.2 DCGK wider, der im Hinblick auf die Aufgaben des Prüfungsausschusses ergänzt, dass sich der Prüfungsausschuss mit der Compliance bzw. dem Compliance-Management-System (CMS) des Unternehmens befasst, falls dies keinem anderen Ausschuss obliegt.

Die Einrichtung, Gestaltung und Überwachung der Systeme ist eine im Organisationsermessen des Vorstands stehende unternehmerische Entscheidung – ungeachtet der Pflichten nach § 91 Abs. 2 AktG. Hierdurch kommt der Vorstand seinen allgemeinen Organisations- und Sorgfaltspflichten gemäß § 93 Abs. 1 Satz 1 AktG nach – vor dem Hintergrund der unternehmensindividuellen Gegebenheiten.[1]

---

[1] Vgl. *IDW Prüfungsstandard: Grundsätze ordnungsmäßiger Prüfung von Risikomanagementsystemen (IDW PS 981)*, Tz. 4, A2.

Die originäre Überwachungsaufgabe des Aufsichtsrats bzw. die Verantwortung für die Überwachung des Unternehmens darf nicht auf Dritte übertragen werden. Nicht ausgeschlossen ist hingegen nach § 111 Abs. 2 Satz 2 AktG, dass der Aufsichtsrat sich für bestimmte Aufgaben auch einzelner Mitglieder oder Sachverständiger bedient. Es kann vor allem für ihn von besonderem Interesse sein, einen Wirtschaftsprüfer mit Prüfungen im Bereich der Corporate-Governance-Systeme als Basis für seine eigene Beurteilung zu beauftragen.

Bei Durchführung der Abschlussprüfung befasst sich der Wirtschaftsprüfer zwar mit den in § 107 Abs. 3 Satz 2 AktG bzw. in Tz. 5.3.2 DCGK genannten Corporate-Governance-Systemen – allerdings nur in sehr begrenzter Form. Lediglich im Hinblick auf das Risikofrüherkennungssystem prüft er, dass der Vorstand die nach § 91 Abs. 2 AktG geforderten Maßnahmen zur Einrichtung eines Risikofrüherkennungssystems in geeigneter Form getroffen hat und dass das Risikofrüherkennungssystem geeignet ist, Entwicklungen, die den Fortbestand der Gesellschaft gefährden, frühzeitig zu erkennen.

Übersicht 1[2] zeigt die bestehenden Überwachungslücken, die daraus resultieren, dass die Abschlussprüfung nicht alle Bereiche abdecken kann, die der Prüfungsausschuss von Seiten des Gesetzgebers überwachen muss. Um diese Lücken zu schließen, ist eine Unterstützung durch den Wirtschaftsprüfer empfehlenswert.[3]

Im Unterschied zur Abschlussprüfung liegt das Ziel einer Systemprüfung nach IDW PS 981 vor allem in der Beurteilung, inwieweit das Unternehmen durch die Einrichtung eines RMS dafür Sorge getragen hat, wesentliche Risiken, die dem Erreichen der festgelegten Ziele des RMS entgegenstehen, rechtzeitig zu identifizieren, zu bewerten, zu steuern und zu überwachen.[4] Somit wird bei einer Prüfung des RMS als Systemprüfung keine Aussage darüber getroffen, ob sämtliche Risiken von dem zu prüfenden RMS identifiziert und adressiert wurden und ob einzelne von den gesetzlichen Vertretern oder den nachgeordneten Entscheidungsträgern eingeleitete oder durchgeführte Maßnahmen als Reaktion auf erkannte und beurteilte Risiken geeignet oder wirtschaftlich sinnvoll sind.[5] Auch ist die Prüfung eines RMS nicht darauf ausgerichtet, ein Prüfungsurteil über den Fortbestand des geprüften Unternehmens zu erteilen.[6]

Nach Etablierung des *IDW Prüfungsstandards: Grundsätze ordnungsmäßiger Prüfung von Compliance Management Systemen (IDW PS 980)* hat das IDW neben *IDW PS 981* zwei weitere Prüfungsstandards entwickelt, die ebenfalls im März 2017 verabschiedet wurden:

* *IDW Prüfungsstandard: Grundsätze ordnungsmäßiger Prüfung des internen Kontrollsystems des internen und externen Berichtswesens (IDW PS 982)*,

---

2 Übernommen aus *Schmidt*, in: Hauschka/Moosmayer/Lösler (Hrsg.), Corporate Compliance – Handbuch der Haftungsvermeidung im Unternehmen, 3. Aufl., München 2016, S. 1412.

3 Vgl. *Schmidt*, a.a.O. (Fn. 2), S. 1412.

4 Vgl. *IDW PS 981*, Tz. 8.

5 In der Abschlussprüfung von Banken und Versicherungen sind zwar einige Elemente von RMS-Prüfungen zu beachten (z.B. Einhaltung der MaRisk oder MaComp); es handelt sich dabei aber weder der Art noch dem Umfang nach um Systemprüfungen i.S. von *IDW PS 981*. Bislang etablierte Dienstleistungen – z.B. die Prüfung der Umsetzung der MaRisk – werden durch *IDW PS 981* nicht ersetzt.

6 Vgl. *IDW PS 981*, Tz. 8.

- *IDW Prüfungsstandard: Grundsätze ordnungsmäßiger Prüfung von Internen Revisionssystemen (IDW PS 983).*

Bereiche nach AktG/DCGK	Aufgabe des Prüfungsausschusses	Abdeckung durch die Abschlussprüfung	Erläuterung
Rechnungs-legungsprozess	Ja	Ja	Voraussetzung für risikoorientierte Prüfung des Abschlusses und des Lageberichts
Internes Kontroll-system	Ja	Ja	Die Beurteilung des IKS durch den Prüfungsausschuss geht über die Beurteilung des rechnungslegungsbezogenen IKS hinaus und bezieht sich auf das gesamte IKS im Unternehmen. Im Unterschied zum Prüfungsausschuss hat der Abschlussprüfer das IKS nur insoweit zu beurteilen als es für den Abschluss und den Lagebericht relevant ist und er sich i.R.d. risikoorientierten Prüfungsansatzes auf dieses IKS stützt.
Risikomanage-mentsystem	Ja	Zum Teil	Risikofrüherkennungssystem (RFS) ist Gegenstand der Abschlussprüfung bei börsennotierter AG (Bestandsgefährdungen); Relevanz für die Lageberichtsprüfung
Internes Revisions-system	Ja	Zum Teil	Abschlussprüfer beurteilt die interne Revision als Teil der Befassung mit dem rechnungslegungsbezogenen IKS und verwertet Ergebnisse der internen Revision
Compliance-Mana-gement-System	Ja	Nein	Nicht abgedeckt von der gesetzlichen Abschlussprüfung

Übersicht 1: Unterstützung des Prüfungsausschusses durch den Abschlussprüfer

2. IDW PS 981: Grundlagen

2.1. Bestimmung von RMS-Grundelementen

2.1.1. Überblick

IDW PS 981 definiert das Risikomanagement als einen strukturierten Umgang mit Risiken (i.S.v. positiven und negativen Zielabweichungen) im Unternehmen. Ein Risikomanagement ist in diesem Sinn zu verstehen als die Gesamtheit der Regelungen, die einen strukturierten Umgang mit Risiken (i.S.v. positiven und negativen Zielabweichungen)im Unternehmen sicherstellt.[7] Die gesetzlichen Vertreter des Unternehmens tragen die Verantwortung für die Einrichtung des RMS. Sie haben unter Berücksichtigung der Unternehmensziele und der unternehmensindividuellen Risiken über die konkrete Gestaltung des RMS zu entscheiden und die nötigen Ressourcen zur Verfügung zu stellen. Im Mittelpunkt von *IDW PS 981* steht die Prüfung des Teils des unternehmensweiten Risikomanagements, der sich mit den strategischen und den operativen Risiken aus der Geschäftstätigkeit (Risiken aus den Leistungserstellungsprozessen) befasst.

IDW PS 981 enthält keine konkreten Vorgaben, die die gesetzlichen Vertreter in ihrem unternehmerischen Ermessen einschränken könnten. Er beschreibt zur Unterstützung des RMS-Prüfers allerdings sog. Grundelemente des RMS, von denen ausgegangen wird, dass sie für jedes RMS relevant sind. Für den RMS-Prüfer sind sie insoweit von großer Bedeutung, als sie den Rahmen für ein RMS bilden.

Ein RMS i.S. von *IDW PS 981* weist die folgenden Grundelemente auf:
1. Risikokultur,
2. Ziele des RMS,
3. Organisation des RMS,
4. Risikoidentifikation,
5. Risikobewertung,
6. Risikosteuerung,
7. Risikokommunikation,
8. Überwachung und Verbesserung des RMS.

Diese Grundelemente sind in die Geschäftsabläufe eingebunden. Sie stehen miteinander in Wechselwirkung, was vor allem bei der Konzeption des RMS zu berücksichtigen ist. Ein RMS wird i.d.R. unternehmensindividuell gestaltet, abhängig von den festgelegten Zielen des RMS sowie von Art, Umfang und Komplexität der Geschäftstätigkeit des Unternehmens.[8]

Die Grundelemente lehnen sich an das von COSO im Jahr 2004 in Ergänzung zu seinem ursprünglichen Modell aus dem Jahr 1992 veröffentlichte sog. COSO ERM Framework (Enterprise Risk Management Framework) – auch COSO II genannt – an.[9] COSO II baut auf dem ursprünglichen Konzept von COSO I auf und stellt auf das an den Unternehmenszielen ausgerichtete unternehmensweite Risikomanagement ab. Hierbei wird der Begriff „Risikomanagement" ganzheitlich verwendet und deckt weitgehend die im deutschen System der Corporate Governance verankerten Organisationspflichten von Vorstand und Aufsichtsrat ab.[10] Bereits dieses Modell hat die acht Komponenten eines unternehmensweiten Risikomanagements dargestellt.[11]

---

7   Vgl. *IDW PS 981*, Tz. 18.

8   Vgl. hierzu sowie zu den folgenden Beschreibungen der Grundelemente *IDW PS 981*, Tz. 31.

9   Vgl. COSO 2004, Unternehmensweites Risikomanagement – Übergreifendes Rahmenwerk (COSO ERM) (www.coso.org; Abruf: 22.07.2016).

10 Vgl. zu COSO II ebenso IDW (Hrsg.), WP Handbuch 2014, Bd. II, 14. Aufl., Düsseldorf 2014, Kap. M, Tz. 12.

11 Vgl. zu COSO II ebenso IDW (Hrsg.), a.a.O. (Fn. 14), Kap. M, Tz. 15.

2.1.2. Risikokultur

Die Risikokultur ist ein Teilbereich der Unternehmenskultur. Sie umfasst die grundsätzliche Einstellung und die Verhaltensweisen beim Umgang mit Risikosituationen. Sie ist die Basis für ein wirksames RMS und beeinflusst maßgeblich das Risikobewusstsein im Unternehmen.

2.1.3. Ziele des RMS

Die Risikostrategie und das systematische Risikomanagement eines Unternehmens werden von den unternehmenspolitischen Zielsetzungen und der Unternehmensstrategie abgeleitet. Die Risikostrategie setzt sich aus folgenden Bestandteilen zusammen:

- Risikoappetit ist die grundsätzliche Bereitschaft, zur Erreichung angestrebter Ziele und Wertsteigerungen damit verbundene Risiken einzugehen. Hieraus wird unter Beachtung der Unternehmensstrategie die Risikotoleranz für das RMS festgelegt.
- Risikotoleranz ist die maximal tolerierte Abweichung in Bezug auf die angestrebte Zielsetzung. Diese wird i.d.R. in Form konkreter quantitativer oder auch qualitativer Wesentlichkeitsgrenzen umgesetzt, welche meist mit dem gleichen Maßstab wie die Zielerreichung gemessen werden.
- Risikotragfähigkeit des Unternehmens ist der Ausgangspunkt für die Bemessung des Risikoappetits und der Risikotoleranz. Sie beschreibt das maximale Risikoausmaß, welches das Unternehmen ohne Gefährdung seines Fortbestands tragen kann.

Die Ziele des RMS sind darauf ausgerichtet sicherzustellen, dass die Unternehmensziele entsprechend der Risikostrategie erreicht werden. Hier werden in Form einer Risikopolitik die unternehmerischen Vorgaben zum Umgang mit Risiken formuliert und im Unternehmen kommuniziert, um die aus Unternehmenssicht definierten Ziele in Bezug auf den Risikoappetit und die Risikotoleranz für den jeweiligen Unternehmensbereich zu operationalisieren.

2.1.4. Organisation des RMS

Eine transparente und eindeutige Aufbauorganisation sowie eine klar definierte Ablauforganisation sind für das RMS von entscheidender Bedeutung. Hierzu zählen vor allem die folgenden Aspekte:

- klare Regelung, Abgrenzung, Kommunikation und Dokumentation der Verantwortungsbereiche und Rollen,
- Erfüllen der persönlichen und fachlichen Voraussetzungen der Aufgabenträger,
- ausreichende Ressourcen für das Risikomanagement (vor allem Personen, Technologie, Hilfsmittel). Die wesentlichen Regelungen zur Aufbau- und Ablauforganisation des Risikomanagements sind zu dokumentieren und verbindlich vorzugeben[12].

---

12   Vgl. ausführlich *IDW PS 981*, Tz. A23.

2.1.5. Risikoidentifikation

Die Risikoidentifikation enthält eine regelmäßige, systematische Analyse von internen und externen Ereignissen und Entwicklungen, die zu positiven oder negativen Abweichungen von den festgelegten Zielen des RMS führen können. Hierbei richtet sich die Regelmäßigkeit der Analyse der Ereignisse und Entwicklungen nach der Dynamik der betrachteten Risiken. Sehr dynamische Risiken – wie Entwicklungen an Güter- und Finanzmärkten – werden kontinuierlich bzw. mit hoher Frequenz betrachtet. Für im Zeitablauf weniger dynamische Risiken – wie Betriebsunterbrechungen – kann dagegen eine detaillierte Analyse in längeren Zeitabständen bzw. anlässlich wesentlicher Änderungen an Organisation, Prozessen oder Geschäftsmodell ausreichend sein.[13]

Eine systematische Risikoidentifikation umfasst die folgenden Merkmale:
* vollständige Betrachtung der Ursachen wesentlicher Risiken für das zu prüfende RMS innerhalb des Unternehmens sowie im Umfeld, z.B. unterstützt von themen- bzw. branchenspezifischen Risikokatalogen;
* systematische Analyse von Frühwarnindikatoren und Kennzahlen, aus denen frühzeitig mögliche kritische Entwicklungen erkannt werden können. Diese können sowohl aus vorausschauenden Indikatoren und Prognosewerten bestehen (Früherkennung) als auch der Aufdeckung von Schadensfällen und der Analyse von Trends dienen;
* Analyse sowohl aus Sicht der Unternehmensleitung (Top Down) als auch aus Sicht der operativ mit der Erkennung und Steuerung des RMS befassten Bereiche (Bottom Up);
* Erfassung und Kommunikation von als kritisch erkannten Entwicklungen für die nachfolgende Risikobewertung und -steuerung;
* vollständige und nachvollziehbare Dokumentation der Risikoidentifikation.[14]

2.1.6. Risikobewertung

Im Rahmen der Risikobewertung werden Risiken u.a. im Hinblick auf ihre Eintrittswahrscheinlichkeit und mögliche Auswirkungen systematisch beurteilt. Die eindeutige Definition von Bewertungsverfahren und Kriterien umfasst auch die Verwendung einer Bewertungssystematik, die es erlaubt, die Bedeutung und den Wirkungsgrad von Risikosteuerungsmaßnahmen einzuschätzen. Einzelne Risikobewertungen werden systematisch aggregiert, Risikointerdependenzen werden analysiert und berücksichtigt.[15]

2.1.7. Risikosteuerung

Die Maßnahmen zur Risikosteuerung umfassen die Risikovermeidung, -reduktion, -teilung bzw. -transfer sowie die Risikoakzeptanz. Die Entscheidungen hierüber trifft die Unternehmensleitung auf der Grundlage der identifizierten und bewerteten Risiken. Die festgelegten Ziele des RMS dienen dafür als Bezugsrahmen. Somit enthält die Risikosteuerung auch die Kontrollaktivitäten, d.h. die Grundsätze und Maßnahmen, die eingeführt werden,

---

13 Vgl. *IDW PS 981*, Tz. A24.
14 Vgl. *IDW PS 981*, Tz. A24.
15 Vgl. ausführlich *IDW PS 981*, Tz. A25.

um sicherzustellen, dass vom Management getroffene Maßnahmen zur Risikosteuerung im Unternehmen umgesetzt werden. Beispiele sind Genehmigungskontrollen, Abstimmungen, Beobachtungen, Performance-Reviews und Funktionstrennungen.[16]

2.1.8. Risikokommunikation

Ein angemessener Informationsfluss im RMS umfasst einen standardisierten Prozess auf der Basis konkreter Zuständigkeiten, Periodizitäten, Schwellenwerte und Berichtsformate. Ein separater Prozess ist für eilbedürftige (ad hoc) Risikomeldungen zu etablieren, um so eine zeitnahe Übermittlung der relevanten Informationen sicherzustellen. Entscheidungsrelevante Informationen werden für die Risikobeurteilung gesammelt, auf ihre Zuverlässigkeit überprüft und aktualisiert.[17]

2.1.9. Überwachung und Verbesserung des RMS

Angemessenheit und Wirksamkeit des RMS werden mit prozessintegrierten und prozessunabhängigen Kontrollen überwacht. Voraussetzung hierfür ist eine angemessene Dokumentation des RMS. Ergebnisse der Überwachungsmaßnahmen werden in geeigneter Form kommuniziert und ausgewertet, um auf dieser Basis erforderliche Maßnahmen zur Verbesserung des Systems und Beseitigung von Mängeln zu ergreifen.[18]

2.2. Entwicklung von RMS-Grundsätzen

Die RMS-Grundsätze stellen die Grundlage für den Aufbau des RMS dar. Aus ihnen werden die Regelungen und Verfahren des RMS abgeleitet. Die RMS-Grundsätze können vom Unternehmen selbst entwickelt oder aus Rahmenkonzepten abgeleitet werden. Besonders wenn die RMS-Grundsätze selbst entwickelt werden, hat der RMS-Prüfer vor allem deren Angemessenheit zu beurteilen.

Die RMS-Grundsätze müssen alle acht oben genannten RMS-Grundelemente abdecken. Deckt das angewandte Rahmenkonzept nicht alle RMS-Grundelemente ab, müssen andere Grundsätze ergänzt werden, die individuell entwickelt, durch Vergleich mit der Praxis anderer Unternehmen festgestellt oder einem anderen Rahmenkonzept entnommen werden können[19].

Zur Bestimmung von RMS-Grundsätzen bestehen in einzelnen Branchen und für einzelne Rechtsgebiete allgemein anerkannte Rahmenkonzepte, an denen sich die gesetzlichen Vertreter orientieren können. Beispiele zeigt Übersicht 2[20].

---

16   Vgl. ausführlich *IDW PS 981*, Tz. A26.

17   Vgl. ausführlich *IDW PS 981*, Tz. A27.

18   Vgl. ausführlich *IDW PS 981*, Tz. A28.

19   Vgl. hierzu analog *Schmidt*, a.a.O. (Fn. 2), S. 1415.

20   Siehe *IDW PS 981*, Anlage 1.

Rahmenkonzept	Organisation	Anwendungsbereich
1. Allgemeine Rahmenkonzepte		
DIN ISO 31000 Risk management: 2009 (www.iso.org)	International Organization for Standardization	Norm zur Einrichtung eines integrierten Risikomanagements für Organisationen
ONR 49000 ff: Risikomanagement für Organisationen und Systeme (2014) (https://shop.austrian-standards.at)	Österreichisches Normungsinstitut	Generischer, universell anwendbarer und branchenunabhängiger Rahmen für das Risikomanagement von Organisationen und Systemen (einschließlich Checklisten, Prozessbeschreibungen etc.)
2. Spezifische Rahmenkonzepte		
ISO 22301: Business Continuity Management (www.beuth.de)	International Organization for Standardization	Norm für die Erstellung und den Umgang mit dem Business Continuity Management System
IT-Grundschutz-Standards (www.bsi.bund.de): » BSI-Standard 100-1: Managementsysteme für Informationssicherheit » BSI-Standard 100-2: IT-Grundschutz-Vorgehensweise » BSI-Standard 100-3: Risikoanalyse auf der Basis von IT-Grundschutz » BSI-Standard 100-4: Notfallmanagement	Bundesamt für Sicherheit in der Informationstechnik (BSI)	BSI-Standards enthalten Empfehlungen des BSI zu Methoden, Prozessen und Verfahren sowie Vorgehensweisen und Maßnahmen mit Bezug zur Informationssicherheit
DIN EN ISO 14971 – Medizinprodukte – Anwendung des Risikomanagements auf Medizinprodukte (www.beuth.de)	International Organization for Standardization	Norm für das wirksame Management der mit der Anwendung von Medizinprodukten im Gesundheitswesen verbundenen Risiken durch den Hersteller
BS-6079-3:2000 Project Management, Guide to the management of business related project risk (GB 2000) (http://shop.bsigroup.com)	British Standards Institution	Hinweise zur Identifikation und Steuerung von Projektrisiken in Organisationen (primär für das RM von Projekten gedacht)

Übersicht 2: Allgemein anerkannte RMS-Rahmenkonzepte

2.3. Abgrenzung der Teilbereiche

Im Rahmen von *IDW PS 981* findet eine Risikobetrachtung im Hinblick auf strategische und operative Risiken statt. So ist es möglich, die Prüfung des RMS auf das Management der strategischen Risiken zu begrenzen. Sie stehen im Zusammenhang mit den für das Unternehmen und seine Geschäftsfelder vorhandenen und künftigen Erfolgspotenzialen. Hervorgehen können Risiken z. B. aus falschen Geschäftsentscheidungen, mangelhafter Umsetzung von Entscheidungen oder mangelnder Anpassungsfähigkeit an Veränderungen in der Unternehmensumwelt. Sie bergen die Gefahr, dass der Unternehmenswert nachhaltig und deutlich abnimmt.[21] Somit sind die strategischen Risiken die Risiken, die dem Erreichen der strategischen Unternehmensziele entgegenstehen. Da in Bezug auf den Teil des RMS, der auf das Management der strategischen Risiken ausgerichtet ist, eine unternehmensübergreifende Sichtweise verfolgt wird, erfolgt im Fall seiner Prüfung keine Eingrenzung auf einzelne Unternehmensprozesse oder Bestandteile der Unternehmensorganisation.[22]

Hingegen betreffen operative (betriebliche) Risiken diejenigen Risiken aus der Geschäftstätigkeit bzw. den Leistungserstellungsprozessen, die dem Erreichen der aus den strategischen Zielen abgeleiteten operativen Ziele entgegenstehen. *IDW PS 981* sieht für Zwecke der Prüfung des operativen RMS eine Abgrenzung zu prüfender Teilbereiche durch die gesetzlichen Vertreter vor.[23] Notwendig ist diese Abgrenzung, damit eine ausreichende Aussagekraft der Prüfungsergebnisse sichergestellt werden kann. Die Abgrenzung eines zu prüfenden Teilbereichs bestimmt sich nach einzelnen operativen Risikoarten und/oder Unternehmensprozessen bzw. Organisationseinheiten.[24] Beispielhafte Einflussfaktoren für eine mögliche Abgrenzung von Teilbereichen in Bezug auf operative Risiken zeigen Übersicht 3 und Übersicht 4.[25]

Die Prüfung des RMS i.S. von *IDW PS 981* umfasst stets sämtliche Grundelemente des Risikomanagementprozesses. Eine isolierte Prüfung in Bezug auf einzelne Grundelemente des RMS (z.B. nur die Prüfung des Grundelements „Risikosteuerung", ohne zu berücksichtigen, wie das Unternehmen die Ziele des RMS festlegt oder Risiken identifiziert) liegt nicht im Anwendungsbereich von *IDW PS 981*.[26]

---

21 Vgl. *IDW PS 981*, Tz. A6.

22 Vgl. *IDW PS 981*, Tz. 10. Für Zwecke der Prüfung kann eine Abgrenzung in Teilbereiche im Bereich der strategischen Risiken ausnahmsweise erfolgen, wenn Letztere für einzelne Geschäftsbereiche isoliert betrachtet werden können. Eine solche Teilbereichsabgrenzung kann z.B. bei stark diversifizierten Unternehmen in Betracht kommen, bei denen eigenständige und daher getrennt zu betrachtende Geschäftsbereiche unter einer Finanzholding zusammengefasst werden; vgl. *IDW PS 981*, Tz. A7.

23 Vgl. *IDW PS 981*, Tz. 9.

24 Vgl. *IDW PS 981*, Tz. 11, A4.

25 Vgl. zu beiden Übersichten *IDW PS 981*, Tz. A4.

26 Vgl. *IDW PS 981*, Tz. A5.

Risiken aus Unternehmensfunktionen (funktionale Sicht)	
Risiken der Beschaffung (Supply-Chain)	Beschaffung von Produktionsfaktoren (Qualität, Verfügbarkeit) Beschaffungslogistik
Risiken der Produktion (Produkte / technische Realisation), inklusive Sicherstellung der operativen Betriebsfortführung	Risiken aus der Produktion (z. B. Umwelt- / Gesundheitsgefährdung) Qualitätsrisiken / Gewährleistungsrisiken Wissensmanagement (Warenzeichen, Patente, Knowhow)
Risiken des Absatzes	Marketing, Vertrieb, Distributionslogistik Absatzportfoliosteuerung (Produkte, Leistungen)
Rechnungswesen / Finanzwesen*	Wachstumssteuerung (Investitionen) Finanzierung (Liquidität, Marktpreis, Kreditsicherheit)
Personalwesen*	Ressourcenplanung (Ausbildung, Fortbildung, Ruhestand) Nachfolgeplanung
IT-Betrieb*	
Sonstige Funktionen*	
* Hilfsfunktionen	

Übersicht 3: Risiken aus Unternehmensfunktionen (funktionale Sicht)

Risiken aus diversen Prozessen (prozessuale Sicht)	
Kernprozesse	Innovationsprozess/F&E Beschaffungsprozess Produktionsprozess Vertriebsprozess Vermarktung
Unterstützende Prozesse / Hilfsprozesse	Abrechnung Qualitätssicherung Personalprozesse Mahnwesen Investitionen IT/Datenmanagement Mergers & Acquisitions Rechtsbereich/Legal
Management-Prozesse	Qualitäts-, Umwelt-, und Sicherheitspolitik Budgetplanung Ressourcenplanung Personalplanung und -entwicklung Projektmanagement (z. B. Management von Großprojekten)

Übersicht 4: Risiken aus diversen Prozessen (prozessuale Sicht)

3. Gegenstand, Ziel und Umfang der Prüfung nach IDW PS 981

3.1. RMS-Beschreibung als Prüfungsgegenstand und Bezugsrahmen der Prüfungsdurchführung

Analog zu *IDW PS 980* rekurriert *IDW PS 981* auf die sog. „Beschreibung" des Systems, die den Prüfungsgegenstand bildet: „Gegenstand der Prüfung sind die in der sog. RMS-Beschreibung enthaltenen Aussagen der gesetzlichen Vertreter des Unternehmens über das System."[27] Verweise auf relevante interne Verfahrensbeschreibungen – z.B. unternehmensspezifische Risikomanagement-Richtlinien oder -handbücher – sind erlaubt; allerdings muss die RMS-Beschreibung als solche aus sich heraus verständlich sein und die wesentlichen Regelungen in Bezug auf die Grundelemente enthalten. Sofern dies nicht sachgerecht erfolgt, liegen Fehler in der RMS-Beschreibung vor, die der Prüfer im Rahmen seiner Prüfung zu berücksichtigen hat.[28] Fehler dieser Art liegen z.B. vor, „wenn die RMS-Beschreibung

- nicht auf sämtliche Grundelemente eingeht,
- einen Mangel in dem in der RMS-Beschreibung dargestellten RMS nicht erkennen lässt oder
- unangemessene Verallgemeinerungen bzw. unausgewogene und verzerrende Darstellungen enthält."[29]

Ähnlich wie bei erstmaligen CMS-Prüfungen nach *IDW PS 980*, bei denen die Formulierung einer angemessenen CMS-Beschreibung durch die gesetzlichen Vertreter für Zwecke der Prüfungsdurchführung eine Neuerung darstellte, wird nun auch mit der Forderung nach einer RMS-Beschreibung Neuland für die Unternehmenspraxis betreten.[30] Analog zu *IDW PS 980* erfolgt in *IDW PS 981* bewusst keine detaillierte Formulierung von Mindestanforderungen an die Gestaltung der Beschreibung. Good Practices werden sich auf der Grundlage künftiger Prüfungen nach IDW PS 981 herausbilden.

3.2. Arten der RMS-Prüfung und korrespondierende abgestufte Prüfungszielrichtungen

IDW PS 981 unterscheidet zwei Arten der RMS-Prüfung[31]:
- Wirksamkeitsprüfung und
- Angemessenheitsprüfung.

Die Wirksamkeitsprüfung eines RMS zielt darauf, mit hinreichender Sicherheit zu einem Urteil darüber zu gelangen, ob

---

27 *IDW PS 981*, Tz. 20. Diese Beschreibung muss die Konzeption des RMS und damit korrespondierende Regelungen angemessen und transparent darstellen; vgl. *IDW PS 981*, Tz. A12.
28 Vgl. im Folgenden Abschnitt 3.2.
29 *IDW PS 981*, Tz. A13.
30 Vgl. ähnlich im Hinblick auf *IDW PS 980 Eibelshäuser/Schmidt*, WPg 2011, S. 942.
31 Vgl. *IDW PS 981*, Tz. 22 ff. In *IDW PS 980* erfolgt hingegen eine Unterscheidung von drei verschiedenen Prüfungsarten: Wirksamkeitsprüfung, Konzeptionsprüfung und Angemessenheitsprüfung. Die Konzeptionsprüfung wird in *IDW PS 981* dem Feld Angemessenheitsprüfung subsumiert.

- „die im geprüften Zeitraum implementierten [...] Regelungen des RMS in der RMS-Beschreibung in Übereinstimmung mit den angewandten RMS-Grundsätzen in allen wesentlichen Belangen angemessen [...] dargestellt sind,
- die dargestellten Regelungen in Übereinstimmung mit den angewandten RMS-Grundsätzen in allen wesentlichen Belangen
- während des geprüften Zeitraums geeignet waren, mit hinreichender Sicherheit die wesentlichen Risiken, die dem Erreichen der festgelegten Ziele des RMS entgegenstehen, rechtzeitig zu erkennen, zu bewerten, zu steuern und zu überwachen, und
- während des geprüften Zeitraums wirksam [...] waren"[32]

Die sog. Angemessenheitsprüfung ist stets Bestandteil einer Wirksamkeitsprüfung. Sie zielt auf die Beurteilung der Eignung der Regelungen des RMS ab, um die RMS-Ziele und die Implementierung des RMS im Unternehmen zu erreichen.[33] Mit der Einführung der beiden in ihrer Ausrichtung und Reichweite abgestuften Prüfungsarten ermöglicht *IDW PS 981* den Unternehmen bereits, Prüfungsleistungen in der Entwicklungsphase eines RMS bzw. im Kontext einer konzeptionellen Neuausrichtung in Anspruch zu nehmen. So kann ein Prüfer im Rahmen einer Angemessenheitsprüfung zu einer Qualitätssteigerung eines sich im Aufbau oder Weiterentwicklungsprozess befindlichen RMS beitragen, indem er projektbegleitend Hinweise zur Verbesserung des konzeptionellen Designs kommuniziert, die sich aus seinen Prüfungsfeststellungen ableiten lassen.

IDW PS 981 beschränkt sich – wie oben beschrieben – auf die Kategorien der strategischen und operativen (betrieblichen) Risiken.[34] Sowohl bei der Angemessenheits- als auch bei der Wirksamkeitsprüfung i.S. von IDW PS 981 werden sämtliche Grundelemente von den abzugrenzenden Teilbereichen eines RMS in die Betrachtung eingeschlossen.[35] Es ist z.B. nicht möglich, lediglich eine prüferische Beurteilung eines oder mehrerer Grundelemente isoliert zu beauftragen (z. B. ausschließlich die Beurteilung der Risikokultur oder der Organisation des RMS).[36] Bei der Prüfung des operativen RMS ist eine Abgrenzung zu prüfender Teilbereiche dieses Teilsystems vorzunehmen.[37] Dies kann z.B. „nach einzelnen operativen Risikoarten und/oder Unternehmensprozessen bzw. Organisationseinheiten (z.B. Geschäftsbereichen, Funktionsbereichen, Geschäftsprozessen, Niederlassungen und/oder Regionen)"[38] erfolgen. Sofern eine Prüfung des strategischen RMS stattfinden soll, ist hingegen i.d.R. keine Eingrenzung auf bestimmte Unternehmensprozesse oder Bestandteile der Organisation möglich, da dem Management strategischer Risiken grundsätzlich eine unternehmensübergreifende Sichtweise zugrunde liegt.[39]

---

32 *IDW PS 981*, Tz. 22.

33 Vgl. *IDW PS 981*, Tz. 24.

34 Die prüferische Beurteilung der übrigen Risikofelder i.S. des COSO-ERM-Ansatzes abgeleitet aus den Zielkategorien „Berichterstattung" und „Regeleinhaltung (Compliance)" werden separat in IDW PS 980 sowie in *IDW PS 982* adressiert.

35 Vgl. hierzu detailliert bereits Kap. 2 sowie im Hinblick auf die Abgrenzung von Teilbereichen Kap. 4.

36 Vgl. *IDW PS 981*, Tz. 7.

37 Vgl. *IDW PS 981*, Tz. 9.

38 *IDW PS 981*, Tz. 11.

39 Vgl. *IDW PS 981*, Tz. 10.

4. Abgrenzung und Unterschiede zur RFS-Prüfung gemäß § 317 Abs. 4 HGB

Gemäß § 91 Abs. 2 AktG ist der Vorstand einer AG zu einer systemgebundenen Risikofrüherkennung verpflichtet.[40] Das demnach einzurichtende RFS ist bei börsennotierten Gesellschaften gemäß § 317 Abs. 4 HGB vom Abschlussprüfer im Rahmen der gesetzlichen Abschlussprüfung auf Ordnungsmäßigkeit zu prüfen. Zur Durchführung dieser Systemprüfungen[41] hat das IDW im Jahr 1999 *IDW PS 340* zur Prüfung des RFS nach § 317 Abs. 4 HGB veröffentlicht.

Das RFS gemäß § 91 Abs. 2 AktG ist nach h.M. ein Teilsystem des weiter gefassten RMS.[42] Gleichwohl ist die Prüfung eines RMS nach *IDW PS 981* von der Prüfung des RFS nach § 317 Abs. 4 HGB zu unterscheiden. [43] Die gesetzliche Prüfung des RFS unterscheidet sich von einer freiwilligen Prüfung eines Risikomanagementsystems nach der *IDW PS 981* u.a. dadurch, dass die Prüfung nach § 317 Abs. 4 HGB sämtliche bestandsgefährdenden Entwicklungen zum Gegenstand hat, die aus den Zielkategorien eines unternehmensweiten Risikomanagements (i.S.v. strategische und operative Risiken, Risiken der Berichterstattung sowie Compliance-Risiken) für die Gesellschaft resultieren können. Bei Prüfungen eines Risikomanagementsystems nach der *IDW PS 981* ergeben sich hingegen die zu betrachtenden Risiken sowie die der Prüfung zugrundeliegenden Unternehmensprozesse bzw. Organisationseinheiten aus der von den gesetzlichen Vertretern vorzunehmenden Teilbereichsabgrenzung.

Trotz dieser Unterschiede bestehen Überschneidungen in der inhaltlichen Ausrichtung der Prüfungen. Sofern ein Prüfer mit einer Prüfung nach *IDW EPS 981* beauftragt wird und bereits das RFS im Rahmen der regulären Abschlussprüfung prüft, eröffnen sich Synergiepotenziale.

5. Ausgestaltung der RMS-Prüfung

Bei der RMS-Prüfung handelt es sich analog zur Prüfung eines CMS um eine betriebswirtschaftliche Prüfung, bei der die Grundsätze ordnungsmäßiger Durchführung betriebswirtschaftlicher Prüfungen zu beachten sind.[44] „Diese enthalten z.B. Anforderungen

- an die Beachtung der allgemeinen Berufspflichten,
- an die Verwertung der Arbeiten von Spezialisten,
- an die zwischen Abschluss der materiellen Prüfung und dem Datum der Berichterstattung vorzunehmenden Prüfungshandlungen,
- an die Einholung einer Vollständigkeitserklärung,

---

40 Eine entsprechende Organisationspflicht besteht nach h.M. auch für weitere Rechtsformen, sofern eine sog. Ausstrahlungswirkung besteht; vgl. z.B. Jakobus, Die Vorstandspflicht zum Risikomanagement, Baden-Baden 2014, S. 73f., m.w.N.

41 Zum Prüfungsvorgehen bei Systemprüfungen vgl. IDW (Hrsg.), WP Handbuch 2012, Bd. I, 14. Aufl., Düsseldorf 2012, Kap. R, Tz. 264 ff.

42 Im Unterschied zum RMS umfasst ein RFS nicht die Reaktionen des Vorstands auf erfasste und kommunizierte Risiken, also den Prozessschritt der Risikosteuerung; vgl. Kap. 2 zum Grundelement „Risikosteuerung".

43 Vgl. *IDW PS 981*, Tz. 13.

44 Vgl. zu den Grundsätzen ordnungsmäßiger Durchführung betriebswirtschaftlicher Prüfungen ISAE 3000 „Assurance Engagements Other Than Audits or Reviews of Historical Financial Information" sowie Almeling, WPg 2011, S. 607–617 und S. 653–661.

- an die Qualitätssicherung im Prüfungsteam und
- an die Dokumentation der Prüfungshandlungen in den Arbeitspapieren.“[45]

Die hiermit einhergehenden Anforderungen einschließlich von Hinweisen zu möglichen methodischen Ansätzen der Prüfungsdurchführung werden in *IDW PS 981* detailliert erläutert.[46] Der Prüfer hat die durchgeführten Prüfungshandlungen sowie die relevanten Prüfungsnachweise in seinen Arbeitspapieren zu dokumentieren.[47]

Im Rahmen seiner Berichterstattung hat der RMS-Prüfer einen schriftlichen RMS-Prüfungsbericht zu verfassen, der ein Prüfungsurteil über die in der RMS-Beschreibung getroffenen Aussagen enthält bzw. erforderlichenfalls eine Aussage enthält, dass ein Prüfungsurteil nicht erteilt werden kann.[48] Hierbei ist im RMS-Prüfungsbericht das Prüfungsurteil von anderen Informationen und Erläuterungen (z.B. Hervorhebungen und Hinweisen oder von Feststellungen und Empfehlungen zum RMS, die keinen Einfluss auf das Urteil haben) klar zu trennen.[49] Sofern nach Einschätzung des RMS-Prüfers bestimmte Prüfungsfeststellungen eine unmittelbare Reaktion erfordern, ist darüber vorab zu berichten.[50] Ferner muss der Prüfer auch feststellen, ob ggf. weitere Berichtspflichten – z.B. gegenüber dem Aufsichtsorgan – bestehen.[51]

6. Nutzen der RMS-Prüfung für die risikoorientierte Corporate Governance

Eine intelligente und risikoorientierte Steuerung eines Unternehmens über ein proaktives und ganzheitliches Chancen- und Risikomanagement wird zu einem entscheidenden Erfolgsfaktor als Konsequenz einer zunehmenden Dynamik und Wettbewerbsintensität in zahlreichen Branchen. Die Entwicklungen in den vergangenen Jahren zeigen, dass RMS zunehmend einen unverzichtbaren Beitrag nicht nur zur Existenzsicherung, sondern auch zur nachhaltigen Steigerung des Unternehmenswerts leisten. Somit unterstützt ein auf seine Wirksamkeit geprüftes RMS die gesetzlichen Vertreter des Unternehmens dabei, frühzeitig Chancen zu erkennen und Risiken zu vermeiden, was wiederum dem jeweiligen Unternehmen eine bessere Positionierung im Wettbewerb ermöglicht.[52]

Der Nutzen einer Prüfung nach *IDW PS 981* liegt darin, dass die Unternehmensorgane einen objektiven Nachweis über die Wirksamkeit des RMS erhalten (Wirksamkeitsprüfung). Richtet die Unternehmensleitung im Rahmen ihrer Leitungsaufgabe kein wirksames RMS ein, drohen ihr zivilrechtliche Konsequenzen (z.B. Schadensersatzansprüche)

---

45 *Eibelshäuser/Schmidt*, WPg 2011, S. 944.

46 Ein Auftrag zur Durchführung einer RMS-Prüfung darf hierbei vom Wirtschaftsprüfer nur angenommen werden, wenn davon auszugehen ist, dass die Berufspflichten einschließlich des Unabhängigkeitsgrundsatzes eingehalten werden können. Sofern der Wirtschaftsprüfer mit der Jahresabschlussprüfung oder anderen betriebswirtschaftlichen Prüfungen für das Unternehmen beauftragt ist, steht dies einer Auftragsannahme nicht entgegen; vgl. *IDW PS 981*, Tz. 33 ff.

47 *IDW PS 981*, Tz. 96 ff.

48 *IDW PS 981*, Tz. 104. Die Anforderungen und Mindestinhalte des RMS-Prüfungsberichts werden in *IDW PS 981*, Tz. 106, dezidiert beschrieben.

49 Vgl. *IDW PS 981*, Tz. 105.

50 Vgl. *IDW PS 981*, Tz. 111.

51 Vgl. *IDW PS 981*, Tz. 112.

52 Vgl. PwC, Risk-Management-Benchmarking 2015 (www.pwc-wissen.de; Abruf: 22.07.2016), S. 9.

wegen schuldhafter Verletzung ihrer organschaftlichen Pflichten nach § 93 Abs. 1 AktG.[53] Allerdings liegt nach § 93 Abs. 1 Satz 2 AktG eine Pflichtverletzung des Vorstands nicht vor, wenn bei einer unternehmerischen Entscheidung vernünftigerweise davon ausgegangen werden kann, auf der Grundlage angemessener Informationen zum Wohl der Gesellschaft zu handeln. Diese sog. Business Judgment Rule dient dem Schutz des Vorstands und nach § 116 AktG auch des Aufsichtsrats bei unternehmerischen Entscheidungen. Neben dem Vorstand kann auch der Aufsichtsrat Haftungsrisiken ausgesetzt sein, wenn dem Unternehmen oder einem Dritten ein Schaden aus einer Geschäftsführungsmaßnahme entsteht. Im Rahmen seiner Überwachungsfunktion sollte der Aufsichtsrat deshalb darauf achten, dass der Vorstand ein angemessenes RMS einrichtet, das Verstöße in den für das Unternehmen besonders relevanten Bereichen wirksam verhindert[54], und ihm darüber berichtet.

Hervorzuheben ist, dass eine haftungsreduzierende Wirkung im Fall eines Schadens nur von einer Wirksamkeitsprüfung ausgehen kann, weil nur im Rahmen dieser Prüfung die tatsächliche Funktion der einzelnen Komponenten des RMS beurteilt wird.[55] Neben der risikobegrenzenden Wirkung kann eine RMS-Prüfung auch als „Stresstest" für das Unternehmen verstanden werden, der dazu beiträgt, ggf. bestehende Schwächen (z.B. Regelungslücken im RMS) zu erkennen und das System entsprechend zu verbessern[56].

---

53 Hierbei ist zu berücksichtigen, dass die Einrichtung und konkrete Ausgestaltung eines RMS eine im Organisationsermessen des Vorstands liegende Entscheidung darstellt. Eine ausdrückliche gesetzliche Verpflichtung zur Unterhaltung eines RMS ist aktienrechtlich nicht kodifiziert. Die Beurteilung einer möglicherweise vorliegenden Sorgfaltspflichtverletzung in diesem Bereich muss daher immer im „Lichte" des konkreten Einzelfalls erfolgen.

54 Vgl. zum Nutzen der Einrichtung von CMS ähnlich *Eibelshäuser/Schmidt*, WPg 2011, S. 940 f.

55 Vgl. (bezogen auf die Prüfung von CMS) ähnlich *Schmidt*, a.a.O. (Fn. 2), S. 1413.

56 Vgl. *Schmidt*, WPg 18/2013, S. I.

3. Prüfung des internen Kontrollsystems des internen und externen Berichtswesens

A IDW PS 982 visuell

Erstveröffentlichung: WPg 08/2017 (S. 433 ff.)

Anwendungsbereich:

Freiwillige Prüfung des internen Kontrollsystems des internen und externen Berichtswesens außerhalb der Abschlussprüfung.

Negativer Anwendungsbereich:

Der IDW Prüfungsstandard „Grundsätze ordnungsmäßiger Prüfung des internen Kontrollsystems des internen und externen Berichtswesens" *(IDW PS 982)* findet keine Anwendung auf gesetzlich vorgeschriebene aufsichtsrechtliche Prüfungen (z.B. bei Kreditinstituten).

Kernaussagen:

IDW PS 982 ist Bestandteil einer Serie von IDW PS zur Prüfung der für die Unternehmensüberwachung relevanten Corporate-Governance-Systeme (vgl. § 107 Abs. 3 Satz 2 AktG). Der Prüfungsstandard verdeutlicht die Anforderungen und die Vorgehensweise bei der freiwilligen Prüfung des internen Kontrollsystems des internen und externen Berichtswesens – d.h. der Regelungen, die auf die ordnungsgemäße Gewinnung, Verarbeitung, Weiterleitung und Darstellung von entscheidungsrelevanten Informationen in Form einer internen oder externen Unternehmensberichterstattung gerichtet sind – außerhalb der Abschlussprüfung. Die Bandbreite der Unternehmensberichterstattungen reicht hierbei von einzelnen Informationen für das Unternehmen aus den Kerngeschäftsprozessen bis hin zu komplexen Unternehmensberichterstattungen für externe Adressaten. Die Prüfung nach *IDW PS 982* erstreckt sich – in Abhängigkeit von Art, Umfang und Zielsetzung der Unternehmensberichterstattung – auf die zugrunde liegenden Kerngeschäfts- bzw. Unterstützungsprozesse mit ihren Steuerungs- und Kontrollmaßnahmen. Ziel einer nach *IDW PS 982* durchgeführten Systemprüfung ist es nicht, eine Aussage darüber zu treffen, ob die Berichtsinhalte der Unternehmensberichterstattung in allen wesentlichen Belangen fehlerfrei sind. Insoweit sind diese nicht Gegenstand der Prüfung.

Neben einer umfassenden Wirksamkeitsprüfung ist auch die Beauftragung einer Prüfung möglich, die sich nur auf die Angemessenheit und Implementierung der in der IKS-Beschreibung dargestellten Regelungen des internen Kontrollsystems des internen und externen Berichtswesens bezieht (Angemessenheitsprüfung).

IDW PS 982 erläutert die wesentlichen Grundelemente, die ein internes Kontrollsystem des internen und externen Berichtswesens typischerweise aufweist, und beschreibt die Prüfungsanforderungen bei der Auftragsannahme, der Prüfungsplanung und -durchführung sowie bei der Dokumentation und Berichterstattung des IKS-Prüfers. Ein gesonderter Abschnitt enthält zusätzliche Anwendungshinweise und Erläuterungen, ferner Musterformulierungen für die Berichterstattung des IKS-Prüfers zu beiden Auftragsarten.

Pflicht zur Anwendung:

IDW PS 982 ist erstmals anzuwenden bei freiwilligen Prüfungen des internen Kontrollsystems des Berichtswesens, die nach dem 30.04.2017 beauftragt werden.

Kreis der Unternehmen:

Alle Unternehmen.

IDW PS 982: Grundsätze ordnungsmäßiger Prüfung des internen Kontrollsystems des internen und externen Berichtswesens

Einordnung der Prüfung

» *IDW PS 982* betrifft freiwillige Prüfungen des internen Kontrollsystems des internen und externen Berichtswesens.

» *IDW PS 982* ist Bestandteil einer Serie von *IDW PS* zur Prüfung der für die Unternehmensüberwachung relevanten Corporate-Governance-Systeme (vgl. § 107 Abs. 3 Satz 2 AktG). Der Anwendungsbereich des *IDW PS 982* und die Einordnung zu den Corporate-Governance-Systemen lässt sich in Anlehnung an COSO II wie folgt verdeutlichen:

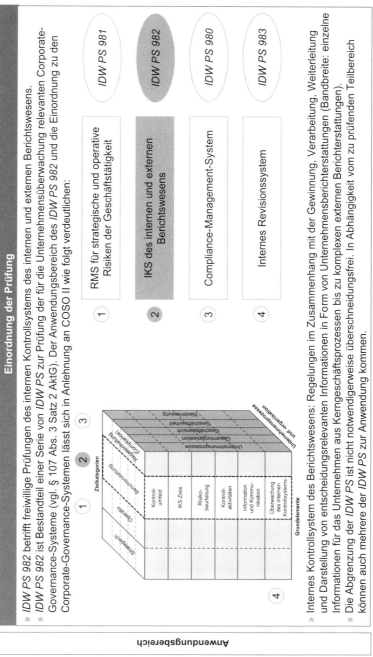

1. RMS für strategische und operative Risiken der Geschäftstätigkeit — *IDW PS 981*

2. IKS des internen und externen Berichtswesens — *IDW PS 982*

3. Compliance-Management-System — *IDW PS 980*

4. Internes Revisionssystem — *IDW PS 983*

Anwendungsbereich

» Internes Kontrollsystem des Berichtswesens: Regelungen im Zusammenhang mit der Gewinnung, Verarbeitung, Weiterleitung und Darstellung von entscheidungsrelevanten Informationen in Form von Unternehmensberichterstattungen (Bandbreite: einzelne Informationen für das Unternehmen aus Kerngeschäftsprozessen bis zu komplexen externen Berichterstattungen).

» Die Abgrenzung der *IDW PS* ist nicht notwendigerweise überschneidungsfrei. In Abhängigkeit vom zu prüfenden Teilbereich können auch mehrere *IDW PS* zur Anwendung kommen.

IDW PS 982   1/4

Gegenstand, Ziel und Umfang der Prüfung (19 ff.)

» die in der IKS-Beschreibung enthaltenen Aussagen des Unternehmens über das interne Kontrollsystem

Grundsätzlich: **Wirksamkeitsprüfung**	Daneben auch zulässig: **Angemessenheitsprüfung**

Urteil mit hinreichender Sicherheit, ob
» die im geprüften Zeitraum implementierten Regelungen des IKS in der IKS-Beschreibung in Übereinstimmung mit den angewandten IKS-Grundsätzen in allen wesentlichen Belangen *angemessen dargestellt* sind,
» die dargestellten Regelungen in Übereinstimmung mit den angewandten IKS-Grundsätzen in allen wesentlichen Belangen
  » während des geprüften Zeitraums *geeignet waren*, mit hinreichender Sicherheit die IKS-Ziele für das Berichtswesen zu erreichen, und
  » während des geprüften Zeitraums *wirksam waren*.
	Urteil mit hinreichender Sicherheit, ob
	» die zu einem bestimmten Zeitpunkt implementierten Regelungen des IKS in der IKS-Beschreibung in Übereinstimmung mit den angewandten IKS-Grundsätzen in allen wesentlichen Belangen *angemessen dargestellt* sind,
	» die dargestellten Regelungen in Übereinstimmung mit den angewandten IKS-Grundsätzen in allen wesentlichen Belangen
	  » *geeignet waren*, mit hinreichender Sicherheit die IKS-Ziele für das Berichtswesen zu erreichen, und
	  » zu einem bestimmten Zeitpunkt *implementiert* waren.

» Ziel der IKS-Prüfung als *Systemprüfung* ist es nicht, eine Aussage darüber zu treffen, ob die Berichtsinhalte der Unternehmensberichterstattung in allen wesentlichen Belangen fehlerfrei sind. Insoweit sind diese nicht Gegenstand der Prüfung.

Gegen-stand

Ziel und Umfang der Prüfung

Grundelemente eines IKS (30 ff.)

Zu prüfende Grundelemente des IKS

1. Kontrollumfeld

2. IKS-Ziele

3. Risikobeurteilung

4. Kontrollaktivitäten

5. Information und Kommunikation

6. Überwachung des internen Kontrollsystems

IDW PS 982   2/4

IKS-Beschreibung (31 f.)

» Aussagen der gesetzlichen Vertreter zu den Regelungen des internen Kontrollsystems für alle Grundelemente
» Katalog von Mindestinhalten

Prüfungshandlungen zur Identifikation und Beurteilung von Risiken wesentlicher Fehler in der IKS-Beschreibung (54 ff.)

Gewinnung eines Verständnisses vom Unternehmen sowie dessen rechtlichem und wirtschaftlichem Umfeld (54 f.)

Gewinnung eines Verständnisses von dem in der IKS-Beschreibung dargestellten internen Kontrollsystem (56 f.)

Identifizierung und Beurteilung der Risiken wesentlicher Fehler in der IKS-Beschreibung (58 f.)

Prüfungsdurchführung (60 ff.)

Ausgestaltung und Aktualität der IKS-Beschreibung (60 ff.):

» Prüfung der vollständigen, richtigen und verständlichen Darstellung der Regelungen
» Prüfung, ob die IKS-Beschreibung dem zu prüfenden Stand entspricht
» Bei einer Wirksamkeitsprüfung: Beurteilung, ob die IKS-Beschreibung auf wesentliche Veränderungen im IKS im Betrachtungszeitraum gesondert eingeht

Angemessenheit des IKS (63 ff.):

» Beurteilung, ob die dargestellten Regelungen so ausgestaltet und implementiert sind, dass sie in Übereinstimmung mit den IKS-Grundsätzen geeignet sind, mit hinreichender Sicherheit die IKS-Ziele für das Berichtswesen zu erreichen
» Feststellung, ob das IKS wie beschrieben zu einem bestimmten Zeitpunkt eingerichtet (implementiert) ist

Wirksamkeit des IKS (66 ff.)

» Beurteilung, ob die dargestellten Regelungen innerhalb des gesamten zu prüfenden Zeitraums eingehalten wurden
» Prüfung muss einen angemessenen Zeitraum abdecken, z.B. ein Geschäftsjahr

IDW PS 982   3/4

Auswertung der Prüfungsfeststellungen und Bildung des Prüfungsurteils (92 ff.)

Uneingeschränktes Urteil
» keine wesentlichen Beanstandungen
» keine wesentlichen Prüfungshemmnisse

Eingeschränktes Urteil
» festgestellte Beanstandung ist wesentlich, aber nicht umfassend, oder
» wesentliche Prüfungshemmnisse, aber Positivbefund zu wesentlichen Teilen des IKS noch möglich

Versagung des Urteils
» festgestellte Beanstandung wesentlich und nicht eingrenzbar

Nicht-Erteilung des Urteils
» Prüfungshemmnisse, aufgrund derer auch nach Ausschöpfung der prüferischen Möglichkeiten ein Urteil nicht abgegeben werden kann

» Stellt sich heraus, dass die IKS-Beschreibung nicht geeignet ist oder für die Berichtsadressaten ggf. irreführend ist, ist das Prüfungsurteil einzuschränken oder erforderlichenfalls zu versagen!

IKS-Prüfungsbericht (109 ff., Anlagen)

Bestandteile:

» Überschrift: Angabe, dass es sich um den Bericht eines unabhängigen Wirtschaftsprüfers handelt
» Berichtsadressaten
» Prüfungsauftrag
» Beschreibung des geprüften internen Kontrollsystems
» Darstellung der oder Bezugnahme auf die vom Unternehmen angewandten IKS-Grundsätze
» Gegenstand, Art und Umfang der Prüfung
» Beschreibung der Verantwortlichkeiten der gesetzlichen Vertreter und des IKS-Prüfers

» Aussage, dass die Prüfung in Übereinstimmung mit diesem IDW Prüfungsstandard durchgeführt wurde
» Aussage, dass bei der Prüfung die Berufspflichten der WPO und der Berufssatzung WP/vBP angewendet wurden
» Feststellungen zum internen Kontrollsystem und ggf. Empfehlungen
» zusammenfassendes Prüfungsurteil
» Aussage über die inhärenten Grenzen des IKS
» Datum, Unterschrift, Name und Ort des Prüfers

IDW PS 982   4/4

B IDW PS 982: Grundsätze ordnungsmäßiger Prüfung des internen Kontrollsystems des internen und externen Berichtswesens

Von WP CPA Jens Carsten Laue, WP StB Dietmar Glage und WP Guido Havers

Aktualisierte Fassung des in der WPg 22/2016 (S. 1208 ff.) veröffentlichten Beitrags

Am 03.03.2017 hat der HFA des IDW den IDW Prüfungsstandard: Grundsätze ordnungsmäßiger Prüfung des internen Kontrollsystems des internen und externen Berichtswesens (IDW PS 982) verabschiedet (Stand: 03.03.2017). Der IDW Prüfungsstandard ist erstmals anzuwenden bei freiwilligen Prüfungen des IKS des internen und externen Berichtswesens, die nach dem 30.04.2017 beauftragt werden. Eine freiwillige frühere Anwendung ist zulässig. Mit IDW PS 982 wurde ein allgemein anerkannter Prüfungsstandard für die Beurteilung des IKS des Berichtswesens entwickelt. Seine konzeptionelle Herangehensweise geht über die Prüfung des rechnungslegungsbezogenen IKS durch den Abschlussprüfer (IDW PS 261 n.F.) hinaus. IDW PS 982 ist rechtsform- und unternehmensgrößenunabhängig anwendbar.

1. Befassung mit dem IKS

Das interne Kontrollsystem (IKS) ist spätestens seit Inkrafttreten des BilMoG Teil des der Überwachungspflicht eines Prüfungsausschusses bzw. Aufsichtsrats unterliegenden Corporate-Governance-Systems. Neben dem Rechnungslegungsprozess fokussieren die Überwachungspflichten des Aufsichtsorgans (§ 107 Abs. 3 AktG) auf die Wirksamkeit des IKS, des Risikomanagementsystems (RMS) und des internen Revisionssystems (IRS).

IDW PS 980 (Stand: 11.03.2011) formuliert Grundsätze ordnungsmäßiger Prüfung von Compliance-Management-Systemen und dient als Vorlage für die jüngst erschienenen Verlautbarungen *IDW PS 981* zur Prüfung von RMS,[1] *IDW PS 982* zur Prüfung des IKS und *IDW PS 983* zur Prüfung von IRS.[2] Mit Blick auf das Zusammenspiel dieser einzelnen Corporate-Governance-Systeme lehnen sich die drei Prüfungsstandards an das COSO-Rahmenwerk zum unternehmensweiten Risikomanagement (COSO ERM) an.[3] Die Abgrenzung der Prüfungsgegenstände in den jeweiligen Standards ist nicht überschneidungsfrei. Abhängig von den Prüfungszielen und der Festlegung des zu prüfenden Teilbereichs durch die gesetzlichen Vertreter können deshalb gleichzeitig mehrere Standards bei einem Prüfungsauftrag anwendbar sein[4] – nicht zuletzt vor dem Hintergrund aktueller Tendenzen einer stärkeren Integration und Verzahnung nebeneinander bestehender Systeme. Überschneidungen der Einzelsysteme bestärken vor allem in mittelständisch geprägten Unternehmen den Wunsch nach einem einheitlichen Corporate-Governance-System.[5]

---

1 Vgl. *Schmidt/Tilch/Lenz/Eibelshäuser*, WPg 2016, S. 944.

2 Vgl. *Eichler*, WPg 2016, S. 1159.

3 Vgl. COSO, Unternehmensweites Risikomanagement – Übergreifendes Rahmenwerk (COSO ERM) (www.coso.org; Abruf: 29.09.2016).

4 *IDW PS 982*, Tz. 11

5 Vgl. https://klardenker.kpmg.de (Abruf: 29.09.2016).

Für den Aufsichtsrat ist es regelmäßig von Interesse, einen Wirtschaftsprüfer mit der Prüfung einzelner oder mehrerer Corporate-Governance-Systeme als Grundlage für seine eigene Beurteilung zu beauftragen. Auch die Unternehmensleitung kann daran ein Interesse haben, da die objektive Prüfung der Wirksamkeit dieser Systeme durch einen unabhängigen Wirtschaftsprüfer dem Nachweis der Ausübung der Organisations- und Sorgfaltspflichten des Vorstands dient.[6]

Ziel der Prüfung gemäß *IDW PS 982* ist es, eine hinreichende Sicherheit über einen definierten Umfang des IKS als eigenständigen Prüfungsgegenstand zu erlangen und darüber ein Gesamturteil abzugeben.

Insofern geht dieses Vorgehen über die Prüfung ausgewählter Teile des rechnungslegungsbezogenen IKS im Rahmen der Abschlussprüfung entsprechend *IDW PS 261 n.F.*[7] hinaus. Die Prüfungshandlungen nach *IDW PS 261 n.F.* unterstützen den Abschlussprüfer bei der Einschätzung wesentlicher Fehlerrisiken im Jahresabschluss und bei der Urteilsbildung im Rahmen des risikoorientierten Prüfungsansatzes (dazu besonders Kap. 4).[8]

In Abhängigkeit von Art, Umfang und Zielsetzung der Unternehmensberichterstattung richtet die Prüfung ihren Fokus auf die zugrunde liegenden Kerngeschäfts- bzw. Unterstützungsprozesse mit ihren Steuerungs- und Kontrollmaßnahmen.[9]

2. Grundlagen von IDW PS 982

2.1. Anforderungen an das IKS des Berichtswesens

IDW PS 982 definiert das IKS als von den gesetzlichen Vertretern im Unternehmen eingeführte Regelungen, die auf die organisatorische und technische Umsetzung der Entscheidungen der gesetzlichen Vertreter zur ordnungsgemäßen Durchführung des Berichtswesens – d.h. des Prozesses zur Erstellung einer internen oder externen Unternehmensberichterstattung – gerichtet sind.[10] Die Unternehmensberichterstattung umfasst i. d. R. für eine vorgegebene Zielsetzung zusammengefasste entscheidungsrelevante Informationen aus den Unternehmensprozessen. Ihre Bandbreite reicht von einzelnen Informationen für das Unternehmen aus den Kerngeschäftsprozessen (z.B. Einkauf) bis hin zur komplexen Berichterstattung für externe Adressaten (z. B. die gesamte externe Rechnungslegung).[11] Gegenstand der Prüfung sind die in einer IKS-Beschreibung enthaltenen Aussagen des Unternehmens über das IKS. Die Berichtsinhalte der Unternehmensberichterstattung sind bei einer nach *IDW PS 982* durchgeführten Systemprüfung nicht Gegenstand der Prüfung. Die Verantwortung für das IKS und die Inhalte der IKS-Beschreibung (Abschnitt 2.3) einschließlich der Auswahl bzw. Entwicklung geeigneter IKS-Grundsätze (Abschnitt 2.4) sowie der Festlegung der Unternehmensberichterstattung (Abschnitt 2.5) liegt bei den gesetzlichen Vertretern. Die in der IKS-Beschreibung enthaltenen Aussagen zu den Regelun-

---

6 *IDW EPS 982*, Tz. 7.

7 *IDW Prüfungsstandard: Feststellung und Beurteilung von Fehlerrisiken und Reaktionen des Abschlussprüfers auf die beurteilten Fehlerrisiken (IDW PS 261 n.F.)* (Stand: 14.06.2016).

8 *IDW PS 261 n.F.*, Tz. 35

9 *IDW PS 982*, Tz. 9.

10 *IDW PS 982*, Tz. 17b).

11 *IDW PS 982*, Tz. 9.

gen des IKS sind angemessen dargestellt, wenn sie auf sämtliche Anforderungen (sog. Grundelemente; Abschnitt 2.2) eingehen, die geforderten Mindestinhalte umfassen und keine wesentlichen Fehler enthalten.

2.2. Bestimmung von IKS-Grundelementen für das Unternehmen

Die sechs Grundelemente eines IKS i.S. von *IDW PS 982* (Übersicht 1) dienen vorrangig dem IKS-Prüfer als Leitlinie, um den Prüfungsanforderungen vor allem bei der Vollständigkeit der in der IKS-Beschreibung enthaltenen Aussagen nachzukommen. Daneben dienen sie als Rahmen für die Gestaltung eines IKS. In der Praxis sind IKS häufig bereits auf der Grundlage bestehender Rahmenkonzepte erarbeitet worden (Abschnitt 2.4). Es wird darauf ankommen, die nach bestehenden ganzheitlichen Rahmenkonzepten erarbeiteten IKS auf die Anforderungen zur Prüfung nach den genannten sechs Grundelementen überzuleiten.

Grundelement	Beschreibung
Kontrollumfeld	Grundeinstellung, Problembewusstsein und Verhalten der Mitarbeiter in Bezug auf das IKS
Ziele des IKS	Anforderungen an das Berichtswesen, abgeleitet aus den Informationsbedürfnissen in Bezug auf entscheidungsrelevante Informationen
Risikobeurteilung	Identifikation und Bewertung von Risiken, die den Prozessablauf zur Erstellung der Unternehmensberichterstattung sowie das Erreichen der IKS-Ziele gefährden
Kontrollaktivitäten	Steuerungs- und Kontrollmaßnahmen, um den identifizierten und bewerteten Risiken adäquat zu begegnen (z.B. Funktionstrennungen, 4-Augen-Prinzip oder IT-Berechtigungskonzepte)
Information und Kommunikation	Angemessener Informationsfluss im IKS, um erforderliche Informationen – z. B. Risikobeurteilungen über Verantwortlichkeiten im IKS und Aufgaben – in passgenauer Form sowie adressatengerecht weiterzuleiten (etwa mittels Schulungen oder Richtlinien)
Überwachung	Objektive Beurteilung der Wirksamkeit des IKS durch prozessunabhängige Mitarbeiter des Unternehmens, z.B. die Interne Revision; über festgestellte Mängel im IKS ist zu berichten; um Gegenmaßnahmen einleiten zu können, müssen sie ausgewertet werden

Übersicht 1: Grundelemente eines IKS gemäß IDW PS 982

Die Gestaltung eines IKS hängt vor allem von seinen festgelegten Zielen und vom Gegenstand des Berichtswesens ab.[12] Sind diese definiert, ist das IKS entsprechend den unternehmensindividuellen Gegebenheiten auszuprägen. Dabei bilden die sechs oben genannten Grundelemente eine konzeptionelle Basis. Diese lehnen sich an den von COSO erarbeite-

---

12 Vgl. hierzu und zur folgenden Beschreibung der Grundelemente *IDW PS 982*, Tz. 30.

ten Rahmen „Internal Control – Integrated Framework (COSO 2013)" an.[13] Dieses führt Prinzipien und Attribute zur Charakterisierung aller COSO-Komponenten auf und dient als Richtschnur für den Aufbau eines IKS; es kann neben weiteren Rahmenkonzepten (Abschnitt 2.4) zur Darstellung des IKS eingesetzt werden.

Eine Eingrenzung der Prüfung auf einzelne Grundelemente (z. B. auf die ausschließliche Prüfung der Kontrollaktivitäten) ist nicht möglich. Ein angemessenes und/oder wirksames IKS muss stets alle Grundelemente berücksichtigen.

(1) Kontrollumfeld

Das Kontrollumfeld hat z.B. Einfluss auf das Kontrollbewusstsein der Mitarbeiter. Es stellt den Rahmen dar, innerhalb dessen die Regelungen eingeführt und angewendet werden. Die Grundeinstellungen, das Problembewusstsein und die Verhaltensweisen sowie die Rolle des Aufsichtsorgans und der Geschäftsleitung („tone at the top") in Bezug auf das IKS prägen das Kontrollumfeld. Die Verantwortlichkeiten im Unternehmen sind durch die Aufbau- und Ablauforganisation klar geregelt und abgegrenzt.[14]

(2) Ziele des IKS

Auf der Basis der allgemeinen Unternehmensziele und aus den Anforderungen an die Informationsbereitstellung in Form der Unternehmensberichterstattung leiten die gesetzlichen Vertreter die mit dem IKS verfolgten Ziele ab. Dabei legen sie fest, welche entscheidungsrelevanten Informationen für die Unternehmensführung bzw. Rechenschaftslegung wann, in welcher Form und von welchen Adressaten benötigt werden.[15]

(3) Risikobeurteilung

Unternehmen müssen eine Vielzahl von Risiken berücksichtigen, die den Ablauf der Prozesse zur Erstellung der Unternehmensberichterstattung sowie die Erreichung der IKS-Ziele gefährden können. Diese Risiken können sich z.B. aus fehlerhaften internen Prozessen, fehlerhaften Systemen, personell bedingten Fehlern oder externen Ereignissen ergeben. Die Risikobeurteilungen stützen sich auf ein systematisches Verfahren zur Identifizierung, Analyse und Bewertung der Risiken. Dabei werden mögliche Folgen und Wahrscheinlichkeiten für den Eintritt der Risiken sowie Abhängigkeiten und Interdependenzen zwischen einzelnen Risiken und deren Auswirkungen berücksichtigt.[16]

(4) Kontrollaktivitäten

Kontrollaktivitäten (also Steuerungs- und Kontrollmaßnahmen) sollen den identifizierten und bewerteten Risiken begegnen und sicherstellen, dass die IKS-Ziele erreicht werden. Die Maßnahmen betreffen alle Unternehmensebenen und Prozessstufen. Fehlervermeidende Kontrollaktivitäten basieren auf Kenntnissen über die mögliche Entstehung von

---

13   The 2013 COSO Framework & SOX Compliance (www.coso.org; Abruf: 29.09.2016).
14   *IDW PS 982*, Tz. 30 und A17.
15   *IDW PS 982*, Tz. 30 und A18.
16   *IDW PS 982*, Tz. 30 und A19.

Fehlern; sie erhöhen das allgemeine Sicherheitsniveau. Auf diese Weise sollen falsche Daten von vornherein von der weiteren Verarbeitung ausgeschlossen werden. Demgegenüber sind fehleraufdeckende Kontrollaktivitäten den einzelnen Schritten des Verarbeitungsprozesses nachgelagert; sie sichern die Richtigkeit und Vollständigkeit der Verarbeitungsergebnisse. Indem sie die Sorgfalt der die Prozesse ausführenden Mitarbeiter positiv beeinflussen, können solche Kontrollen zugleich fehlervermeidend wirken.[17] Übersicht 2 zeigt Beispiele für Kontrollaktivitäten.

Häufig manuelle Kontrollaktivitäten	IT-Kontrollaktivitäten (IT-Infrastruktur und Geschäftsprozesse)
Funktionstrennungen Genehmigungsverfahren und Unterschriftenregelungen 4-Augen-Prinzip Kennzahlenanalyse Physische Inaugenscheinnahme	Logische IT-Zugriffskontrollen Datensicherungs- und Auslagerungsverfahren Eingabe-, Verarbeitungs- und Ausgabekontrollen IT-Berechtigungskonzepte

Übersicht 2: Beispiele für Kontrollaktivitäten

(5) Information und Kommunikation
Information und Kommunikation tragen wesentlich dazu bei, die übrigen Grundelemente zu unterstützen. Sie stellen einen angemessenen Informationsfluss im IKS sicher. Dazu zählt die Beschaffung erforderlicher Informationen in geeigneter und zeitgerechter Form sowie die Aufbereitung und Weiterleitung an die zuständigen Stellen im Unternehmen. Neben den für die Risikobeurteilungen notwendigen Informationen umfasst dies auch die Information der Mitarbeiter über Aufgaben und Verantwortlichkeiten im IKS. Für die interne und externe Unternehmensberichterstattung kommen zusätzlich zur mündlichen Kommunikation z.B. Organisationshandbücher und Richtlinien sowie Schulungen in Betracht.[18]

(6) Überwachung
Für die Überwachung des IKS bedarf es der objektiven Beurteilung seiner Wirksamkeit durch Mitarbeiter des Unternehmens. Zu beurteilen ist, ob das IKS angemessen ist und kontinuierlich funktioniert. Anders als prozessintegrierte Überwachungsmaßnahmen („Self Assessment") werden prozessunabhängige Überwachungsmaßnahmen vor allem von der Internen Revision durchgeführt.

Beispiele für prozessintegrierte Überwachungsmaßnahmen
- Regelmäßige Durchsicht betrieblicher Statistiken durch zuständigen Abteilungsleiter
- Beurteilung der Plausibilität der in den Statistiken enthaltenen Informationen
- Erneute stichprobenartige Durchführung der Kontrollen durch Prozessverantwortlichen

---

17 *IDW PS 982*, Tz. 30 und A20.
18 *IDW PS 982*, Tz. 30 und A21.

Die Ergebnisse der Überwachungsmaßnahmen (vor allem festgestellte Mängel im IKS) werden in geeigneter Form kommuniziert und ausgewertet, damit die erforderlichen Maßnahmen zur Verbesserung des Systems und zur Beseitigung von Mängeln ergriffen werden können.[19]

2.3. Mindestinhalte der IKS-Beschreibung

Die IKS-Beschreibung enthält Aussagen der gesetzlichen Vertreter zu den Regelungen bezogen auf die sechs Grundelemente sowie eine entsprechende inhaltliche Zusammenfassung. Zur Dokumentation gehören z.B. Arbeitsanweisungen, Richtlinien, Flowcharts oder Organisationsdiagramme. Sofern relevant, sollte die IKS-Beschreibung Angaben zu den der Unternehmensberichterstattung zugrunde liegenden Rechnungslegungsvorschriften enthalten, da sie die Gestaltung der Regelungen beeinflussen können.[20] Übersicht 3 zeigt die Mindestbestandteile einer IKS-Beschreibung.[21]

Mindestinhalte	Konkretisierung
Grundsätze der Gestaltung des IKS (Abschnitt 2.4)	Verweise auf allgemein zugängliche IKS-Grundsätze (Rahmenkonzepte) oder Aufzählung der selbst entwickelten Grundsätze
Arten der Unternehmensberichterstattung, auf die die IKS-Beschreibung Bezug nimmt (Abschnitt 2.5)	Arten der Unternehmensberichterstattung, deren IKS der Prüfung unterliegt
Beschreibung der Grundelemente (Abschnitt 2.2)	Kontrollumfeld Ziele des IKS Risikobeurteilung Kontrollaktivitäten Information und Kommunikation Überwachung
Beschreibung einer ggf. vorhandenen IKS-Abteilung	Potenziell vorhandene Einheit im Unternehmen, die mit unterstützenden organisatorischen Tätigkeiten zur Einrichtung und Aufrechterhaltung des IKS betraut ist

Übersicht 3: Mindestinhalte einer IKS-Beschreibung

Die Beschreibung der Kontrollaktivitäten erfolgt regelmäßig unter Verweis auf außerhalb der IKS-Beschreibung dokumentierte sog. Risiko-Kontroll-Matrizen. *IDW PS 982* sieht konkrete Anforderungen auch an die Inhalte solcher Matrizen vor (Übersicht 4).[22]

---

19   *IDW PS 982*, Tz. 30 und A22.

20   *IDW PS 982*, Tz. A23 f.

21   *IDW PS 982*, Tz. 32.

22   *IDW PS 982*, Tz. 32.

Risiko	Kontrollziel (ggf.)	Kontrollbeschreibung				Frequenz	Nachweis
		Kontroll-aktivität	Kontroll-durchfüh-render	Automa-tisie-rungs-grad	Umgang mit Feh-lern und Korrek-turen		

Übersicht 4: Risiko-Kontroll-Matrix

W-Fragen zur Beschreibung von Kontrollaktivitäten
- WER? Wer führt die Kontrollaktivität aus, wer ist verantwortlich?
- WAS? Was wird bezweckt? Was soll die Kontrollaktivität sicherstellen?
- WIE? Wie wird die Kontrollaktivität durchgeführt? Welche Tätigkeitsschritte und Dokumente sind Bestandteil der Kontrolldurchführung?
- WO? Wo findet die Kontrollaktivität innerhalb des Prozesses statt?
- WANN? Zu welchem Zeitpunkt wird die Kontrollaktivität durchgeführt?

2.4. Entwicklung von IKS-Grundsätzen für das Unternehmen

IKS-Grundsätze als Grundlage für den IKS Aufbau können allgemein anerkannte Rahmenkonzepte, andere Rahmenkonzepte oder vom Unternehmen selbst entwickelt worden[23] sein. Als anerkannt gelten gemäß IDW PS 982 die beispielhaft in Übersicht 5 dargestellten Rahmenkonzepte.

Rahmenkonzept	Organisation
Internal Control – Integrated Framework (COSO 2013) (www.coso.org)	Committee of Sponsoring Organizations of the Treadway Commission
COBIT®: Control Objectives for Information and Related Technology – Framework zur IT-Governance (www.isaca.org)	ISACA (internationaler Verband der IT-Prüfer)
MaRisk: Mindestanforderungen an das Risiko-management	BaFin-Rundschreiben 10/2012 (BA) vom 14.12.2012
XBRL: Erstellung von elektronischen Doku-menten im Bereich der Finanzberichterstat-tung (https://de.xbrl.org)	eXtensible Business Reporting Language

Übersicht 5: Beispiele für allgemein anerkannte IKS-Grundsätze

COSO 2013 und COBIT® sind als Rahmenkonzepte typische Beispiele für allgemein anerkannte IKS-Grundsätze.

---

23 *IDW PS 982*, Tz. 17e).

Soweit gleichwertig und allgemein anerkannt, können daneben auch vergleichbare Rahmenkonzepte zur Darstellung des IKS der Unternehmensberichterstattung eingesetzt werden.[24]

Allgemein anerkannte Rahmenkonzepte können auch durch regulatorische Anforderungen festgelegt sein – z.B. die MaRisk für Finanzdienstleister – oder von Branchen- oder Industrieverbänden festgelegte Regelungen zur Gestaltung von Geschäftsprozessen und Verfahren sein, z.B. XBRL als Standard zum Austausch von Finanzinformationen.[25]

Auch selbst entwickelte oder ergänzte IKS-Grundsätze sind grundsätzlich zulässig, etwa wenn gesetzlich vorgeschriebene oder auf einschlägigen allgemein anerkannten Rahmenkonzepten beruhende Grundsätze nicht existieren oder nicht ausreichend konkret sind. Der IKS-Prüfer hat die Eignung dieser Grundsätze bereits bei Auftragsannahme zu beurteilen.

2.5. Abgrenzung der Teilbereiche

Die IKS-Beschreibung bestimmt die Abgrenzung der zu prüfenden Teilbereiche, d.h. derjenigen Unternehmensberichterstattung, deren IKS der Prüfung unterliegt. Sie enthält in der Regel eine Zusammenfassung der relevanten internen Verfahrensbeschreibungen und verweist z.B. auf die zugrunde liegende Risiko-Kontroll-Matrix.[26] Abhängig von Art, Umfang und Zielsetzung der Unternehmensberichterstattung erstreckt sich die Prüfung auf die zugrunde liegenden Kerngeschäfts- bzw. Unterstützungsprozesse mit ihren Steuerungs- und Kontrollmaßnahmen.[27]

Beispiele für Formen der internen und externen Unternehmensberichterstattung zeigt Übersicht 6.[28]

In Übereinstimmung mit dem zugrunde liegenden Rahmenkonzept (z. B. COSO 2013) kann sich die Prüfung auf unterschiedliche Organisationseinheiten beziehen. *IDW PS 982* ordnet dem Unternehmensbegriff neben Unternehmen im rechtlichen Sinne (nach Rechtsformen) auch Gemeinschaften, natürliche Personen oder sonstige wirtschaftlich abgegrenzte Geschäftstätigkeiten (z.B. Standorte, Teilbereiche, Sparten) zu.[29] Daneben kann sich der Umfang der Prüfung auch auf außerhalb des rechtlichen Unternehmensrahmens liegende Einheiten beziehen. Letztere sind zumeist vertraglich zur Einhaltung bestimmter Systeme, Prozesse und Kontrollen angehalten. Sofern die IKS-Prüfung mehrere Organisationseinheiten umfasst, muss der IKS-Prüfer bei der Festlegung von Art und Umfang der Prüfungshandlungen die Bedeutsamkeit der relevanten Risiken in den jeweiligen Organisationseinheiten berücksichtigen.[30]

---

24 *IDW PS 982*, Tz. A6.

25 *IDW PS 982*, Tz. A7.

26 *IDW PS 982*, Tz. A8.

27 *IDW PS 982*, Tz. 9.

28 *IDW PS 982*, Tz. A4.

29 *IDW PS 982*, Tz. A10.

30 *IDW PS 982*, Tz. 50.

Interne Unternehmensberichterstattung	Externe Unternehmensberichterstattung
Internes Management-Reporting, z.B. Performance-Reports, Forecasts, Prognosen, Simulationen	Jahresabschluss, Konzernabschluss, Zwischenabschluss
Interne Risiko- oder IKS-Berichterstattung	Lagebericht
Controlling-Bericht, z.B. für Beschaffungs-, Absatz-, Personal- oder Investitionscontrolling	Corporate-Governance-Erklärung
Qualitativer und quantitativer interner Regel- und Ad-hoc-Bericht einzelner Funktionen (z.B. zum Status des Lieferantenmanagements)	Börsenprospekt, Bericht an Banken oder an andere Darlehensgeber, Steuererklärung
Interner Bericht von Unternehmensbeauftragten, z.B. Datenschutzbeauftragter, Gleichstellungsbeauftragter, Umweltbeauftragter	Nachhaltigkeitsbericht, Emissionsbericht, sonstige Umwelt- oder Sozialberichterstattung

Übersicht 6: Beispiele für Formen der Unternehmensberichterstattung

Die Bedeutung der relevanten Risiken einer Organisationseinheit lässt sich nach quantitativen oder qualitativen Faktoren bemessen (Übersicht 7).[31] Die vom Unternehmen selbst vorzunehmende Einschätzung ist die Ausgangsbasis für die Einschätzung des IKS-Prüfers.

Quantitative Faktoren	Qualitative Faktoren
Anteil am Gesamtumsatz	Grad der Regulierung / Anfälligkeit für Regelverstöße
Verhältnis der Ergebnisbeiträge	Komplexität des Geschäftsmodells
Netto-Investitionssumme	Dezentraler Autonomiegrad des Managements
Angestrebte/geplante Rendite	Standardisierungsgrad und Zentralisierung von Prozessen und Funktionen

Übersicht 7: Bedeutung der relevanten Risiken einer Organisationseinheit

Übersicht 8 zeigt am Beispiel des Einkaufsprozesses eine mögliche Form der internen Berichterstattung an den Vorstand.

---

31 *IDW PS 982*, Tz. A39 f.

	Interne Berichterstattung an den Vorstand über das Einkaufsvolumen aller Produkte und Dienstleistungen der deutschen Tochtergesellschaften im Zeitraum vom 01.01.201x bis zum 31.12.201x	
1.	IKS-Grundsatz	Beispielsweise COSO 2013
2.	Unternehmensberichterstattung	Vorstandsreport über Einkaufsvolumen
3.	Kontrollumfeld	Grundeinstellung der Geschäftsleitung zum IKS und hierzu etablierte Aufbau- und Ablauforganisation
4.	Kontrollziele	Festlegung, welche entscheidungsrelevanten Informationen zu welchen Zeitpunkten, in welcher Form, von welchen Adressaten benötigt werden; Ziel z. B. Einhaltung von Einkaufsbudgets im Unternehmen
5.	Risikobeurteilung	Risiken in Bezug auf den Einkaufsprozess, z. B. Risiko der Nichterfassung von Bestellungen und Rechnungen
6.	Kontrollaktivitäten	Prozess von der Bedarfsermittlung über die Lieferantenbestellung bis zum Materialeingang und zur Rechnungsprüfung; Kontrolle z. B. durch 3-Wege-Abgleich zwischen Bestellung, Lieferung und Rechnung
7.	Information und Kommunikation	Welche Informationen erhalten die betroffenen Mitarbeiter der deutschen Unternehmen wann zu den relevanten Einkaufstransaktionen zur Bearbeitung und zu ihren jeweiligen Verantwortlichkeiten?
8.	Überwachung	Berücksichtigung des Einkaufsprozesses im Audit Universe und im mehrjährigen Revisionsplan der Internen Revision

Übersicht 8: Mögliche Form der internen Berichterstattung an den Vorstand am Beispiel „Einkaufsprozess"

3. Gegenstand, Ziel und Umfang der Prüfung nach IDW PS 982

3.1. Grundlagen der Prüfung

Bei der IKS-Prüfung handelt es sich analog zur Prüfung eines CMS *(IDW PS 980)*, eines RMS *(IDW PS 981)* und eines IRS *(IDW PS 983)* um eine betriebswirtschaftliche Prüfung, bei der die Grundsätze ordnungsmäßiger Durchführung betriebswirtschaftlicher Prüfungen nach ISAE 3000 zu beachten sind.[32] Die hiermit einhergehenden Anforderungen (samt Hinweisen zu möglichen methodischen Ansätzen der Prüfungsdurchführung) erläutert *IDW PS 982* detailliert.

Der IKS-Prüfer hat die durchgeführten Prüfungshandlungen und die relevanten Prüfungsnachweise in seinen Arbeitspapieren zu dokumentieren.[33] Im Rahmen seiner Berichterstattung hat er einen schriftlichen IKS-Prüfungsbericht zu verfassen, der ein Prüfungs-

---

32 Vgl. *Almeling*, WPg 2011, S. 607, und WPg 2011, S. 653.
33 *IDW PS 982*, Tz. 101 ff.

urteil über die in der IKS-Beschreibung getroffenen Aussagen enthält bzw. erforderlichenfalls eine Aussage enthält, dass ein Prüfungsurteil nicht erteilt werden kann.[34] Im IKS-Prüfungsbericht ist das Prüfungsurteil von anderen Informationen und Erläuterungen (z. B. Hervorhebungen und Hinweise) oder von Feststellungen und Empfehlungen zum IKS, die keinen Einfluss auf das Urteil haben, klar zu trennen.[35] Sofern nach Einschätzung des IKS-Prüfers bestimmte Prüfungsfeststellungen eine unmittelbare Reaktion erfordern, ist darüber vorab zu berichten. Auch muss der Prüfer feststellen, ob ggf. weitere Berichtspflichten, z. B. gegenüber dem Aufsichtsorgan, bestehen.[36]

Der IKS-Prüfer hat für Zwecke der Planung und Durchführung der Prüfung sowie der Auswertung der Prüfungsergebnisse zu bestimmen, in welchen Fällen ein Fehler in der IKS-Beschreibung bzw. in welchen Fällen ein Mangel des IKS als wesentlich einzustufen ist.[37]

Fehler in den Aussagen der IKS-Beschreibung liegen z.B. vor, wenn die IKS-Beschreibung
- einen Mangel in dem in der IKS-Beschreibung dargestellten IKS nicht erkennen lässt,
- nicht auf sämtliche Grundelemente eingeht oder
- unangemessene Verallgemeinerungen bzw. unausgewogene und verzerrende Darstellungen enthält.[38]

Von einem wesentlichen Mangel im IKS ist dann auszugehen, wenn das in der IKS-Beschreibung dargestellte IKS nicht geeignet oder nicht wirksam ist, um mit hinreichender Sicherheit die IKS-Ziele für das Berichtswesen in allen wesentlichen Belangen zu erreichen.[39]

Anhaltspunkte für wesentliche Mängel
- Es werden keine geeigneten IKS-Grundsätze verwendet.
- Lücken in der Konzeption führen dazu, dass nicht alle relevanten wesentlichen Risiken abgedeckt werden.
- Fehler in der Unternehmensberichterstattung, die dem Prüfer bekannt werden.
- Regelungen des IKS sind auf der Grundlage von eingeholten Nachweisen nicht geeignet oder unwirksam.
- Die Regelungen werden nicht in einem geregelten Prozess an geänderte Rahmenbedingungen angepasst.
- Es besteht ein Ressourcenengpass im IKS.
- Das IKS wird nicht ausreichend im Unternehmen kommuniziert oder nicht ausreichend durch die interne Revision überwacht.
- Bei aufgedeckten Mängeln werden keine Verbesserungsmaßnahmen ergriffen.

---

34 *IDW PS 982*, Tz. 109; zu Anforderungen und Mindestinhalten des IKS-Prüfungsberichts vgl. IDW PS 982, Tz. 111.
35 *IDW PS 982*, Tz. 110.
36 *IDW PS 982*, Tz. 116 f.
37 *IDW PS 982*, Tz. 53.
38 *IDW PS 982*, Tz. A9 und A42.
39 *IDW PS 982*, Tz. A43.

3.2. Arten der IKS-Prüfung

IDW PS 981, *IDW PS 982* und *IDW PS 983* unterscheiden zwischen zwei Arten der Prüfung:[40] die Wirksamkeitsprüfung und die Angemessenheitsprüfung. Entgegen *IDW PS 980* aus dem Jahre 2011 ist die Konzeptionsprüfung bei den Verlautbarungen *IDW PS 981*, *IDW PS 982* und *IDW PS 983* Teil der Angemessenheitsprüfung.

Zudem kann es für Unternehmen, die ein IKS erstmals einrichten oder ändern, zweckmäßig sein, im Rahmen einer Angemessenheitsprüfung einen Wirtschaftsprüfer bereits während der Entwicklung, Einführung oder Änderung des Systems projektbegleitend mit der Prüfung des IKS nach *IDW PS 982* zu beauftragen.[41] Diese projektbegleitende IKS-Prüfung stellt keine Mitwirkung an der Entwicklung oder Einrichtung des IKS dar. Vielmehr ist es bei festgestellten Mängeln im IKS mit den Berufsgrundsätzen vereinbar, dass der IKS-Prüfer seinem Mandanten Entscheidungsempfehlungen gibt. Die Entscheidung über die Annahme solcher Empfehlungen muss beim Mandanten verbleiben und darf nicht vom IKS-Prüfer veranlasst werden.[42] Die Anforderungen an das Selbstprüfungsverbot sind also stets zu beachten.

Wirksamkeitsprüfung

Die Wirksamkeitsprüfung eines IKS zielt darauf, mit hinreichender Sicherheit zu einem Urteil darüber zu gelangen, ob

- die im geprüften Zeitraum implementierten Regelungen des IKS in dessen Beschreibung in Übereinstimmung mit den angewandten IKS-Grundsätzen in allen wesentlichen Belangen angemessen dargestellt sind,
- die dargestellten Regelungen in Übereinstimmung mit den angewandten IKS-Grundsätzen in allen wesentlichen Belangen
  - während des geprüften Zeitraums geeignet waren, mit hinreichender Sicherheit die IKS-Ziele für das Berichtswesen zu erreichen, und
  - während des geprüften Zeitraums wirksam waren.[43]

Angemessenheitsprüfung

Eine Angemessenheitsprüfung ist stets Bestandteil der Wirksamkeitsprüfung. Sie zielt ab auf die Beurteilung der Eignung implementierter IKS-Regelungen, um die IKS-Ziele für das Berichtswesen zu erreichen, sowie auf die Implementierung des IKS im Unternehmen.[44]

---

40   *IDW PS 982*, Tz. 21ff.
41   *IDW PS 982*, Tz. 24.
42   *IDW PS 982*, Tz. A13.
43   *IDW PS 982*, Tz. 21.
44   *IDW PS 982*, Tz. 22f.

4. Unterschiede zur Prüfung des rechnungslegungsbezogenen IKS im Rahmen der Abschlussprüfung

Die Prüfung nach *IDW PS 982* geht über die Prüfung des IKS durch den Abschlussprüfer im Rahmen von Abschlussprüfungen *(IDW PS 261 n.F.)* hinaus. Dort erfolgt die IKS-Prüfung insoweit, als sie für die Durchführung der Prüfung und die Bildung des Prüfungsurteils zu Jahresabschluss und Lagebericht durch den Abschlussprüfer erforderlich ist. Der Abschlussprüfer gibt hierbei kein gesondertes Prüfungsurteil zum IKS ab. Die originären prüfungsrelevanten Bestandteile des IKS im Rahmen der Abschlussprüfung umfassen das Rechnungslegungssystem samt Buchführungssystem. Demgegenüber ist das Ziel des IKS-Prüfers bei der als Systemprüfung nach *IDW PS 982* gestalteten IKS-Prüfung, ein Prüfungsurteil mit hinreichender Sicherheit darüber abzugeben, ob – in Übereinstimmung mit den angewandten IKS-Grundsätzen – die Regelungen des IKS in der IKS-Beschreibung in allen wesentlichen Belangen angemessen dargestellt und die dargestellten Regelungen in allen wesentlichen Belangen geeignet und implementiert bzw. geeignet und wirksam sind.

Wenn der IKS-Prüfer auch mit anderen Dienstleistungen – z.B. der Abschlussprüfung oder der CMS-Prüfung – beauftragt war und er dabei für die Beurteilung der Aussagen in der IKS-Beschreibung ggf. relevante Informationen erlangt, empfiehlt es sich zu vereinbaren, dass er das Ergebnis dieser Tätigkeiten bei der Prüfung des IKS berücksichtigt.[45]

5. Schlussbemerkung und Ausblick

IDW PS 982 schafft eine Grundlage für die Prüfung eines beschriebenen IKS in Bezug auf die zugrunde liegende Unternehmensberichterstattung. Mit der sog. Berichterstattung behandelt *IDW PS 982* eine von vier Zieldimensionen des COSO ERM[46]. Die anderen drei Zieldimensionen (strategische Risiken, operative Risiken und Compliance) werden von *IDW PS 981* bzw. *IDW PS 980* aufgegriffen. Die Grenzen zwischen den jeweiligen Standards und Systemen sind jedoch nicht starr, sondern fließend. Die Abgrenzung der Prüfungsgegenstände ist insoweit nicht frei von Überschneidungen und lässt Raum für die Prüfung von verzahnten, integrierten Systemabläufen, z.B. zwischen der Risikosteuerung im operativen RMS und den Kontrollaktivitäten des IKS der Unternehmensberichterstattung.

Ein Beispiel für eine IKS-Prüfung nach *IDW PS 982* mit Überschneidung zu den operativen Risiken i.S. von *IDW PS 981* ist die regelmäßige Berichterstattung an den Vorstand durch den Einkaufsleiter. Diese fundiert auf zuverlässigen und vollständigen Informationen sowie der Funktionsfähigkeit aller Teilprozesse des Einkaufs, vom operativen Lieferantenmanagement, über das Bedarfs- und Bestellwesen, die tatsächlichen Transaktionsvolumina bis zum Management von Zahlungszielen.

Vor allem aufgrund von Wirtschaftsskandalen in der Vergangenheit wurden weitreichende Bestimmungen für IKS auf den Weg gebracht. Aus dem BilMoG ergaben sich Anforderungen an das IKS, woraus potentielle Haftungsrisiken für die Unternehmensleitung und den

---

45 *IDW PS 982*, Tz. A36.
46 Vgl. COSO, a.a.O. (Fn. 3).

Aufsichtsrat resultieren. Die Öffentlichkeit, Kreditgeber, Lieferanten und auch Kunden haben eine gestiegene Erwartungshaltung an wirksame interne Kontrollen. Dieses schließt vor allem die Verlässlichkeit der vielfältigen Berichterstattungsformen eines Unternehmens ein. Durch eine IKS-Prüfung können Kontrollschwächen identifiziert und Handlungsempfehlungen als Grundlage für die Verbesserung der bestehenden internen Kontrollen abgeleitet werden. So kann sichergestellt werden, dass wesentliche Maßnahmen zur Einhaltung der relevanten Richtlinien und internen Regelungen getroffen, Chancen frühzeitig erkannt und Berichterstattungsrisiken minimiert werden.

Das IKS ist Teil des ganzheitlichen Corporate-Governance-Systems und unterstützt die erfolgreiche Steuerung des Unternehmens und der damit verbundenen Risiken durch Sicherung der internen Abläufe und der Berichterstattung. Ein IKS ist standardmäßig Grundlage für die Prüfung der Prozesse durch die Interne Revision.

Nicht nur börsennotierte, sondern auch mittelständische Unternehmen widmen sich zunehmend der strukturierten Aufnahme und Wirksamkeitsüberwachung des IKS. Die freiwillige Prüfung des IKS ermöglicht es Geschäftsleitung und Aufsichtsrat, ihre internen Initiativen einer externen Würdigung zu unterziehen. Dies kann mit Wettbewerbsvorteilen verbunden sein.

Vor allem im Mittelstand bestehen Tendenzen, die Bereiche Compliance, IKS, RMS und Interne Revision nicht mehr isoliert zu betrachten. Wird z.B. ein IKS geprüft, muss auch berücksichtigt werden, dass dieses mithilfe von Kontrollen, Prozessen und Maßnahmen bestimmte Risiken steuert. Für ein Unternehmen stellt sich die Frage, ob es seine Risiken kennt; es muss sich insoweit mit dem Risikomanagement, d.h. den aus den strategischen Geschäftszielen abgeleiteten Risikostrategien und Risikosteuerungsmaßnahmen, auseinandersetzen. Durch Zusammenführung der Teilbereiche können mehrere Prozesse betrachtet und Überschneidungen erkannt und genutzt werden, sodass Geschäftsprozesse gesichert und Kostenvorteile aufgezeigt werden.

IDW PS 982 schafft für Unternehmen neben der Abschlussprüfung eine Möglichkeit, weitere Verantwortungsbereiche einer Prüfung zu unterziehen. Zusammen mit Prüfungen nach *IDW PS 980, IDW PS 981* und *IDW PS 983* ist dieses richtungsweisend für die Rolle der Corporate Governance in Unternehmen; sie werden das Vertrauen in die Unternehmensführung nachhaltig verbessern helfen.

4. Prüfung von Internen Revisionssystemen

A IDW PS 983 visuell

Erstveröffentlichung: WPg 10/2017 (S. 555)

Anwendungsbereich:

Freiwillige Prüfungen von Internen Revisionssystemen (IRS) außerhalb der Abschlussprüfung.

Negativer Anwendungsbereich:

IDW PS 983 betrifft freiwillige Prüfungen von IRS. Er findet keine Anwendung auf gesetzlich vorgeschriebene aufsichtsrechtliche Prüfungen von IRS.

Kernaussagen:

IDW PS 983 ist Bestandteil einer Serie von IDW PS zur Prüfung der für die Unternehmensüberwachung relevanten Corporate-Governance-Systeme (vgl. § 107 Abs. 3 Satz 2 AktG).

Die Prüfung des IRS nach *IDW PS 983* umfasst stets sämtliche verbindlichen Elemente der „Internationalen Grundlagen für die berufliche Praxis der Internen Revision" (IPPF). Die Anforderungen der verbindlichen Elemente des IPPF sind in dem als Anlage zu *IDW PS 983* enthaltenen Kriterienkatalog zusammengefasst. Eine isolierte Prüfung einzelner verbindlicher Elemente des IPPF liegt nicht im Anwendungsbereich dieses IDW Prüfungsstandards. Darüber hinaus können mit dem Auftraggeber weitere Prüfungsinhalte vereinbart werden, z.B. die empfohlenen Elemente der IPPF oder datenschutzrechtliche Bestimmungen.

Neben einer umfassenden Wirksamkeitsprüfung ist auch die Beauftragung einer Prüfung möglich, die sich nur auf die Angemessenheit und Implementierung der in der IRS-Beschreibung dargestellten Regelungen des IRS bezieht (Angemessenheitsprüfung).

IDW PS 983 beschreibt die Prüfungsanforderungen bei der Auftragsannahme, der Prüfungsplanung und -durchführung sowie bei der Dokumentation und Berichterstattung des IRS-Prüfers. Ein gesonderter Abschnitt enthält zusätzliche Anwendungshinweise und Erläuterungen, ferner Musterformulierungen für die Berichterstattung des IRS-Prüfers zu den beiden Auftragsarten.

Pflicht zur Anwendung:

IDW PS 983 ist erstmals anzuwenden bei freiwilligen Prüfungen von IRS, die nach dem 30.04.2017 beauftragt werden.

Kreis der Unternehmen:

Alle Unternehmen.

IDW PS 983: Grundsätze ordnungsmäßiger Prüfung von Internen Revisionssystemen

Einordnung der Prüfung

» IDW PS 983 betrifft freiwillige Prüfungen von Internen Revisionssystemen (IRS)

» IDW PS 983 ist Bestandteil einer Serie von IDW PS zur Prüfung der für die Unternehmensüberwachung relevanten Corporate-Governance-Systeme (vgl. § 107 Abs. 3 Satz 2 AktG). Der Anwendungsbereich des IDW PS 983 und die Einordnung zu den Corporate-Governance-Systemen lässt sich in Anlehnung an COSO II wie folgt verdeutlichen:

① RMS für strategische und operative Risiken der Geschäftstätigkeit → IDW PS 981

② IKS des internen und externen Berichtswesens → IDW PS 982

③ Compliance-Management-System → IDW PS 980

④ Internes Revisionssystem → IDW PS 983

Zielkategorien: Regeleinhaltung, Berichterstattung, Betrieblich, Strategisch

Niederlassung, Geschäftseinheit, Gesamtorganisation, Unternehmensprozesse und -organisation

Grundelemente: Internes Umfeld, Zielfestlegung, Ereignisidentifikation, Risikobeurteilung, Risikosteuerung, Kontrollaktivitäten, Information und Kommunikation, Überwachung

Anwendungsbereich

» Die Abgrenzung der IDW PS ist nicht notwendigerweise überschneidungsfrei. In Abhängigkeit vom zu prüfenden Teilbereich können auch mehrere der IDW PS zur Anwendung kommen.

IDW PS 983   1/5

Gegenstand, Ziel und Umfang der Prüfung (21 ff.)

» Die in der IRS-Beschreibung enthaltenen Aussagen des Unternehmens über das Interne Revisionssystem

Grundsätzlich: **Wirksamkeitsprüfung**

Urteil mit hinreichender Sicherheit, ob

» die im geprüften Zeitraum implementierten Regelungen des IRS in der IRS-Beschreibung in Übereinstimmung mit den angewandten IRS-Grundsätzen in allen wesentlichen Belangen *angemessen dargestellt* sind,

» die dargestellten Regelungen in Übereinstimmung mit den angewandten IRS-Grundsätzen in allen wesentlichen Belangen

» *während des geprüften Zeitraums geeignet waren, mit hinreichender Sicherheit die Einrichtung einer internen Revisionsfunktion sowie die unabhängige und objektive Erbringung von Prüfungs- und Beratungsleistungen durch die Interne Revision zu gewährleisten, und*

» *während des geprüften Zeitraums wirksam waren.*

Daneben auch zulässig: **Angemessenheitsprüfung**

Urteil mit hinreichender Sicherheit, ob

» die zu einem bestimmten Zeitpunkt implementierten Regelungen des IRS in der IRS-Beschreibung in Übereinstimmung mit den angewandten IRS-Grundsätzen in allen wesentlichen Belangen angemessen dargestellt sind,

» die dargestellten Regelungen in Übereinstimmung mit den angewandten IRS-Grundsätzen in allen wesentlichen Belangen

» *geeignet waren,* mit hinreichender Sicherheit die Einrichtung einer internen Revisionsfunktion sowie die unabhängige und objektive Erbringung von Prüfungs- und Beratungsleistungen durch die Interne Revision zu gewährleisten, und

» zu einem bestimmten Zeitpunkt *implementiert* waren.

» Ziel der IRS-Prüfung als Systemprüfung ist es nicht, eine Aussage darüber zu treffen, ob einzelne oder sämtliche Revisionsaufträge durch die Revisionsfunktion fehlerfrei durchgeführt wurden oder ob einzelne von den gesetzlichen Vertretern oder den nachgeordneten Entscheidungsträgern eingeleitete oder durchgeführte Maßnahmen als Reaktion auf Feststellungen der Internen Revision geeignet oder wirtschaftlich sinnvoll sind.

Gegen-stand

Ziel und Umfang der Prüfung

IDW PS 983   2/5

Grundelemente eines IRS (A18 f.)

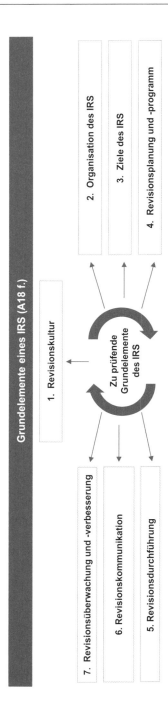

1. Revisionskultur

Zu prüfende Grundelemente des IRS

2. Organisation des IRS
3. Ziele des IRS
4. Revisionsplanung und -programm

7. Revisionsüberwachung und -verbesserung
6. Revisionskommunikation
5. Revisionsdurchführung

Prüfungsplanung

Berücksichtigung der Ergebnisse einer Selbstbeurteilung (52)

Beurteilung, ob und inwieweit Ergebnisse von regelmäßigen Selbstbeurteilungen der Internen Revision im Rahmen der Prüfungsplanung des IRS zu berücksichtigen sind

Allgemeine Grundsätze (44 ff.)

Wesentlichkeit (53)

Bei einer Nichteinhaltung der folgenden Kriterien (Mindeststandards) liegt immer ein wesentlicher Fehler in der IRS-Beschreibung bzw. ein wesentlicher Mangel des IRS vor:

» Vorhandensein einer offiziellen schriftlichen, angemessenen Regelung (Geschäftsordnung, Revisions-Richtlinie o.Ä.)
» Sicherstellung der Neutralität, der Unabhängigkeit von anderen Funktionen sowie eines uneingeschränkten Informationsrechts
» Angemessene quantitative und qualitative Personalausstattung der Internen Revision
» Erstellung des Prüfungsplans der Internen Revision auf der Grundlage eines standardisierten und risikoorientierten Planungsprozesses
» Einheitliche, sachgerechte und ordnungsgemäße Dokumentation von Art und Umfang der Prüfungshandlungen und -ergebnisse
» Überwachung der Umsetzung der im Bericht dokumentierten Maßnahmen durch die Interne Revision in einem effektiven Follow-up-Prozess

IDW PS 983   3/5

Prüfungshandlungen zur Identifikation und Beurteilung von Risiken wesentlicher Fehler in der IRS-Beschreibung (54 ff.)

Gewinnung eines Verständnisses vom Unternehmen sowie von dessen rechtlichem und wirtschaftlichem Umfeld (54 f.)

Gewinnung eines Verständnisses von dem in der IRS-Beschreibung dargestellten IRS (56 f.)

Identifizierung und Beurteilung der Risiken wesentlicher Fehler in der IRS-Beschreibung (58 f.)

Prüfungsdurchführung (60 ff.)

Ausgestaltung und Aktualität der IRS-Beschreibung (60 ff.)

» Prüfung der vollständigen, richtigen und verständlichen Darstellung der Regelungen
» Prüfung, ob die IRS-Beschreibung dem zu prüfenden Stand entspricht
» Bei einer Wirksamkeitsprüfung: Beurteilung, ob die IRS-Beschreibung auf wesentliche Veränderungen im IRS im Betrachtungszeitraum gesondert eingeht

Angemessenheit des IRS (63 ff.)

» Beurteilung, ob die dargestellten Regelungen so ausgestaltet und implementiert sind, dass sie in Übereinstimmung mit den IRS-Grundsätzen geeignet sind, mit hinreichender Sicherheit die Einrichtung einer internen Revisionsfunktion sowie die unabhängige und objektive Erbringung von Prüfungs- und Beratungsleistungen durch die Interne Revision zu gewährleisten
» Feststellung, ob das IRS wie beschrieben zu einem bestimmten Zeitpunkt eingerichtet (implementiert) ist

Wirksamkeit des IRS (66 ff.)

» Beurteilung, ob die dargestellten Regelungen innerhalb des gesamten zu prüfenden Zeitraums eingehalten wurden
» Prüfung muss einen angemessenen Zeitraum abdecken, z.B. ein Geschäftsjahr

IDW PS 983   4/5

75

Auswertung der Prüfungsfeststellungen und Bildung des Prüfungsurteils (88 ff.)

Uneingeschränktes Urteil
- » keine wesentlichen Beanstandungen
- » keine wesentlichen Prüfungshemmnisse

Eingeschränktes Urteil
- » festgestellte Beanstandung ist wesentlich, aber nicht umfassend, oder
- » wesentliche Prüfungshemmnisse, aber Positivbefund zu wesentlichen Teilen des IKS noch möglich

Versagung des Urteils
- » festgestellte Beanstandung ist wesentlich und nicht eingrenzbar

Nicht-Erteilung des Urteils
- » Prüfungshemmnisse, aufgrund derer auch nach Ausschöpfung der prüferischen Möglichkeiten ein Urteil nicht abgegeben werden kann

» Stellt sich heraus, dass die IKS-Beschreibung nicht geeignet oder für die Berichtsadressaten ggf. irreführend ist, ist das Prüfungsurteil einzuschränken oder erforderlichenfalls zu versagen!

IRS-Prüfungsbericht (106 ff., Anlagen)

Bestandteile:
- » Überschrift: Angabe, dass es sich um den Bericht eines unabhängigen Wirtschaftsprüfers handelt
- » Berichtsadressaten
- » Prüfungsauftrag
- » Beschreibung des geprüften IRS
- » Darstellung der oder Bezugnahme auf die vom Unternehmen angewandten IRS-Grundsätze
- » Gegenstand, Art und Umfang der Prüfung
- » Beschreibung der Verantwortlichkeiten der gesetzlichen Vertreter und des IRS-Prüfers
- » Aussage, dass die Prüfung in Übereinstimmung mit diesem IDW Prüfungsstandard durchgeführt wurde
- » Aussage, dass bei der Prüfung die Berufspflichten der WPO und der Berufssatzung WP/vBP angewendet wurden
- » Feststellungen zum IRS und ggf. Empfehlungen
- » ggf. Darstellung geplanter Maßnahmen des Unternehmens zur Behebung der festgestellten Mängel
- » zusammenfassendes Prüfungsurteil
- » Aussage über die inhärenten Grenzen des IRS
- » Datum, Unterschrift, Name und Ort des Prüfers

B IDW PS 983: Grundsätze ordnungsmäßiger Prüfung von Internen Revisionssystemen (IRS)

Von WP StB Hubertus Eichler

Aktualisierte Fassung des in der WPg 21/2016 (S. 1159 ff.) veröffentlichten Beitrags

In Ausübung ihrer Organisations- und Sorgfaltspflichten sind die gesetzlichen Vertreter von Unternehmen aufgefordert, für eine angemessene Interne Revision zu sorgen. Der Aufsichtsrat wiederum ist gemäß § 107 Abs. 3 Satz 2 AktG dafür verantwortlich, unter anderem die Wirksamkeit des Internen Revisionssystems zu überwachen. Der vom Hauptfachausschuss des IDW am 3. März 2017 verabschiedete IDW Prüfungsstandard: Grundsätze ordnungsmäßiger Prüfung von Internen Revisionssystemen (IDW PS 983) reiht sich ein in die Gruppe der bereits bestehenden IDW Prüfungsstandards zur Prüfung von Corporate-Governance-Systemen. Der folgende Beitrag beschreibt Aufbau und wesentliche Inhalte von IDW PS 983 und gibt Praxishinweise zur Gestaltung der Prüfung.

1. Einleitung

Der vom Hauptfachausschuss des IDW am 3. März 2017 verabschiedete IDW Prüfungsstandard: Grundsätze ordnungsmäßiger Prüfung von Internen Revisionssystemen *(IDW PS 983)* reiht sich ein in die Gruppe der weiteren IDW Prüfungsstandards zur Prüfung von Corporate-Governance-Systemen. Diese wurden entwickelt, um dem Berufsstand als verpflichtend anzuwendende Anleitung zur Prüfung solcher nicht-finanziellen Informationen zu dienen.[1]

Nach § 107 Abs. 3 Satz 2 AktG muss sich der Aufsichtsrat unter anderem mit der Wirksamkeit des Internen Revisionssystems (IRS) befassen. Die Prüfung der Wirksamkeit des IRS durch einen unabhängigen Wirtschaftsprüfer kann dem objektivierten Nachweis der ermessensfehlerfreien Ausübung der Organisations- und Sorgfaltspflichten des Vorstands und des Aufsichtsrats dienen.[2]

2. Gemeinsame Standardentwicklung mit dem DIIR

IDW PS 983 wurde gemeinsam mit dem Deutschen Institut für Interne Revision e.V. (DIIR) erarbeitet, das einen inhaltlich weitestgehend gleichlautenden Standard (DIIR Revisionsstandard Nr. 3: Prüfung des Internen Revisionssystems) zur Nutzung durch Prüfer für Interne Revisionssysteme[DIIR] herausgegeben hat. Ziel der Zusammenarbeit von DIIR und IDW war es, einheitliche Anforderungen an die Einrichtung und Beurteilung eines IRS sicherzustellen. Der bereits bestehende DIIR Revisionsstandard Nr. 3 wurde damit

---

1 Vgl. *IDW Prüfungsstandard: Grundsätze ordnungsmäßiger Prüfung von Compliance Management Systemen (IDW PS 980)* (Stand: 11.03.2011); dazu *Eibelshäuser/Schmidt*, WPg 2011, S. 939; *IDW Prüfungsstandard: Grundsätze ordnungsmäßiger Prüfung von Risikomanagementsystemen (IDW PS 981)* (Stand: 03.03.2017); dazu *Schmidt* u.a., WPg 2016, S. 944; *IDW Prüfungsstandard: Grundsätze ordnungsmäßiger Prüfung des internen Kontrollsystems des internen und externen Berichtswesens (IDW PS 982)* (Stand: 03.03.2017); dazu *Laue/Glage/Havers*, WPg 2016, S. 1208.

2 Vgl. *IDW Prüfungsstandard: Grundsätze ordnungsmäßiger Prüfung von Internen Revisionssystemen (IDW PS 983)* (Stand: 03.03.2017), Tz. 9.

vollständig überarbeitet[3]. Die gemeinsam entwickelten Standards berücksichtigen nunmehr die aktuellen Anforderungen an eine ordnungsmäßig gestaltete Interne Revision (IR), indem der Prüfungsdurchführung immer die letzte Version der „verbindlichen Elemente der Internationalen Grundlagen für die berufliche Praxis der Internen Revision" (IPPF)[4] zugrunde gelegt wird.

3. Definition und Abgrenzung eines Internen Revisionssystems

Gemäß der in *IDW PS 983* getroffenen Definition handelt es sich bei einem IRS um die Gesamtheit aller Regelungen, die darauf gerichtet sind, die Einrichtung einer Internen Revisionsfunktion sowie die unabhängige und objektive Erbringung von Prüfungs- und Beratungsleistungen durch die IR in Übereinstimmung mit den angewandten IRS-Grundsätzen zu gewährleisten[5]. Als IRS-Grundsätze werden die verbindlichen Elemente der IPPF (vgl. Kap. 2) und ggf. zusätzliche vom Unternehmen zu beachtende Anforderungen bezeichnet[6] (z.B. empfohlene Elemente des IPPF oder datenschutzrechtliche Bestimmungen). Im Sinne von *IDW PS 983* gelten die IPPF als (weltweit) einziges anerkanntes Rahmenkonzept für die Einrichtung einer IR. Sie umfassen als verbindliche Elemente:

- die Mission der IR,
- die Definition der IR,
- den Ethikkodex,
- die Grundprinzipien sowie
- die Attribut- und Ausführungsstandards.

Darüber hinaus enthalten die IPPF Implementierungsleitlinien bzw. praktische Ratschläge und ergänzende Leitlinien bzw. Praxisleitfäden, die im Rahmen der Einrichtung und Gestaltung einer Internen Revisionsfunktion zur Anwendung empfohlen werden.[7]

Vor diesem Hintergrund wurde in *IDW PS 983* auch auf die ausführliche Beschreibung von Grundelementen (Prozessbestandteilen, mittels derer die IRS-Grundsätze im Unternehmen einzuführen sind) – wie sie in den anderen Governance-Standards des IDW zur Beschreibung des jeweiligen Teilsystems enthalten sind – verzichtet. Um aber eine Vergleichbarkeit der Prüfungsstandards herzustellen, wurden die in Übersicht 1 dargestellten – in Wechselwirkung zueinander stehenden – Grundelemente definiert, die ein in Übereinstimmung mit den IPPF stehendes IRS kennzeichnen.

Die Gestaltung eines IRS hängt dabei vor allem von den festgelegten Zielen des IRS sowie von Art, Umfang und Komplexität der Geschäftstätigkeit des Unternehmens ab. In Anlage 1 von *IDW PS 983* werden die im Kriterienkatalog aufgeführten Einzelkriterien zu den identifizierten Grundelementen eines IRS übergeleitet.

---

3   Vgl. DIIR Revisionsstandard Nr. 3: Prüfung von Internen Revisionssystemen (veröffentlicht im April 2017).

4   Internationale Grundlagen für die berufliche Praxis der Internen Revision (International Professional Practices Framework– IPPF) des IIA (The Institute of Internal Auditors).

5   *IDW PS 983*, Tz. 19c).

6   *IDW PS 983*, Tz. 19g).

7   *IDW PS 983*, Tz. 19h).

Übersicht 1: Grundelemente eines Internen Revisionssystems

4. Wesentliche Elemente der Durchführung einer IRS-Prüfung

Bei der IRS-Prüfung handelt es sich um eine betriebswirtschaftliche Prüfung, bei der die Grundsätze ordnungsmäßiger Durchführung betriebswirtschaftlicher Prüfungen zu beachten sind. Diese enthalten z.B. Anforderungen an » die Beachtung der allgemeinen Berufspflichten,

• die Verwertung der Arbeit von Spezialisten,
• die zwischen Abschluss der materiellen Prüfung und dem Datum der Berichterstattung vorzunehmenden Prüfungshandlungen,
• die Einholung einer Vollständigkeitserklärung,
• die Qualitätssicherung im Prüfungsteam und an
• die Dokumentation der Prüfungshandlungen in den Arbeitspapieren.

Die hiermit einhergehenden Anforderungen einschließlich von Hinweisen zu möglichen methodischen Ansätzen der Prüfungsdurchführung werden in *IDW PS 983* detailliert dargestellt und erläutert.

4.1. Gegenstand, Ziel und Umfang der Prüfung

Wie auch in anderen Governance-Standards des IDW sind Prüfungsgegenstand die in einer Beschreibung des IRS enthaltenen Aussagen des Unternehmens über das IRS[8]. Das zu prüfende Unternehmen ist somit gehalten, zunächst eine solche IRS-Beschreibung zu erstellen und dem IRS-Prüfer vorzulegen[9]. Das eingerichtete IRS bzw. die diesem zugrunde liegenden Regelungen sind sodann im Hinblick auf ihre Übereinstimmung mit den IRS-Grundsätzen und auf ihre Angemessenheit und/oder Wirksamkeit (je nach Auftragsgegenstand) vom IRS-Prüfer zu beurteilen.

4.1.1. Abgrenzung zur Befassung mit dem IRS im Rahmen einer Abschlussprüfung

Die Prüfung des IRS nach *IDW PS 983* ist weitreichender als eine Beurteilung der IR im Rahmen von Abschlussprüfungen und erfordert weitergehende Prüfungshandlungen, als sie zur Beurteilung der IR als Teil der Befassung des Abschlussprüfers mit dem rechnungslegungsbezogenen Internen Kontrollsystems (IKS) im Rahmen von Abschlussprüfungen erforderlich sind[10]. Auch gibt der Abschlussprüfer in diesem Zusammenhang kein Urteil zur Angemessenheit und/oder Wirksamkeit der IR ab.

4.1.2. IRS-Beschreibung und System der Internen Revision

Die IRS-Beschreibung stellt den Aufbau des IRS und die implementierten Regelungen des IRS in einer für die Adressaten verständlichen Art und Weise dar. Regelmäßig wird die IRS-Beschreibung eine Zusammenfassung der relevanten internen Verfahrensbeschreibungen enthalten, jedoch nicht den Umfang einer umfassenden Prozessbeschreibung haben[11]. In der Praxis sollte sich der Inhalt der IRS-Beschreibung an den Darstellungen in der für ein wirksames IRS als zwingend notwendig angesehenen Geschäftsordnung der IR (vgl. Kriterium 1 der Anlage 1 zu *IDW PS 983*) sowie des Revisionshandbuchs (vgl. Kriterium 8 der Anlage 1 zu *IDW PS 983*) orientieren.

Die IRS-Beschreibung sollte darüber hinaus möglichst sämtliche verbindlichen Elemente der IPPF abdecken (vgl. die in Anlage 1 zu *IDW PS 983* dargestellten Kriterien) und keine falschen oder irreführenden Aussagen enthalten.

4.1.3. Angemessenheits- oder Wirksamkeitsprüfung

Auf der Basis der in der IRS-Beschreibung enthaltenen Aussagen wird sodann vom IRS-Prüfer in Abhängigkeit vom erteilten Auftrag geprüft, ob[12]

---

8   *IDW PS 983*, Tz. 21.

9   Mit der Einforderung einer IRS-Beschreibung für Prüfungszwecke wird auch im Bereich der IR (vergleichbar zur Prüfung von Compliance-Management-Systemen nach *IDW PS 980*) Neuland betreten. Analog zu den anderen Governance-Standards des IDW erfolgt auch in *IDW PS 983* bewusst keine detaillierte Formulierung von Mindestanforderungen an die Gestaltung der Beschreibung. Entsprechende Good Practices werden sich auf der Grundlage künftiger Prüfungen des IRS nach IDW PS 983 bzw. nach DIIR Revisionsstandard Nr. 3 (neu) herausbilden.

10 Vgl. *IDW Prüfungsstandard: Interne Revision und Abschlussprüfung (IDW PS 321)* (Stand: 09.09.2010).

11 *IDW PS 983*, Tz. A6.

12 *IDW PS 983*, Tz. 23ff.

- die im geprüften Zeitraum implementierten Regelungen des IRS in der IRS-Beschreibung in Übereinstimmung mit den angewandten IRS-Grundsätzen in allen wesentlichen Belangen angemessen dargestellt sind,
- die dargestellten Regelungen in Übereinstimmung mit den angewandten IRS-Grundsätzen in allen wesentlichen Belangen
  - während des geprüften Zeitraums geeignet waren, mit hinreichender Sicherheit die Einrichtung einer Internen Revisionsfunktion sowie die unabhängige und objektive Erbringung von Prüfungs- und Beratungsleistungen durch die IR zu gewährleisten und
  - zu einem bestimmten Zeitpunkt implementiert waren (Angemessenheitsprüfung) bzw.
  - während des geprüften Zeitraums wirksam waren (Wirksamkeitsprüfung).

Die sogenannte Angemessenheitsprüfung ist dabei stets auch Bestandteil einer Wirksamkeitsprüfung.

Für Unternehmen, die ein IRS erstmals einrichten oder konzeptionell neu ausrichten wollen, besteht darüber hinaus die Möglichkeit, einen Wirtschaftsprüfer bereits während der Entwicklung, Einführung, Änderung oder Erweiterung des Systems projektbegleitend mit der Prüfung der Angemessenheit des IRS zu beauftragen[13].

4.1.4. Negativabgrenzung: Vermeidung einer Erwartungslücke

Um beim Auftraggeber bzw. Empfänger der Berichterstattung über eine IRS-Prüfung keine Erwartungslücke aufkommen zu lassen, stellt *IDW PS 983* klar[14], dass die Zielsetzung einer solchen Systemprüfung nicht darin besteht, eine Aussage darüber zu treffen, ob einzelne oder sämtliche Revisionsaufträge durch die Revisionsfunktion fehlerfrei durchgeführt wurden oder

- einzelne von den gesetzlichen Vertretern oder den
- nachgeordneten Entscheidungsträgern eingeleitete oder durchgeführte Maßnahmen als Reaktion auf Feststellungen der IR geeignet oder wirtschaftlich sinnvoll sind.

Somit ist eine IRS-Prüfung von der Prüfungstiefe her nicht darauf ausgelegt, einzelne von der IR durchgeführte Aufträge bis ins letzte Detail nachzuvollziehen und die Richtigkeit der getroffenen Prüfungsaussagen zu hinterfragen. Dies käme einer Wiederholung einzelner von der IR durchgeführten Prüfungen gleich und wäre weder mit dem Grundsatz der Wirtschaftlichkeit der Prüfungsdurchführung noch mit Sinn und Zweck einer Systemprüfung vereinbar. Gleiches gilt für die vom geprüften Unternehmen eingeleiteten oder durchgeführten Maßnahmen als Reaktion auf Feststellungen der IR.

---

13 *IDW PS 983*, Tz. 26 und Tz. A23.
14 *IDW EPS 983*, Tz. 12.

4.2. Auftragsannahme

IDW PS 983 enthält ausführliche Regelungen zum Prozess der Auftragsannahme seitens des Wirtschaftsprüfers. Wie auch bei anderen Systemprüfungen im Bereich der Corporate Governance ist es – neben den allgemeinen berufsrechtlichen Grundsätzen zur Auftragsannahme (z.B. Unabhängigkeit) – unabdingbar, dass ausreichende Erfahrungen und Kompetenz sowie personelle und zeitliche Ressourcen in der WP-Praxis vorhanden sind oder erlangt werden können, um den Auftrag ordnungsgemäß durchführen zu können (§ 4 Abs. 2 BS WP/vBP). Für IRS-Prüfungen ist vor allem erforderlich, dass der Wirtschaftsprüfer bzw. das vorgesehene Prüfungsteam insgesamt über die für die Durchführung des Auftrags notwendigen Fach- und Branchenkenntnisse in Bezug auf die berufliche Praxis der IR und auf das Verfahren der Prüfung eines IRS verfügt, Erfahrungen mit den einschlägigen rechtlichen Anforderungen vorliegen[15] oder erlangt werden können und erforderlichenfalls Sachverständige (z.B. forensische Spezialisten bei der Beurteilung der Angemessenheit des IRS zur Aufdeckung bzw. Verhinderung wirtschaftskrimineller Handlungen, IT-Spezialisten zur Beurteilung einer eingerichteten IT-Revision) zur Verfügung stehen[16].

Besondere Umsicht ist bei der Auftragsannahme zur Prüfung des IRS bei Unternehmen von öffentlichem Interesse (sog. Public Interest Entities – PIE) geboten: Sollte der IRS-Prüfer gleichzeitig der Abschlussprüfer eines solchen Unternehmens sein, darf er nach Art. 5 Abs. 1 Satz 2 Buchst. h EU-VO 537/2014 keine Leistungen im Zusammenhang mit der IR erbringen.[17]

4.3. Besonderheiten bei der Prüfungsplanung

Der IRS-Prüfer muss die Prüfung mit einer kritischen Grundhaltung planen und mit dem Bewusstsein durchführen, dass Umstände bestehen können, die dazu führen, dass das IRS zu dem zu prüfenden Zeitpunkt bzw. in dem zu prüfenden Zeitraum nicht angemessen bzw. wirksam war. Bei der Bestimmung von Art und Umfang der Prüfungshandlungen hat der IRS-Prüfer die Art des Prüfungsauftrags (Angemessenheits- oder Wirksamkeitsprüfung) und das beurteilte Risiko wesentlicher Fehler in der IRS-Beschreibung zu berücksichtigen, das vor allem von den angewandten IRS-Grundsätzen, der Beschreibung des IRS durch die gesetzlichen Vertreter, den in der IRS-Beschreibung dargestellten Bereichen des IRS und der Komplexität des IRS bestimmt wird. Umfasst die Prüfung des IRS mehrere Organisationseinheiten (z.B. rechtlich selbständige Einheiten oder Niederlassungen), hat der IRS-Prüfer bei der Festlegung von Art und Umfang der Prüfungshandlungen die Bedeutsamkeit der relevanten Risiken in den jeweiligen Organisationseinheiten[18] und die damit verbundene Notwendigkeit zur Einrichtung eines IRS in diesen Organisationseinheiten zu berücksichtigen. Sofern bereits für einen früheren Zeitraum eine IRS-Prüfung

---

15 Wenn die Interne Revision z.B. in einem stark oder spezifisch regulierten Umfeld agiert.

16 *IDW PS 983*, Tz. 36.

17 *IDW PS 983*, Tz. 35.

18 Die Notwendigkeit der Einrichtung einer IR in einzelnen Organisationseinheiten kann sich z.B. aus regulatorischen Vorschriften ergeben oder weil in einem bestimmten Kulturkreis sprachliche sowie regionale kulturelle Aspekte eine besondere Rolle spielen, die auch im Rahmen der Einrichtung der Revisionsfunktion zu berücksichtigen sind.

erfolgte, muss der IRS-Prüfer die im IRS-Prüfungsbericht aufgeführten Beanstandungen und deren Behebung durch das Unternehmen bei der Planung seiner eigenen Prüfungshandlungen berücksichtigen. Der IRS-Prüfer muss sodann die geplanten Prüfungshandlungen in einem Prüfungsprogramm zusammenfassen, das die Prüfungsanweisungen zur sachlichen und zeitlichen Auftragsabwicklung für die Mitglieder des Prüfungsteams enthält.[19] Die Ergebnisse einer Selbstbeurteilung der IR können für Prüfungszwecke ebenfalls verwertet werden.[20]

Der IRS-Prüfer hat für Zwecke der Planung und Durchführung der Prüfungshandlungen sowie der Auswertung der Prüfungsergebnisse zu bestimmen, in welchen Fällen ein Fehler in der IRS-Beschreibung bzw. in welchen Fällen ein Mangel des IRS als wesentlich einzustufen ist.[21] Hierzu muss er sich zunächst ein Verständnis von dem rechtlichen und wirtschaftlichen Umfeld, den Merkmalen des Unternehmens sowie den Unternehmenszielen, -strategien und -risiken verschaffen und diese Erkenntnisse in den Kontext von Struktur, Zielen und Organisation der zu prüfenden Revisionsfunktion setzen.

Die vorgenannten für Planungszwecke relevanten Informationen wird sich der Prüfer im Wesentlichen folgendermaßen beschaffen:
*   Durchsicht von Unterlagen zur Dokumentation des IRS (IRS-Beschreibung, Geschäftsordnung der IR, Revisionshandbuch, Sichtung einer ggf. vom Unternehmen genutzten Revisionssoftware etc.),
*   Befragung von für das IRS verantwortlichen sowie ggf. von weiteren geeigneten Personen (Leiter der IR, Qualitätsverantwortlicher der IR).

Dabei sollten die im Rahmen der Prüfungsplanung erlangten Informationen so dokumentiert werden, dass sie auch im Laufe der weiteren Prüfung genutzt/verarbeitet werden können, um Redundanzen zu vermeiden und eine effiziente Prüfungsdurchführung sicherzustellen.
Sollten bereits im Rahmen der Prüfungsplanung Lücken oder offensichtliche Schwachstellen ersichtlich werden, so wären jedenfalls genau dort auch Prüfungsschwerpunkte zu setzen.

4.4. Berücksichtigung von sechs Mindestkriterien

Die Bestimmung der Wesentlichkeit liegt zwar grundsätzlich im pflichtgemäßen Ermessen des IRS-Prüfers. Jedoch wird im Bereich der IR davon ausgegangen, dass bei Nichteinhaltung eines der folgenden sechs Kriterien (sogenannte Mindestkriterien der IR) immer ein wesentlicher Fehler in der IRS-Beschreibung bzw. ein wesentlicher Mangel des IRS vorliegt:[22]

---

19   *IDW PS 983*, Tz. 46 ff.
20   *IDW PS 983*, Tz. 52.
21   *IDW PS 983*, Tz. 53.
22   *IDW PS 983*, Tz. 53.

- Vorhandensein einer offiziellen, schriftlichen, angemessenen Regelung (Geschäftsord-nung, Revisionsrichtlinie o.Ä.);
- Sicherstellung der Neutralität, der Unabhängigkeit von anderen Funktionen sowie eines uneingeschränkten Informationsrechts;
- angemessene quantitative und qualitative Personalausstattung der IR;
- Erstellung des Prüfungsplans der IR auf der Grundlage eines standardisierten und ri-sikoorientierten Planungsprozesses;
- einheitliche, sachgerechte und ordnungsgemäße Dokumentation von Art und Umfang der Prüfungshandlungen und -ergebnisse;
- Überwachung der Umsetzung der im Bericht dokumentierten Maßnahmen durch die IR in einem effektiven Follow-up-Prozess.

Somit ist im Rahmen der Prüfungsplanung und -durchführung auf diese Mindeststan-dards ein besonderes Augenmerk zu legen. *IDW PS 983* regelt, dass für den Fall, dass einer dieser Mindeststandards nicht eingehalten wurde, das Prüfungsurteil zu versagen ist.[23] Zusätzlich kann die Nichteinhaltung weiterer IPPF-Grundsätze einzeln oder kumuliert zu einer wesentlichen Beanstandung führen.

4.5. Prüfungsdurchführung und Prüfungshandlungen

Die eigentliche Prüfungsdurchführung orientiert sich an den im Rahmen der Prüfungs-planung identifizierten Risiken wesentlicher Fehler in der IRS-Beschreibung sowie poten-tieller wesentlicher Mängel des IRS. Im Folgenden werden die zu prüfenden Teilbereiche sowie die in diesem Zusammenhang möglichen Prüfungshandlungen kurz dargestellt. *IDW PS 983* enthält in den Anwendungshinweisen (Tz. A48 ff.) weitere Ausführungen zum Prüfungsvorgehen.

4.5.1. Prüfung der Gestaltung und Aktualität der IRS-Beschreibung

Da die (dem Prüfungsbericht als Anlage beizufügende) IRS-Beschreibung und die dort getroffenen Aussagen zentraler Prüfungsgegenstand sind, muss der IRS-Prüfer deren Aus-gestaltung und Aktualität beurteilen. Im Falle einer Wirksamkeitsprüfung hat der IRS-Prü-fer darüber hinaus zu beurteilen, ob die IRS-Beschreibung auf wesentliche Veränderungen im IRS bezogen auf den Betrachtungszeitraum gesondert eingeht.
Im Rahmen der praktischen Prüfungsdurchführung bietet sich an, dass der IRS-Prüfer sich – regelmäßig bereits im Stadium der Prüfungsplanung – zunächst ein Verständnis über die Verantwortlichkeiten sowie den Prozess zur Aufstellung der IRS-Beschreibung verschafft.[24]
Sodann wird er überprüfen, inwieweit die Konzeption des IRS den verbindlichen Elemen-ten der IPPF entspricht und dies auch entsprechend klar und schlüssig in der IRS-Be-schreibung dargestellt wird.

---

23 *IDW PS 983*, Tz. 91.
24 *IDW PS 983*, Tz. 56.

Im weiteren Verlauf und vor Abschluss der Prüfungshandlungen zur Angemessenheit oder Wirksamkeit des IRS ist dann erneut zu hinterfragen, ob die Darstellungen in der IRS-Beschreibung den tatsächlichen Verhältnissen beim geprüften Unternehmen entsprechen. Sollte dies nicht der Fall sein, hat der IRS-Prüfer zunächst auf eine entsprechende Änderung der IRS-Beschreibung hinzuwirken bzw. für den Fall, dass keine Änderung erfolgt, die Auswirkungen auf sein Prüfungsurteil abzuwägen.[25]

4.5.2. Prüfung der in der IRS-Beschreibung enthaltenen Aussagen zur Angemessenheit und Wirksamkeit des IRS

Im Rahmen der Angemessenheitsprüfung hat der IRS-Prüfer durch eine Kombination von Befragungen mit anderen Prüfungshandlungen – einschließlich Beobachtung sowie Einsichtnahme in Aufzeichnungen und Dokumente – festzustellen, ob das IRS wie in der IRS-Beschreibung dargestellt geeignet ist, mit hinreichender Sicherheit die Einrichtung einer Internen Revisionsfunktion sowie die unabhängige und objektive Erbringung von Prüfungs- und Beratungsleistungen zu gewährleisten, und zu einem bestimmten Zeitpunkt eingerichtet (implementiert) ist.

Sollte eine Wirksamkeitsprüfung beauftragt sein, so hat der IRS-Prüfer zu beurteilen, ob die in der IRS-Beschreibung dargestellten Regelungen darüber hinaus innerhalb des gesamten zu prüfenden Zeitraums wie vorgesehen eingehalten wurden. Die Beurteilung der Kontinuität der Beachtung der in der IRS-Beschreibung dargestellten Regelungen erfordert es, dass die Prüfung der Wirksamkeit einen angemessenen Zeitraum abdeckt, z.B. mindestens ein Geschäftsjahr.[26]

Wesentliche Teilbereiche der praktischen Prüfungsdurchführung sind:
* Prüfungsvorbereitung,
* Informationssammlung, -verarbeitung und -auswertung sowie
* Zusammenfassung der Prüfungsergebnisse.

Diese wiederum können z.B. die in den folgenden Übersichten 2 bis 4 dargestellten konkreten Maßnahmen umfassen und sind in Abhängigkeit von der Beauftragung einer Angemessenheits- oder Wirksamkeitsprüfung hinsichtlich ihrer Ausprägungstiefe (Betrachtung eines Zeitpunkts oder eines Zeitraums) im Arbeitsprogramm des Prüfers weiter auszugestalten.

---

25   *IDW PS 983*, Tz. 93.
26   *IDW PS 983*, Tz. 63 ff.

Prüfungsvorbereitung (keine wesentlichen Unterschiede zwischen Beauftragung einer Angemessenheits- oder einer Wirksamkeitsprüfung)
Zusammenstellung eines geeigneten Prüfungsteams
Anforderung und Review der IRS-Beschreibung sowie von Berichten über vorausgegangene IRS-Prüfungen
Auftragsannahme und Auftragsbestätigungsschreiben
Kick-off-Meeting mit dem Team des Mandanten
Anforderung weiterer Informationen zum IRS
Abgleich IRS-Konzeption mit den verpflichtend anzuwendenden IPPF-Grundsätzen
Risikoanalyse und Festlegung der Wesentlichkeit
Gegebenenfalls Befragung von Sachverständigen
Erstellung von Prüfungsplanung und Arbeitsprogramm

Übersicht 2: Maßnahmen des Prüfers zur Prüfungsvorbereitung

Informationssammlung, -verarbeitung und -auswertung (wesentliche Unterschiede in der Zahl der zu untersuchenden Stichproben bei Beauftragung einer Angemessenheits- oder einer Wirksamkeitsprüfung)		
Sammlung von Informationen	Verifizierung der Informationen	Analyse der gewonnenen Erkenntnisse
Geschäftsordnung der IR	Abgleich mit Kriterienkatalog IPPF	Abweichungsanalyse: Anforderungen der IPPF zu Status quo (bei Durchführung einer Wirksamkeitsprüfung ergänzend: Analyse und Würdigung der Veränderungen der Geschäftsordnung über die Betrachtungsperiode hinweg)
Organigramm und Stellenbeschreibungen der IR	Interviews mit Revisionsleiter und Revisoren	Abweichungsanalyse: Anforderungen der IPPF zu Status quo (bei Durchführung einer Wirksamkeitsprüfung ergänzend: Analyse und Würdigung der Veränderungen in der Organisation der IR sowie der Zuständigkeiten und Verantwortlichkeiten über die Betrachtungsperiode hinweg)
Revisionshandbuch und Beschreibung Revisions-Software	Abgleich mit Kriterienkatalog IPPF; IST-Aufnahme der beschriebenen Prozesse und Regelungen	Abweichungsanalyse: Anforderungen IPPF zu Status Quo (bei Durchführung einer Wirksamkeitsprüfung ergänzend: Analyse und Würdigung der Veränderungen von Inhalten des Revisionshandbuchs sowie der Nutzung der Revisions-Software über die Betrachtungsperiode hinweg)

Audit Universe und Revisionsplanung; verfügbare Datenbanken; Follow-up Dokumentation	Interviews mit Revisionsleitung, Mitarbeitern der IR, Vorstand/Aufsichtsrat/Wirtschaftsprüfer und Management der geprüften Bereiche	Abweichungsanalyse: Anforderungen der IPPF zu Status quo; ggf. Benchmarking (bei Durchführung einer Wirksamkeitsprüfung ergänzend: repräsentative Stichproben in wesentlichen Teilbereichen zur Einhaltung der zur Pflege/Befüllung/Aktualisierung der Datenbanken getroffenen Regelungen über die Betrachtungsperiode hinweg)
Revisionsberichte und Jahresbericht der IR; Aufzeichnungen zu Revisionsprojekten	Arbeitspapier-Reviews sowie Interviews mit Mitarbeitern und dem Management der geprüften Bereiche; ggf. Nutzung strukturierter Fragebögen	Abweichungsanalyse: Anforderungen der IPPF zu Status quo (bei Durchführung einer Wirksamkeitsprüfung ergänzend: repräsentative Stichprobe zur Durchführung einzelner Revisionsprojekte in relevanten Teilbereichen sowie der zugehörigen Arbeitspapierdokumentation und Berichterstattung über die Betrachtungsperiode hinweg)
Revisionsbudgets und Leistungskennzahlen	Analyse der Budgetinhalte; Interviews mit Revisionsleitung und Mitarbeitern sowie Vorstand/Aufsichtsrat/Wirtschaftsprüfer	Verifizierung der Angemessenheit des Budgets; ggf. Benchmarking
Dokumentation der internen Qualitätssicherung; ggf. Dokumentation einer Selbstbeurteilung	Ist-Aufnahme des Regelprozesses der internen Qualitätssicherung	Abweichungsanalyse: Anforderungen der IPPF zu Status quo (bei Durchführung einer Wirksamkeitsprüfung ergänzend: repräsentative Stichprobe zur Durchführung regelmäßiger Maßnahmen der Qualitätssicherung und deren Dokumentation über die Betrachtungsperiode hinweg)
Nachweise zu Qualifikation sowie Aus- und Weiterbildung der Revisoren	Durchsicht von Nachweisen; Interviews mit Mitarbeitern der IR	Abweichungsanalyse: Anforderungen der IPPF zu Status quo; Hinterfragung der Angemessenheit (bei Durchführung einer Wirksamkeitsprüfung ergänzend: repräsentative Stichprobe zur tatsächlichen Teilnahme von Mitarbeitern an Aus- und Weiterbildungsmaßnahmen sowie deren Dokumentation über die Betrachtungsperiode hinweg)

Übersicht 3: Maßnahmen des Prüfers zur Informationssammlung, -verarbeitung und -auswertung

Zusammenfassung der Ergebnisse (keine wesentlichen Unterschiede zwischen Beauf- tragung einer Angemessenheits- oder einer Wirksamkeitsprüfung)
Nutzung des Bewertungsverfahrens
Dokumentation der Arbeitsergebnisse pro Kriterium
Schlussbesprechung und Darstellung der Prüfungsergebnisse gegenüber der Revisionsleitung
Gegebenenfalls Erhebung von Ereignissen nach dem Beurteilungszeitpunkt/-zeitraum
Gegebenenfalls Darstellung geplanter Maßnahmen zur Behebung von Mängeln
Gegebenenfalls Präsentation Management
Verfassung von Prüfungsbericht und Ableitung des Prüfungsurteils

Übersicht 4: Maßnahmen des Prüfers zur Zusammenfassung der Prüfungsergebnisse

So bietet sich bei der Durchführung einer Angemessenheitsprüfung im Rahmen der Analyse von Prozessen, Verfahren und Maßnahmen ein sogenannter „Test of One" an (z.B. Ziehung einer Einzelstichprobe zur Identifizierung der Existenz einer Regelung). Bei Durchführung einer Wirksamkeitsprüfung hingegen müssen entsprechende Wirksamkeitstests eine größere Stichprobe umfassen, um hinreichende Sicherheit hinsichtlich der Anwendung der Regelungen über den definierten Zeitraum hinweg zu gewinnen. Dies gilt selbstverständlich nur für solche Regelungen, die nicht einmaliger Natur sind (z.B. die jährliche Durchsicht und ggf. Anpassung der Geschäftsordnung der IR an Veränderungen), sondern sich regelmäßig wiederholen (z.B. Ziehung einer repräsentativen Stichprobe im Hinblick auf den Review von Arbeitspapieren der IR für sämtliche im betrachteten Zeitraum durchgeführte Revisionsaufträge).

Die vorstehende Darstellung möglicher Prüfungshandlungen im Rahmen einer IRS-Prüfung ist lediglich beispielhaft und nicht abschließend. Es wird deutlich, dass die wesentlichen Unterschiede zwischen der Durchführung einer Angemessenheits- und einer Wirksamkeitsprüfung im Bereich der Informationssammlung, -verarbeitung und -auswertung im Hinblick auf die zu prüfenden verbindlichen Elemente der IPPF bestehen. Im Rahmen der Ausgestaltung eines Arbeitsprogrammes zur Prüfungsdurchführung muss der IRS-Prüfer zumindest die im Kriterienkatalog zur Prüfung des IRS (*IDW PS 983*, Anlage 1) dargestellten Prüfungsteilbereiche abdecken.

4.5.3. Prüfungsdurchführung unter Nutzung des Kriterienkatalogs (IDW PS 983, Anlage 1)

Der *IDW PS 983* als Anlage 1 beigefügte Kriterienkatalog enthält insgesamt 82 Kriterien, die in elf Betrachtungsfelder eingeteilt sind. Der Kriterienkatalog ist an den Anforderungen, die sich aus den verbindlichen Elementen der IPPF ergeben, ausgerichtet. Weitere Anforderungen können sich aus den sonstigen mit dem Mandanten vereinbarten Prüfungsinhalten ergeben, so dass der Kriterienkatalog ggf. zu erweitern ist.

Der Kriterienkatalog ist so gestaltet, dass eine generelle Anwendung in verschiedenen Größenklassen, Branchen und Organisationsformen möglich ist. Somit können sowohl öffentlich-rechtliche als auch privatwirtschaftliche Ausprägungen der Corporate Governance berücksichtigt werden.[27]

4.6. Auswertung der Prüfungsfeststellungen und Bildung des Prüfungsurteils

Nach Durchführung seiner Prüfungshandlungen muss der IRS-Prüfer würdigen, ob ausreichende und angemessene Prüfungsnachweise als Grundlage für die Beurteilung der Aussagen in der IRS-Beschreibung über die Angemessenheit, Implementierung bzw. Wirksamkeit des IRS erlangt wurden. Ist dies der Fall, hat der IRS-Prüfer die Prüfungsfeststellungen auszuwerten und auf dieser Grundlage ein Prüfungsurteil zu bilden.[28]

Für Zwecke der Auswertung seiner Prüfungsfeststellungen kann der IRS-Prüfer ein Bewertungsverfahren nutzen, das *IDW PS 983* als Anlage 2 beigefügt ist. Dieses Bewertungsverfahren wird als sachgerechtes Hilfsmittel angesehen, um den IRS-Prüfer bei der Würdigung, ob nicht korrigierte Fehler in der IRS-Beschreibung oder Mängel des IRS einzeln oder in der Summe wesentlich sind – und damit bei der Ableitung seines Prüfungsurteils zur Angemessenheit, Implementierung und Wirksamkeit des IRS –, zu unterstützen. Allerdings kann dieses Verfahren die Pflicht des IRS-Prüfers zur eigenverantwortlichen Urteilsbildung nicht ersetzen.[29]

5. Berichterstattung des IRS-Prüfers

Der IRS-Prüfer hat einen schriftlichen IRS-Prüfungsbericht zu verfassen, der ein Prüfungsurteil (uneingeschränkt, eingeschränkt bzw. Versagung) über die in der IRS-Beschreibung getroffenen Aussagen bzw. erforderlichenfalls eine Aussage enthält, dass ein Prüfungsurteil nicht erteilt werden kann.[30] Die notwendigen Bestandteile des Prüfungsberichts sind in *IDW PS 983*, Tz. 108ff., ausgeführt. Darüber hinaus sind IDW PS 983 Beispiele für IRS-Prüfungsberichte als Anlage 3 beigefügt.

6. Schlussbemerkung

Die Prüfung eines IRS bedarf einer strukturierten Vorgehensweise. Der umfassend formulierte und mit einer Vielzahl von Anwendungshinweisen sowie unterstützend im Rahmen der Prüfung nutzbarer Arbeitshilfen versehene *IDW PS 983* ermöglicht dem Wirtschaftsprüfer die Durchführung qualitativ hochwertiger IRS-Prüfungen.

---

27 *IDW PS 983*, Anlage 1.
28 *IDW PS 983*, Tz. 88.
29 *IDW PS 983*, Tz. 95.
30 *IDW PS 983*, Tz. 106.

5. Prüfung von Compliance-Management-Systemen

A IDW PS 980 visuell

Anwendungsbereich:

Freiwillige Prüfungen von Compliance Management Systemen (CMS)

Negativer Anwendungsbereich:

IDW PS 980 betrifft freiwillige Prüfungen von CMS. Er findet keine Anwendung auf gesetzlich vorgeschriebene Prüfungen in Bezug auf Compliance, z.B. der Compliance-Funktion im Rahmen der Prüfung des Wertpapierdienstleistungsgeschäfts nach § 36 Abs. 1 Satz 1 WpHG.

Kernaussagen:

IDW PS 980 ist Bestandteil einer Serie von IDW PS zur Prüfung der für die Unternehmensüberwachung relevanten Corporate Governance Systeme (vgl. § 107 Abs. 3 Satz 2 AktG und Tz. 5.3.2 des DCGK).

Gegenstand der Prüfung sind die in einer Beschreibung des Unternehmens enthaltenen Aussagen über das CMS, wobei sich die Prüfung immer auf abgegrenzte Teilbereiche eines CMS (z.B. auf den Teilbereich Antikorruptionsrecht oder Wettbewerbs- und Kartellrecht) bezieht.

Neben einer umfassenden Wirksamkeitsprüfung ist auch die Beauftragung einer Prüfung möglich, die sich nur auf die Angemessenheit und Implementierung der in der CMS-Beschreibung dargestellten Regelungen des CMS bezieht (Angemessenheitsprüfung).

IDW PS 980 sieht zudem noch eine Konzeptionsprüfung vor, die auf eine Beurteilung ausgerichtet ist, ob die in der CMS-Beschreibung enthaltenen Aussagen zur Konzeption des CMS in allen wesentlichen Belangen angemessen dargestellt sind. Diese Auftragsart war insb. für Unternehmen konzipiert war, die sich mit der erstmaligen Einrichtung eines CMS befassen. Da dieser Auftragsart keine praktische Bedeutung zukommt, wird in der nachfolgenden Darstellung auf diese nicht weiter eingegangen.

IDW PS 980 erläutert die wesentliche Grundelemente, die ein CMS typischerweise aufweist, und beschreibt die Prüfungsanforderungen bei der Auftragsannahme, der Prüfungsplanung und -durchführung sowie bei der Dokumentation und Berichterstattung des CMS-Prüfers. Ein gesonderter Abschnitt enthält zusätzliche Anwendungshinweise und Erläuterungen, ferner Musterformulierungen für die Berichterstattung des CMS-Prüfers.

Pflicht zur Anwendung:

IDW PS 980 ist erstmals anzuwenden bei freiwilligen Prüfungen von CMS, die nach dem 30.09.2011 beauftragt werden.

Kreis der Unternehmen:

Alle Unternehmen.

IDW PS 980: Grundsätze ordnungsmäßiger Prüfung von Compliance-Management-Systemen

Anwendungsbereich

» *IDW PS 980* betrifft freiwillige Prüfungen des Compliance-Management-Systemen

» *IDW PS 980* ist Bestandteil einer Serie von IDW PS zur Prüfung der für die Unternehmensüberwachung relevanten Corporate-Governance-Systeme (vgl. § 107 Abs. 3 Satz 2 AktG und Rn. 5.3.2 des DCGK). Der Anwendungsbereich des *IDW PS 980* und die Einordnung zu den Corporate-Governance-Systemen lässt sich in Anlehnung an COSO II wie folgt verdeutlichen:

Einordnung der Prüfung

① RMS für strategische und operative Risiken der Geschäftstätigkeit — IDW PS 981

② IKS des internen und externen Berichtswesens — IDW PS 982

③ Compliance-Management-System — IDW PS 980

④ Internes Revisionssystem — IDW PS 983

(Zielkategorien ① ② ③: Regeleinhaltung (Compliance), Berichterstattung, Operativ, Strategisch)

(Unternehmensprozesse und -organisation: Niederlassung, Geschäftseinheit, Geschäftsbereich, Gesamtorganisation, Unternehmensprozesse)

(Grundelemente: Compliance-Kultur, Compliance-Ziele, Compliance-Risiken, Compliance-Programm, Compliance-Organisation, Compliance-Kommunikation, Überwachung und Verbesserung)

» CMS: Auf der Grundlage der von den gesetzlichen Vertretern festgelegten Ziele eingeführte Regelungen eines Unternehmens, die auf die Sicherstellung eines regelkonformen Verhaltens abzielen, d.h. auf die Einhaltung bestimmter Regeln und damit auf die Verhinderung von wesentlichen Verstößen (Regelverstöße)

» Die Abgrenzung der IDW PS ist nicht notwendigerweise überschneidungsfrei. In Abhängigkeit vom zu prüfenden Teilbereich können auch mehrere der IDW PS zur Anwendung kommen.

IDW PS 980 1/4

94

Gegenstand, Ziel und Umfang der Prüfung (12 ff.)

Gegenstand

» Prüfungsgegenstand: Die in der CMS-Beschreibung enthaltenen Aussagen des Unternehmens über das CMS
» Eine CMS-Beschreibung beinhaltet unter Berücksichtigung der angewandten CMS-Grundsätze eine Darstellung zu sämtlichen Grundelementen eines CMS

Ziel und Umfang der Prüfung

Grundsätzlich: Wirksamkeitsprüfung

Urteil mit hinreichender Sicherheit, ob
» die in der CMS-Beschreibung enthaltenen Aussagen über die Regelungen des CMS in allen wesentlichen Belangen angemessen dargestellt sind,
» die dargestellten Regelungen in Übereinstimmung mit den angewandten CMS-Grundsätzen in allen wesentlichen Belangen
» geeignet sind, mit hinreichender Sicherheit sowohl Risiken für wesentliche Regelverstöße rechtzeitig zu erkennen als auch solche Regelverstöße zu verhindern, und
» während eines bestimmten Zeitraums wirksam waren.

Daneben auch zulässig: Angemessenheitsprüfung

Urteil mit hinreichender Sicherheit, ob
» die in der CMS-Beschreibung enthaltenen Aussagen über die Regelungen des CMS in allen wesentlichen Belangen angemessen dargestellt sind,
» die dargestellten Regelungen in Übereinstimmung mit den angewandten CMS-Grundsätzen in allen wesentlichen Belangen
» geeignet sind, mit hinreichender Sicherheit sowohl Risiken für wesentliche Regelverstöße rechtzeitig zu erkennen als auch solche Regelverstöße zu verhindern, und
» zu einem bestimmten Zeitpunkt implementiert waren.

» Ziel der CMS-Prüfung als Systemprüfung liegt nicht in dem Erkennen von einzelnen Regelverstößen. Sie ist daher nicht darauf ausgerichtet, Prüfungssicherheit über die tatsächliche Einhaltung von Regeln zu erlangen.

IDW PS 980   2/4

95

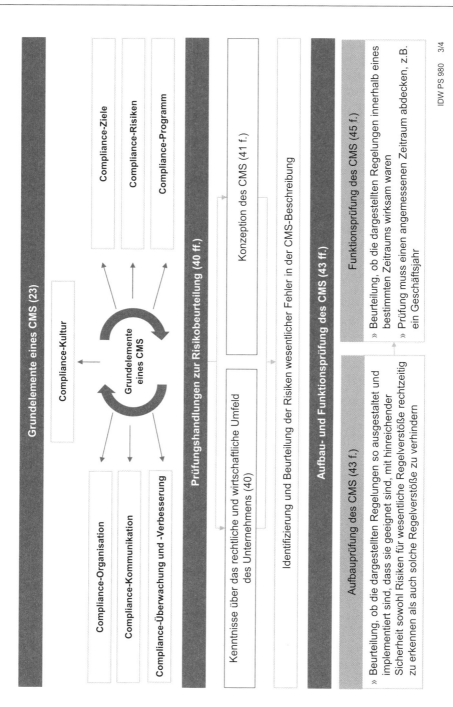

Auswertung der Prüfungsfeststellungen und Bildung des Prüfungsurteils (58 ff.)

Uneingeschränktes Urteil
» keine wesentlichen Beanstandungen
» keine wesentlichen Prüfungshemmnisse

Eingeschränktes Urteil
» festgestellte Beanstandung ist wesentlich, aber nicht umfassend, oder
» wesentliche Prüfungshemmnisse, aber Positivbefund zu wesentlichen Teilen des CMS noch möglich

Versagung des Urteils
» festgestellte Beanstandung ist wesentlich und nicht eingrenzbar

Nicht-Erteilung des Urteils
» Prüfungshemmnisse, aufgrund derer auch nach Ausschöpfung der prüferischen Möglichkeiten ein Urteil nicht abgegeben werden kann

» Stellt sich heraus, dass die CMS-Beschreibung nicht geeignet oder für die Berichtsadressaten ggf. irreführend ist, ist das Prüfungsurteil einzuschränken oder erforderlichenfalls zu versagen!

CMS-Prüfungsbericht (67 ff., Anlagen)

Bestandteile:
» Überschrift: Angabe, dass es sich um den Bericht eines unabhängigen Wirtschaftsprüfers handelt
» Berichtsadressaten
» Prüfungsauftrag
» Beschreibung des oder der zu prüfenden abgegrenzten Teilbereiche(s)
» Darstellung der oder Bezugnahme auf die vom Unternehmen angewandten CMS-Grundsätze
» Gegenstand, Art und Umfang der Prüfung
» Abgrenzung der Verantwortlichkeiten der gesetzlichen Vertreter und des CMS-Prüfers
» Aussage, dass die Prüfung in Übereinstimmung mit diesem IDW Prüfungsstandard durchgeführt wurde
» Feststellungen zum CMS und ggf. Empfehlungen
» zusammenfassendes Prüfungsurteil
» Aussage über die inhärenten Grenzen des CMS
» Datum, Unterschrift, Name und Ort des Prüfers

IDW PS 980   4/4

B IDW PS 980: Grundsätze ordnungsmäßiger Prüfung von Compliance-Management-Systemen (CMS)

Von Dr. Beate Eibelshäuser und WP/StB Dr. Stefan Schmidt

Erstveröffentlichung: WPg 20/2011 (S. 939 ff.)

Der Hauptfachausschuss (HFA) des IDW hat im März 2011 IDW PS 980 „Grundsätze ord-
nungsmäßiger Prüfung von Compliance Management Systemen" verabschiedet. Dieser IDW
Prüfungsstandard ist erstmals bei Prüfungen des CMS anzuwenden, die nach dem 30.09.2011
durchgeführt werden. Eine freiwillige frühere Anwendung des Prüfungsstandards ist zulässig.
Der folgende Beitrag skizziert die wesentlichen Inhalte von IDW PS 980 aus Sicht des Berufs-
standes.

1. Grundlagen des Prüfungsstandards

1.1. Pflichtenrahmen für Unternehmensorgane

Nach dem Deutschen Corporate Governance Kodex (DCGK) hat der Vorstand für die
Einhaltung der gesetzlichen Bestimmungen und der unternehmensinternen Richtlinien zu
sorgen und auf deren Beachtung durch die Konzernunternehmen hinzuwirken. Die Beachtung dieser Regeln wird als „Compliance" bezeichnet.[1] *IDW PS 980*[2] definiert den Begriff „Compliance" in Übereinstimmung mit dem DCGK. Es wird in *IDW PS 980* klarge-

Quelle	Inhalt
Tz. 4.1.3 DCGK	Der Vorstand hat für die Einhaltung der gesetzlichen Bestimmungen und der unternehmensinternen Richtlinien zu sorgen und wirkt auf deren Beachtung durch die Konzernunternehmen hin (Compliance).
Tz. 3.4 DCGK	Der Vorstand informiert den Aufsichtsrat regelmäßig, zeitnah und umfassend über alle für das Unternehmen relevanten Fragen der Planung, der Geschäftsentwicklung, der Risikolage, des Risikomanagements und der Compliance. Er geht auf Abweichungen des Geschäftsverlaufs von den aufgestellten Plänen und Zielen unter Angabe von Gründen ein.
Tz. 5.3.2 DCGK	Der Aufsichtsrat soll einen Prüfungsausschuss (Audit Committee) einrichten, der sich insbesondere mit Fragen der Rechnungslegung, des Risikomanagements und der Compliance, der erforderlichen Unabhängigkeit des Abschlussprüfers, der Erteilung des Prüfungsauftrags an den Abschlussprüfer, der Bestimmung von Prüfungsschwerpunkten und der Honorarvereinbarung befasst.

Übersicht 1: Corporate-Governance-Anforderungen an Risikomanagementsysteme, Interne Kontrollsysteme und Compliance-Systeme

---

1 Vgl. Abschn. 4.1.3 des Deutschen Corporate Governance Kodex (*http://www.corporate-governance-code.de/ger/kodex/1.*
html; Stand: 07.09.2011).

2 *IDW Prüfungsstandard: Grundsätze ordnungsmäßiger Prüfung von Compliance Management Systemen (IDW PS 980),* WPg
Supplement 2/2011, S. 78ff. = FN-IDW 2011, S. 203 ff.

stellt, dass zu den unternehmensinternen Richtlinien auch von Dritten entwickelte Konventionen oder Prinzipien zählen, zu deren Einhaltung sich das Unternehmen selbst verpflichtet hat.[3]

Der Aufsichtsrat bzw. ein vom Aufsichtsrat eingesetzter Prüfungsausschuss muss sich nach § 107 Abs. 3 Satz 2 AktG u.a. mit der Wirksamkeit des Internen Kontrollsystems (IKS) und des Risikomanagementsystems befassen. Dies umfasst auch die Maßnahmen des Vorstands, die sich auf die Begrenzung der Risiken aus möglichen Verstößen gegen Vorschriften und interne Richtlinien beziehen.[4]

Übersicht 1 vermittelt einen Überblick über die relevanten Ausführungen im DCGK.

1.2. Begriff und Ziele von Compliance-Management-Systemen

Um der Pflicht zur Compliance im Unternehmen nachzukommen, werden in der Unternehmenspraxis heutzutage in vielen Unternehmen sogenannte Compliance-Management-Systeme (CMS) eingeführt.[5] Eine allgemein anerkannte betriebswirtschaftliche Definition dieses Begriffs besteht nicht. *IDW PS 980* beschreibt das CMS als die „auf der Grundlage der von den gesetzlichen Vertretern festgelegten Ziele […] eingeführten Grundsätze und Maßnahmen eines Unternehmens […], die auf die Sicherstellung eines regelkonformen Verhaltens der gesetzlichen Vertreter und der Mitarbeiter des Unternehmens sowie ggf. von Dritten abzielen, d.h. auf die Einhaltung bestimmter Regeln und damit auf die Verhinderung von wesentlichen Verstößen (Regelverstöße) […]. Ein CMS i.S.d. *IDW Prüfungsstandards* kann sich insb. auf Geschäftsbereiche, auf Unternehmensprozesse (z.B. Einkauf) oder auf bestimmte Rechtsgebiete (z.B. Kartellrecht) beziehen (abgegrenzte Teilbereiche) […]“.[6]

Ziel eines CMS ist es, dass die für das Unternehmen relevanten Rechtsvorschriften und die Richtlinien der Geschäftsführung in den abgegrenzten Teilbereichen zuverlässig befolgt werden. CMS haben vor allem eine präventive Funktion: Risiken für Verstöße sollen rechtzeitig erkannt und Verstöße verhindert werden.[7] Verstöße sind allerdings niemals vollständig und mit 100%iger Sicherheit zu vermeiden. Werden Verstöße aufgedeckt, so sind die Ursachen hierfür zu untersuchen und Maßnahmen zu ergreifen, die eine Wiederholung verhindern. Hierzu zählen gegebenenfalls auch Sanktionen gegen die Personen, die sich nicht an die geltenden Regeln halten. Auch diese Maßnahmen sind Bestandteil eines wirksamen CMS.

---

3 Vgl. IDW *PS 980*, Tz. A4.

4 Zur Abgrenzung der Begriffe Compliance-System, Internes Kontrollsystem und Risikomanagementsystem wird auf die Veröffentlichung des *Arbeitskreises Externe und Interne Überwachung der Unternehmung der Schmalenbach-Gesellschaft für Betriebswirtschaft e.V. (AKEIÜ)*, DB 2010, S. 1516, verwiesen.

5 Vgl. hierzu statt vieler *AKEIÜ*, DB 2010, S. 1509; *Eisolt*, BB 2010, S. 1843; *Görtz*, CCZ 2010, S. 127; *Grüninger*, Der Aufsichtsrat 2010, S. 140. Dies ist auch das Ergebnis einer Befragung ausgewählter Compliance-Beauftragter; vgl. hierzu *Wermelt*, CCZ 2010, S. 150.

6 *IDW PS 980*, Tz. 6.

7 Vgl. *Lorenz*, Einführung in die rechtlichen Grundlagen des Risikomanagements, in: Romeike (Hrsg.), Rechtliche Grundlagen des Risikomanagements – Haftungs- und Strafvermeidung für Corporate Compliance, Berlin 2008, S. 19.

1.3. Möglichkeiten einer CMS-Prüfung

Die Ausführungen in *IDW PS 980* machen deutlich, dass sich eine CMS-Prüfung niemals auf ein unabgegrenztes Compliance-System für das gesamte Unternehmen mit allen denkbaren Regeln beziehen kann. Es geht vielmehr immer um die in abgegrenzten Teilbereichen eingeführten Grundsätze und Maßnahmen des CMS. Diese Eingrenzung ist aufgrund des vorgesehenen Umfangs einer CMS-Prüfung und zur Sicherstellung einer ausreichenden Aussagekraft der Prüfungsergebnisse notwendig. Die Prüfung aller möglichen Aspekte eines unternehmensweiten CMS wäre praktisch im Rahmen einer CMS-Prüfung nicht darstellbar bzw. aufgrund des anfallenden Prüfungsaufwands mit zu hohen Kosten verbunden.

In seinen Anwendungshinweisen und Erläuterungen (Tz. A3) nennt *IDW PS 980* Beispiele für abgegrenzte Teilbereiche, die Gegenstand einer CMS-Prüfung sein können. Hierzu zählen zunächst Rechtsgebiete, z.B. Wettbewerbs- und Kartellrecht, Antikorruptionsrecht, Geldwäschegesetz, Außenwirtschaftsrecht sowie Datenschutz- und Datensicherheitsvorschriften. In Betracht kommen auch Geschäftsbereiche und Unternehmensprozesse, z.B. Ausschreibung und Vergabe (Einkauf), Provisionszahlungen (Vertrieb), Arbeitssicherheit und technische Sicherheit (Produktion) sowie Vertragsmanagement.

Die CMS-Prüfung selbst ist als Systemprüfung ausschließlich auf die Beurteilung der Grundsätze und Maßnahmen ausgerichtet, aus denen sich das CMS zusammensetzt. Die CMS-Prüfung ist nicht darauf ausgerichtet, einzelne Regelverstöße zu identifizieren oder festzustellen, ob Regelverstöße im Unternehmen aufgetreten sind. Wird der CMS-Prüfer im Verlauf der Systemprüfung auf Regelverstöße aufmerksam, hat er die zuständigen Stellen im Unternehmen zu unterrichten. Das Unternehmen muss auf die Feststellungen angemessen reagieren, vor allem eine Ursachenanalyse zur Klärung der Frage durchführen, wie es zu den Verstößen kommen konnte, und das CMS verbessern, damit sich die Verstöße nicht wiederholen. Die Art und Weise des Umgangs des Unternehmens mit den entdeckten Regelverstößen ist Bestandteil des CMS und damit der CMS-Prüfung.

1.4. Nutzen von CMS-Prüfungen für Unternehmen

Treten in Unternehmen Verstöße gegen zu beachtende Regeln auf, stellt sich die Frage der Verantwortung der Unternehmensorgane. Bei einem Schaden des Unternehmens durch Pflichtverletzungen der Leitungs- und/oder Überwachungsorgane können diese dem Unternehmen persönlich und gesamtschuldnerisch zum Schadenersatz verpflichtet sein. Eine Haftung der Unternehmensorgane setzt neben der Entstehung eines Schadens eine schuldhafte Pflichtverletzung voraus, wobei die Unternehmensorgane die Beweislast dafür tragen, dass sie sorgfältig gehandelt haben. Mögliche Haftungsrisiken bei Schäden, die auf unternehmerische Entscheidungen zurückzuführen sind, können dadurch begrenzt werden, dass ausreichende Compliance-Elemente in der Unternehmensorganisation verankert werden. Nach § 93 Abs. 1 Satz 2 AktG liegt eine Pflichtverletzung des Vorstands nicht vor, wenn bei einer unternehmerischen Entscheidung vernünftigerweise davon ausgegangen werden kann, auf der Grundlage angemessener Information zum Wohl der Gesellschaft zu handeln. Diese sogenannte Business Judgment Rule dient dem Schutz von Vorstand und Aufsichtsrat bei unternehmerischen Entscheidungen, sie wird auch auf die Einrichtung eines CMS von den Gerichten angewendet werden. Wenn der Wirtschaftsprüfer die Einrichtung eines wirksamen CMS bereits bestätigt hat, wird ein Gericht oder eine Behörde zumindest im Regelfall davon ausgehen, dass das Management pflichtgemäß im Sinne der Business Judgment Rule gehandelt hat.[8]

Auch der Aufsichtsrat kann Haftungsrisiken ausgesetzt sein, wenn dem Unternehmen oder einem Dritten aus einer Geschäftsführungsmaßnahme ein Schaden entsteht. Im Rahmen seiner Überwachungsfunktion sollte der Aufsichtsrat deshalb darauf achten, dass der Vorstand ein angemessenes CMS einrichtet, das Verstöße in den für das Unternehmen besonders relevanten Bereichen wirksam verhindert.

Eine Wirksamkeitsprüfung des CMS durch einen unabhängigen Wirtschaftsprüfer gibt den Unternehmensorganen neben den unternehmensinternen Steuerungs- und Überwachungsmaßnahmen eine zusätzliche Sicherheit darüber, ob die im Unternehmen eingeführten Grundsätze und Maßnahmen zur präventiven Sicherstellung eines regelkonformen Verhaltens angemessen und wirksam sind und zu Recht davon ausgegangen werden kann, dass Vorstand und Aufsichtsrat ihrer Verantwortung nachgekommen sind.

Seit einigen Jahren ist daher eine steigende Nachfrage nach CMS-Prüfungen im Berufsstand der Wirtschaftsprüfer spürbar. Zur Förderung eines einheitlichen Verständnisses unter den Berufsangehörigen, was unter einem CMS zu verstehen ist und welche Anforderungen an CMS-Prüfungen zu stellen sind, hat das IDW im März 2011 mit *IDW PS 980* einen *IDW Prüfungsstandard* zur Prüfung von CMS verabschiedet. *IDW PS 980* stellt die besonderen Berufspflichten dar, die bei CMS-Prüfungen zu beachten sind, und enthält Hinweise und Anleitungen zur Auftragsannahme, Auftragsdurchführung und Berichterstattung.

2. Die Einrichtung eines CMS in der Verantwortung der gesetzlichen Vertreter

Die Einrichtung eines CMS liegt in der Verantwortung der gesetzlichen Vertreter. Diese haben unter Berücksichtigung der Unternehmensziele und der unternehmensindividuellen Umstände über die konkrete Gestaltung des CMS zu entscheiden und dafür die nötigen Ressourcen zur Verfügung zu stellen. *IDW PS 980* enthält hierfür keine Vorgaben, welche die gesetzlichen Vertreter in ihrem unternehmerischen Ermessen einschränken könnten.

Zur Unterstützung des CMS-Prüfers werden in IDW PS 980 allerdings sogenannte *Grundelemente* beschrieben, von denen ausgegangen wird, dass sie für jedes CMS relevant sind. Deshalb sind sie für den CMS-Prüfer von großer Bedeutung. Sie stellen ein Sollobjekt dar, anhand dessen die Vorgehensweise des Unternehmens bei der Einrichtung des CMS beurteilt wird. Die Grundelemente werden auch herangezogen, um die Angemessenheit der von den gesetzlichen Vertretern bei der Einrichtung des CMS angewendeten konkreten Grundsätze zu beurteilen.

---

8 Vgl. hierzu und zum Folgenden *Lorenz*, a.a.O. (Fn. 7), S. 23.

Zur Bestimmung solcher *CMS-Grundsätze* bestehen in einzelnen Branchen und für einzelne Rechtsgebiete „best practices", an denen sich die gesetzlichen Vertreter orientieren können. Solche „best practices" finden sich in sogenannten Rahmenkonzepten, auf die in *IDW PS 980* eingegangen wird. Zu nennen sind hier beispielhaft die Geschäftsgrundsätze zur Bekämpfung von Korruption (Transparency International), die Verhaltensrichtlinie des Bundesverbandes Materialwirtschaft (BME) oder das United States Federal Sentencing Guidelines Manual (United States Sentencing Commission).[9] Das gewählte Rahmenkonzept kann um eigene Grundsätze ergänzt werden, wenn dies erforderlich oder nützlich ist, z.B. wenn das gewählte Rahmenkonzept nicht alle CMS-Grundelemente abdeckt. Es ist auch möglich, dass ein Unternehmen auf die Orientierung an einem Rahmenkonzept ganz verzichtet und die Grundsätze für das CMS eigenständig entwickelt.

In IDW PS 980 werden die folgenden Grundelemente genannt:
- Compliance-Kultur,
- Compliance-Ziele,
- Compliance-Risiken,
- Compliance-Programm,
- Compliance-Organisation,
- Compliance-Kommunikation sowie
- Compliance-Überwachung und -Verbesserung.

Compliance-Kultur

An erster Stelle bzw. im Mittelpunkt steht die Förderung einer günstigen Compliance-Kultur, die für die Wirksamkeit der eingeführten Grundsätze und Maßnahmen von entscheidender Bedeutung ist. Mitarbeiter werden sich nur dann verlässlich an die vorgegebenen Grundsätze und Maßnahmen halten, wenn sie davon überzeugt sind, dass dies dem Willen und der Grundüberzeugung der gesetzlichen Vertreter entspricht. Die Werteorientierung der gesetzlichen Vertreter und der übrigen Mitglieder des Managements und deren Bekenntnis zu einem verantwortungsvollen und regelkonformen Handeln sind hierfür entscheidend.

Compliance-Ziele

Auf der Grundlage der allgemeinen Unternehmensziele legen die gesetzlichen Vertreter die Compliance-Ziele fest. Dies umfasst die Frage, welche Geschäftsbereiche, Unternehmensprozesse oder Rechtsgebiete in das CMS einbezogen werden. Diese Festlegung basiert auf einer Analyse der Relevanz von Vorschriften und Richtlinien für das Unternehmen und bestimmt die Bereiche, in denen das Risiko von bedeutsamen Verstößen besonders hoch ist. Des Weiteren ist zu entscheiden, ob das CMS neben den Mitarbeitern des Unternehmens auch Dritte, z.B. Lieferanten, erfassen soll.

---

9   Vgl. *IDW PS 980*, Anlage 1: Allgemein anerkannte CMS-Rahmenkonzepte.

Compliance-Risiken

Auf der Grundlage der Compliance-Ziele sind die Compliance-Risiken zu analysieren, die der Erreichung der Compliance-Ziele entgegenstehen können. Hierbei handelt es sich um einen strukturierten Regelprozess, der Voraussetzung für die Grundsätze und Maßnahmen ist, die im Unternehmen als Teil des Compliance-Programms eingeführt werden.

Compliance-Programm

Mit dem Compliance-Programm reagiert das Unternehmen auf die analysierten Compliance-Risiken. Hierbei handelt es sich z.B. um Funktionstrennungen, Berechtigungskonzepte, Genehmigungsverfahren und Unterschriftsregelungen oder um Vorkehrungen zum Vermögensschutz und andere Sicherheitskontrollen.

Compliance-Organisation

Im Unternehmen ist als Bestandteil des CMS eine effektive Compliance-Organisation mit klarer Zuordnung von Rollen und Verantwortlichkeiten einzurichten. Hierzu kann auch die Bildung einer Compliance-Abteilung oder eines Compliance-Gremiums zählen, das die Compliance-Aktivitäten des Unternehmens koordiniert. Es ist allerdings keine separate Compliance-Organisation erforderlich; die entsprechenden Aufgaben können auch anderen Unternehmensfunktionen zugeordnet werden.

Compliance-Kommunikation

Die Grundsätze und Maßnahmen des Compliance-Programms sind an die betroffenen Mitarbeiter und ggf. an Dritte zu kommunizieren, damit sie die ihnen zugewiesenen Aufgaben im CMS sachgerecht erfüllen können (z.B. in Form von Schulungsveranstaltungen). Zur CMS-Kommunikation zählt auch der Bericht über festgestellte Regelverstöße oder über die Missachtung von Elementen des Compliance-Programms an die entsprechenden Stellen im Unternehmen, die für Ursachenanalyse und Konsequenzen-Management verantwortlich sind.

Compliance-Überwachung und -Verbesserung

Abschließend ist ein Verfahren einzuführen, das auf eine systematische Überwachung und ständige Verbesserung des CMS abzielt. Eine zentrale Aufgabe kann hierbei der Internen Revision zukommen, sofern diese die erforderliche Objektivität und Kompetenz hat. Voraussetzung für eine wirksame Überwachung ist eine ausreichende Dokumentation des CMS, einschließlich von Nachweisen, dass die Grundsätze und Maßnahmen des CMS eingehalten wurden. Eine Dokumentation des CMS ist zudem für eine personenunabhängige Funktion des Systems erforderlich. Die Ergebnisse der Überwachung des CMS sind auszuwerten und bei festgestellten Mängeln sind Maßnahmen zur Systemverbesserung zu ergreifen.

Zusammenfassung

Übersicht 2 zeigt als Ablaufdiagramm einen idealtypischen Prozess der Einrichtung eines CMS.

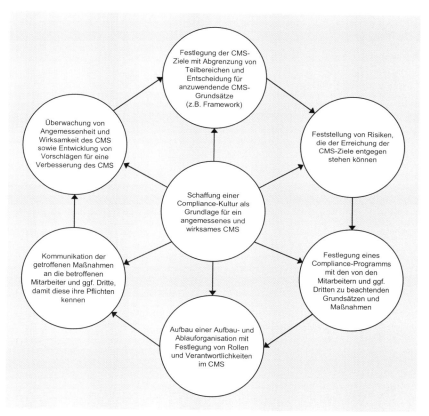

Übersicht 2: Prozess der Einrichtung eines CMS

3. Gegenstand, Ziel und Umfang der Prüfung nach IDW PS 980

3.1. CMS-Beschreibung als Prüfungsgegenstand

Gegenstand der CMS-Prüfung sind die Aussagen der gesetzlichen Vertreter in der sogenannten CMS-Beschreibung. Die CMS-Beschreibung enthält eine Beschreibung der einzelnen Elemente des CMS und ihrer Umsetzung im Unternehmen (z.B. zur Compliance-Kultur, den Compliance-Zielen und dem Compliance-Programm). Bei der CMS-Beschreibung handelt es sich nicht um die Dokumentation des CMS, sondern um eine zusammenfassende Darstellung der wesentlichen Aspekte des CMS. Die CMS-Beschreibung stellt in der Unternehmenspraxis eine Neuerung dar. Es wird erwartet, dass sich hierzu in Zukunft „best practices" entwickeln. Um diese Entwicklung nicht von vornherein einzuschränken, enthält *IDW PS 980* keine detaillierten Anforderungen an die CMS-Beschreibung. Die Beschreibung muss aber in allen wesentlichen Belangen zutreffende Aussagen zu jedem einzelnen CMS-Grundelement enthalten und darf den Leser nicht durch Auslassungen, verallgemeinernde oder irreführende Darstellungen zum CMS täuschen. Enthält die CMS-Beschreibung solche Darstellungen, darf der Wirtschaftsprüfer den Auftrag zur Prüfung des CMS nicht annehmen bzw. muss – wenn der Auftrag bereits angenommen ist – das Prüfungsurteil versagen.

3.2. Arten der CMS-Prüfung

In *IDW PS 980* wird zwischen drei verschiedenen Arten der CMS-Prüfung unterschieden (Tz. 14ff.):
* Wirksamkeitsprüfung,
* Konzeptionsprüfung und
* Angemessenheitsprüfung.

Die Einführung von drei verschiedenen Auftragsarten trägt dem Wunsch vieler Unternehmen Rechnung, Prüfungsleistungen bereits in der Phase der Entwicklung eines CMS in Anspruch zu nehmen. Eine Wirksamkeitsprüfung wird (erst) dann in Betracht kommen, wenn das CMS konzipiert und im Unternehmen eingeführt worden ist, wenn die Grundsätze und Maßnahmen einer internen Überwachung unterliegen und das System nachprüfbar dokumentiert ist. Dann kann der CMS-Prüfer Aufbau- und Funktionsprüfungen durchführen, um die Wirksamkeit des CMS zu beurteilen. Vorher bieten sich die Konzeptions- und/oder die Angemessenheitsprüfung an.

Wirksamkeitsprüfung

Gemäß *IDW PS 980*, Tz. 14, ist es Ziel einer Wirksamkeitsprüfung, „dem Prüfer anhand der von dem Unternehmen zugrunde gelegten CMS-Grundsätze[n] […] eine Aussage mit hinreichender Sicherheit darüber zu ermöglichen,
* ob die in der CMS-Beschreibung enthaltenen Aussagen über die Grundsätze und Maßnahmen des CMS in allen wesentlichen Belangen angemessen dargestellt sind […],
* dass die dargestellten Grundsätze und Maßnahmen in Übereinstimmung mit den angewandten CMS-Grundsätzen geeignet sind, mit hinreichender Sicherheit sowohl Risiken für wesentliche Regelverstöße rechtzeitig zu erkennen als auch solche Regelverstöße zu verhindern […] und dass die Grundsätze und Maßnahmen zu einem bestimmten Zeitpunkt implementiert waren und
* während eines bestimmten Zeitraums wirksam […] waren."

Unternehmen, die sich noch in der Phase der Entwicklung des CMS befinden, können eine Prüfung beauftragen, die das Design bzw. die Konzeption des CMS anhand der in der CMS-Beschreibung gemachten Angaben beurteilt. Dies hat den Vorteil, dass etwaige Systemschwächen rechtzeitig festgestellt und beseitigt werden können, bevor die einzelnen Maßnahmen im Unternehmen implementiert werden.

Konzeptionsprüfung

Die Konzeptionsprüfung enthält noch nicht die Beurteilung der Angemessenheit der einzelnen Grundsätze und Maßnahmen des CMS, d.h. ob das CMS geeignet ist, mit hinreichender Sicherheit wesentliche Regelverstöße in den abgegrenzten Teilbereichen rechtzeitig aufzudecken und solche Regelverstöße zu verhindern.

Die Konzeptionsprüfung (Tz. 16) soll den Prüfer in die Lage versetzen, mit hinreichender Sicherheit eine Aussage darüber zu treffen, ob die Aussagen der gesetzlichen Vertreter des Unternehmens in der CMS-Beschreibung über die (geplanten) Maßnahmen in allen wesentlichen Belangen angemessen dargestellt sind und alle CMS-Grundelemente abdecken.

Angemessenheitsprüfung

In einer weiteren Entwicklungsphase des CMS – nach Umsetzung der Konzeption und nach Implementierung der Grundsätze und Maßnahmen in die Regelprozesse des Unternehmens – kann ein CMS-Prüfer mit einer Angemessenheitsprüfung beauftragt werden. In einer Angemessenheitsprüfung (Tz. 17) werden die Aussagen in der CMS-Beschreibung zur Eignung des CMS beurteilt, wesentliche Regelverstöße mit hinreichender Sicherheit aufzudecken und solche Regelverstöße zu verhindern. Zudem wird geprüft, ob die Grundsätze und Maßnahmen wie vorgesehen implementiert worden sind. Dies erfolgt aber als reine Aufbauprüfung ohne Funktionstests und gibt daher keine Sicherheit über die tatsächliche Funktion des Systems. Funktionstests sind der Wirksamkeitsprüfung vorbehalten.

Die Angemessenheitsprüfung erfolgt in drei Schritten:

1. Im ersten Schritt wird analog zur Konzeptionsprüfung beurteilt, ob die Aussagen der gesetzlichen Vertreter des Unternehmens in der CMS-Beschreibung über die Grundsätze und Maßnahmen des CMS in allen wesentlichen Belangen des Unternehmens angemessen dargestellt sind.

2. In Übereinstimmung mit den angewandten CMS-Grundsätzen wird in einem zweiten Schritt beurteilt, ob die dargestellten Grundsätze und Maßnahmen geeignet sind, um mit hinreichender Sicherheit Risiken für wesentliche Regelverstöße rechtzeitig zu identifizieren sowie solche Regelverstöße zu verhindern.

3. Im dritten Schritt gilt es, einen Nachweis darüber zu erlangen, dass die Grundsätze und Maßnahmen des CMS zu einem bestimmten Zeitpunkt in die Geschäfts- und Regelprozesse des Unternehmens eingeführt (Tz. 20) waren.

Die verschiedenen Auftragsarten ermöglichen es dem Wirtschaftsprüfer, seinen Mandanten in allen Phasen der Entwicklung eines CMS zu begleiten, von der Konzeptionsphase und der Phase der Entwicklung und Implementierung geeigneter Grundsätze und Maßnahmen bis hin zum Regelbetrieb des CMS. In allen Phasen gibt der CMS-Prüfer nicht nur ein abschließendes Prüfungsurteil ab, sondern auch Hinweise und Empfehlungen zur Verbesserung des Systems, die sich aus seinen Prüfungsfeststellungen ableiten lassen.

Darüber hinaus besteht bei allen drei Auftragsarten die Möglichkeit, die Prüfung projekt-begleitend durchzuführen.[10] Eine solche Vorgehensweise ermöglicht eine weitere Flexibili-sierung des Prüfungsansatzes, indem der CMS-Prüfer nicht erst nach einer abgeschlosse-nen Entwicklungsphase des Unternehmens tätig wird, sondern seine prüferischen Feststel-lungen bereits während der Entwicklung in das Projekt seines Auftraggebers einbringt. Bei einer solchen projektbegleitenden Prüfung sind allerdings besondere Vorkehrungen zur Sicherung der Unabhängigkeit des CMS-Prüfers zu treffen.[11]

Die einzelnen Auftragsarten unterscheiden sich hinsichtlich des Prüfungsumfangs und der Prüfungstiefe. Gemeinsam ist aber allen Auftragsarten, dass sie die Beurteilung der Aussa-gen in der CMS-Beschreibung mit hinreichender Sicherheit enthalten. Es handelt sich also nicht um prüferische Durchsichten („reviews") oder um vereinbarte Untersuchungshand-lungen („agreed upon procedures").

Im Unterschied zur Wirksamkeitsprüfung sind die Konzeptionsprüfung und die Ange-messenheitsprüfung in erster Linie an die Unternehmensorgane gerichtet, die an einer un-abhängigen Beurteilung des Entwicklungsstands des CMS Interesse zeigen. Eine haftungs-reduzierende Wirkung in einem Schadenfall kann jedoch nur von einer Wirksamkeitsprü-fung ausgehen, weil nur bei einer Wirksamkeitsprüfung die tatsächliche Funktion der einzelnen Komponenten des CMS beurteilt wird.[12]

Übersicht 3 gibt einen Überblick über die Unterschiede beim Prüfungsumfang zwischen den verschiedenen Auftragsarten bei CMS-Prüfungen.[13]

Prüffelder und deren Darstellung in der CMS-Beschreibung	Konzeptions-prüfung	Angemessen-heitsprüfung	Wirksam-keitsprüfung
Compliance-Kultur	X	X	X
Compliance-Ziele	X	X	X
Compliance-Risiken	X	X	X
Compliance-Programm			
Prozess der Erstellung des Programms	X	X	X
Eignung der Grundsätze und Maßnahmen		X	X
Wirksamkeit der Grundsätze und Maß-nahmen			X
Compliance-Organisation			
Entwicklung eines Konzepts für die Aufbau- und Ablauforganisation	X	X	X

---

10 Vgl. *IDW PS 980*, Tz. 15; *Görtz*, CCZ 2010, S. 129.

11 Vgl. *IDW Prüfungsstandard: Projektbegleitende Prüfung bei Einsatz von Informationstechnologie (IDW PS 850)*, WPg Supple-ment 4/2008, S. 12 ff. = FN-IDW 2008, S. 427ff., Abschn. 4.2.

12 Vgl. *Gelhausen/Wermelt*, CCZ 2010, S. 208.

13 Übersicht 3 in Anlehnung an *IDW PS 980*, Tz. A11.

Prüffelder und deren Darstellung in der CMS-Beschreibung	Konzeptions-prüfung	Angemessen-heitsprüfung	Wirksam-keitsprüfung
Eignung und Implementierung der Compliance-Organisation		X	X
Funktion der Compliance-Organisation			X
Compliance-Kommunikation			
Entwicklung des Kommunikationsprozesses	X	X	X
Eignung der Kommunikationsmaßnahmen		X	X
Wirksamkeit der Kommunikationsmaßnahmen			X
Compliance-Überwachung und -Verbesserung			
Entwicklung von Verfahren zur Überwachung und Verbesserung des CMS	X	X	X
Eignung und Implementierung der Überwachungs- und Verbesserungsmaßnahmen		X	X
Wirksamkeit der Überwachungs- und Verbesserungsmaßnahmen			X

Übersicht 3: Unterschiede zwischen Konzeptions-, Angemessenheits- und Wirksamkeitsprüfung

4. Prüfungsprozess bei CMS-Prüfungen

Bei CMS-Prüfungen handelt es sich um Systemprüfungen, die vom Ablauf her vergleichbar sind mit IKS-Prüfungen. Im Unterschied zur IKS-Prüfung im Rahmen von Abschlussprüfungen dient eine CMS-Prüfung aber nicht der Risikoanalyse zum Zwecke der risikoorientierten Planung weiterer Prüfungshandlungen, sondern zielt auf eine separate Beurteilung des Prüfungsgegenstandes (CMS-Beschreibung) mit hinreichender Sicherheit ab. Dies wirkt sich gerade bei einer Wirksamkeitsprüfung auf Prüfungsumfang und Prüfungstiefe aus, die bei einer „nur" zwecks Risikoanalyse durchgeführten Systemprüfung geringer sein werden. Insoweit kann die IKS-Prüfung nach Sec. 404 des Sarbanes-Oxley Act of 2002 (SOX 404) ein Vergleichsmaßstab sein, weil hier zum IKS ein eigenständiges Prüfungsurteil abzugeben ist. Allerdings muss hierbei beachtet werden, dass eine solche IKS-Prüfung im Unterschied zu einer CMS-Prüfung auf die Wirksamkeit rechnungslegungsbezogener Kontrollen ausgerichtet ist. Art und Umfang der erforderlichen Funktionsprüfungen bei einer SOX-404-Prüfung können deshalb nicht ohne weiteres auf CMS-Wirksamkeitsprüfungen übertragen werden.
Übersicht 4 zeigt die kritischen Aspekte einer CMS-Prüfung.

Prozess-Schritt	Kritischer Faktor	Hinweise	Referenz in IDW PS 980
Auftragsannahme	Unabhängigkeit des CMS-Prüfers	Der CMS-Prüfer muss die Berufspflicht der Unabhängigkeit beachten, vor allem darf er zur Vermeidung einer Selbstprüfung nicht wesentlich an der Konzeption und Einführung des CMS beteiligt gewesen sein. Dies schließt – wie oben dargelegt – eine Tätigkeit als projektbegleitender Prüfer im Rahmen einer Konzeptions- und/oder Angemessenheitsprüfung auch dann nicht aus, wenn der Wirtschaftsprüfer dem Vorstand in dieser Funktion Empfehlungen zur Vermeidung von Systemdefiziten gibt.	Tz. 25
	Kompetenz des CMS-Prüfers	Der CMS-Prüfer muss über die notwendigen Kenntnisse und Erfahrungen verfügen, um die Prüfung sachgerecht durchführen zu können. Die notwendige Kompetenz hängt vor allem von den abgegrenzten Teilbereichen ab (z.B. Einkaufsprozess, Antikorruptionsvorschriften oder Wettbewerbsrecht). Im Allgemeinen werden detaillierte Rechtskenntnisse erforderlich sein.	Tz. 25 f.
	CMS-Beschreibung	Der Mandant muss bereits eine CMS-Beschreibung erstellt haben oder bereit sein, eine solche zu erstellen, die den Anforderungen an eine CMS-Prüfung genügt.	Tz. 28
	CMS-Grundsätze	Die vom Mandanten festgelegten CMS-Grundsätze (z.B. auf der Grundlage eines anerkannten Rahmenkonzepts) müssen im Hinblick auf die Compliance-Ziele geeignet sein. Sie müssen ausreichend konkret formuliert werden, damit sie als Prüfungskriterien herangezogen werden können.	Tz. 27
	Teilbereiche	Die Teilbereiche, auf die sich das CMS bezieht, müssen zum einen die für das Unternehmen bedeutsamen Risiken für Regelverstöße widerspiegeln und zum anderen eindeutig abgegrenzt sein.	Tz. 62, Tz. A21
	Dokumentation	Das CMS muss ausreichend dokumentiert sein, damit im Rahmen der CMS-Prüfung Nachweise für den Aufbau und die Funktion des Systems eingeholt werden können. Die Dokumentation erfolgt nicht in der CMS-Beschreibung.	Tz. 64 ff.
	Auftragsbedingungen	Der schriftliche Prüfungsauftrag muss die in *IDW PS 980* dargestellten Mindestbestandteile enthalten.	Tz. 29, Tz. A22
Prüfungsplanung	Sachliche, zeitliche und personelle Planung	Die Prüfung muss so geplant werden, dass die Einhaltung der Berufspflichten sichergestellt ist. Vor allem sind ausreichend kompetente Prüfer einzusetzen, die sich zum einen in der Technik von Systemprüfungen und zum anderen in den mit dem Mandanten vereinbarten Teilbereichen auskennen. Auch der Einsatz von Spezialisten (z.B. Rechtsanwälten) ist rechtzeitig zu planen.	Tz. 31 ff.
	Wesentlichkeit	Bei den Überlegungen des CMS-Prüfers zur Wesentlichkeit von Grundsätzen und Maßnahmen des CMS und zur Wesentlichkeit von möglichen Regelverstößen sind die Bedeutung der Regel, die Folgen eines möglichen Verstoßes, die Motivation für mögliche Verstöße sowie deren Tragweite (Einzelverstoß oder systematischer Verstoß) zu berücksichtigen.	Tz. 37, Tz. A24 ff.

Prozess-Schritt	Kritischer Faktor	Hinweise	Referenz in IDW PS 980
Systemprüfung	Risikobeurtei-lungen	Bei der Feststellung und Analyse von Risiken für wesentliche falsche Angaben in der CMS-Beschreibung bzw. wesentliche Systemschwächen ist Folgendes zu berücksichtigen: • Angemessenheit der angewendeten CMS-Grundsätze, • Güte der Konzeption des CMS und des Risikoanalysepro-zesses im Unternehmen, • Prozess der Überprüfung und Anpassung des CMS an sich verändernde Rahmenbedingungen, • Kommunikation der Grundsätze und Maßnahmen des CMS an die betroffenen Mitarbeiter und ggf. Dritte, • Compliance-Kultur und Durchsetzung des CMS.	Tz. 40 ff.
	Aufbau- und Funk-tionsprüfungen	Falls im Rahmen von Aufbau- und Funktionsprüfungen Re-gelverstöße bekannt werden, sind folgende Prüfungsschritte erforderlich, um zwischen einem abgrenzbaren Einzelver-stoß und einem für das Prüfungsurteil des CMS-Prüfers rel-evanten Systemmangel zu unterscheiden: • Befassung mit der vom Unternehmen vorzunehmenden Ursachenanalyse, • Feststellung, ob weitere vergleichbare Regelverstöße vor-liegen (ggf. Ausweitung des Stichprobenumfangs und Be-rücksichtigung der Ergebnisse der Arbeiten der Internen Revision), • Beurteilung des Umgangs des Unternehmens mit dem Re-gelverstoß (z.B. Ergreifen von Sanktionen oder Einleitung von Systemverbesserungen).	Tz. 43 ff.
Berichterstattung	Auswertung der Prüfungsergeb-nisse und Prü-fungsurteil	Der CMS-Prüfer hat die im Rahmen der CMS-Prüfung ge-wonnenen Erkenntnisse auszuwerten und zu entscheiden, ob Mängel im CMS vorliegen, die eine Auswirkung auf sein Prüfungsurteil haben, weil auf sie in der CMS-Beschreibung nicht eingegangen wird, oder ob es Bereiche gibt, die auf-grund von Prüfungshemmnissen nicht beurteilt werden konnten. Bei wesentlichen abgrenzbaren Mängeln und Prüfungs-hemmnissen ist das Prüfungsurteil einzuschränken. Nicht abgrenzbare Mängel und Prüfungshemmnisse führen zu einer Versagung des Prüfungsurteils. Der CMS-Prüfer hat zudem einen „misleading test" vorzu-nehmen: Falls sich im Verlauf der Prüfung herausstellt, dass sich die CMS-Beschreibung nicht für eine Prüfung eignet oder sie unangemessene Verallgemeinerungen oder unaus-gewogene und verzerrende Darstellungen enthält, die eine Irreführung der Berichtsadressaten zur Folge haben können, ist das Prüfungsurteil zu versagen (dies gilt auch, wenn die zu prüfenden Teilbereiche von den gesetzlichen Vertretern einseitig oder irreführend festgelegt werden bzw. die ange-wandten CMS-Grundsätze nicht geeignet sind, um ein ange-messenes CMS in den abgegrenzten Teilbereichen einzurich-ten).	Tz. 58 ff.

Prozess-Schritt	Kritischer Faktor	Hinweise	Referenz in IDW PS 980
	CMS-Prüfungs-bericht	Der CMS-Prüfungsbericht muss die in *IDW PS 980* dargestellten Mindestbestandteile enthalten. Feststellungen, die nicht zu einer Einschränkung des Prüfungsurteils führen, sollten daraufhin analysiert werden, ob sich daraus Empfehlungen ableiten lassen, die als solche in den Prüfungsbericht aufgenommen werden können. Der CMS-Prüfungsbericht ist als ausführliche Berichterstattung über Prüfungsdurchführung, Prüfungsfeststellungen und Empfehlungen konzipiert. *IDW PS 980* enthält Beispiele für CMS-Prüfungsberichte bei Wirksamkeits-, Konzeptions- und Angemessenheitsprüfungen, an denen sich der CMS-Prüfer orientieren kann.	Tz. 67 f.
Berichterstattung	Bericht über Regelverstöße	Die CMS-Prüfung ist nicht auf die Aufdeckung von Regelverstößen (z.B. Verstöße gegen das Geldwäschegesetz) ausgerichtet. Aus der Treuepflicht des Wirtschaftsprüfers ergibt sich aber, dass der Mandant über anlässlich der CMS-Prüfung festgestellte Regelverstöße in geeigneter Form informiert wird (im CMS-Prüfungsbericht oder auf andere Weise). Über die Form der Berichterstattung über Regelverstöße sollte sich der CMS-Prüfer mit dem Mandanten bereits bei der Auftragsannahme einigen. Der CMS-Prüfer muss auch feststellen, ob weitere Berichtspflichten bestehen, z.B. gegenüber dem Aufsichtsorgan des Unternehmens.	Tz. 72 f.
	Veröffentlichung von Prüfungs-ergebnissen	*IDW PS 980* sieht für Wirksamkeitsprüfungen die Möglichkeit vor, einen verkürzten CMS-Prüfungsbericht zu erstellen, der vom Mandanten zur Weitergabe an Dritte oder zur Veröffentlichung (z.B. auf der Webseite des Unternehmens) verwendet werden kann. Eine solche Berichterstattung muss alle für die potenziellen Adressaten entscheidungsrelevanten Informationen, vor allem zu Gegenstand und Umfang der CMS-Prüfung und zu den nicht in der CMS-Beschreibung enthaltenen Schwächen im CMS, darstellen. Es ist zu empfehlen, das in *IDW PS 980* enthaltene Berichtsformat zu verwenden.	Tz. 71

Übersicht 4: Hinweise zu den kritischen Aspekten einer Wirksamkeitsprüfung des CMS

Da es sich bei einer CMS-Prüfung um eine betriebswirtschaftliche Prüfung handelt, sind über die dargestellten Besonderheiten hinausgehend die Grundsätze ordnungsmäßiger Durchführung betriebswirtschaftlicher Prüfungen zu beachten.[14] Diese enthalten z.B. Anforderungen

- an die Beachtung der allgemeinen Berufspflichten,
- an die Verwertung der Arbeiten von Spezialisten,

---

14 Vgl. zu den Grundsätzen ordnungsmäßiger Durchführung betriebswirtschaftlicher Prüfungen ISAE 3000 „Assurance Engagements Other Than Audits or Reviews of Historical Financial Information" sowie *Almeling*, WPg 2011, S. 607–617 und WPg 2011, S. 653–661.

- an die zwischen Abschluss der materiellen Prüfung und dem Datum der Berichterstattung vorzunehmenden Prüfungshandlungen,
- an die Einholung einer Vollständigkeitserklärung,
- an die Qualitätssicherung im Prüfungsteam und
- an die Dokumentation der Prüfungshandlungen in den Arbeitspapieren.

IDW PS 980 enthält alle zur Erfüllung dieser Grundsätze zu beachtenden Anforderungen mit Erläuterungen zu deren Umsetzung. Dies gilt auch für die im Rahmen von Aufbau- und Funktionsprüfungen anzuwendende Prüfungstechnik, die mit anderen Systemprüfungen vergleichbar ist (z.B. welche Arten von Prüfungshandlungen – etwa Befragungen und die Durchsicht von Unterlagen – in Betracht kommen).

5. Ausblick

Mit *IDW PS 980* liegt nun ein *IDW Prüfungsstandard* vor, der allgemein Gegenstand, Ziele, Vorgehensweise und Berichterstattung bei CMS-Prüfungen beschreibt. Die Entwicklung dieses *IDW Prüfungsstandards* war notwendig geworden, um auf eine steigende Nachfrage nach Prüfungsdienstleistungen in diesem Bereich zu reagieren und den Berufsangehörigen Leitlinien für solche Prüfungen zu geben. Wirtschaftsprüfer können bei CMS-Prüfungen auf vielfältige Erfahrungen mit anderen Systemprüfungen (z.B. von IKS und Risikomanagementsystemen) zurückgreifen und dieses Wissen auf Prüfungen von CMS übertragen.

Der *IDW Prüfungsstandard* dient aber auch der Profilierung des Berufsstands der Wirtschaftsprüfer für weitere Dienstleistungen im Bereich der Corporate Governance. Im Hinblick auf die Bedeutung dieses Bereichs für die Zukunft des Berufsstandes und auf die weiter steigende Nachfrage nach CMS-Prüfungen hat der Hauptfachausschuss des IDW beschlossen, den für die Entwicklung von *IDW PS 980* zuständigen Arbeitskreis aufrecht zu erhalten, um sich um die Weiterentwicklung von Anforderungen und Hilfsmitteln für Compliance-Prüfungen zu kümmern. Es ist als nächstes geplant, spezielle Hinweise für CMS-Prüfungen in bestimmten Rechtsgebieten oder Unternehmensprozessen zu entwickeln (z.B. zur Prüfung von Geldwäsche-Compliance-Systemen oder zur Prüfung von CMS im Einkaufsprozess).

C Proaktive Gestaltung der Compliance-Kultur – Impulse für die Gestaltung und Prüfung von Compliance-Management-Systemen

Von Prof. Dr. Corinna Ewelt-Knauer

Erstveröffentlichung: WPg 11/2016 (S. 597 ff.)

Die Compliance-Kultur in Unternehmen ist das Herzstück von Compliance-Management-Systemen. Für das Management ist es jedoch schwierig, die Compliance-Kultur des Unternehmens proaktiv zu fördern. So können etwa aggressive Zielvorgaben die Compliance-Kultur negativ beeinflussen. Zur Stärkung der Compliance-Kultur wird demgegenüber neben Job-Rotationen und Zwangspausen für Mitarbeiter z.B. ein teaminterner Compliance-Mentor vorgeschlagen. Darüber hinaus können Unternehmen gezielt Compliance-bezogene Aspekte in die Zielvorgaben ihrer Mitarbeiter integrieren.

1. Einleitung

Mitarbeiter in Unternehmen müssen vielfältige Regelungen beachten: Gesetze, Verordnungen, Richtlinien, vertragliche Vereinbarungen oder unternehmensinterne Leitlinien. Ein Regelverstoß von Mitarbeitern wird als „Non-Compliance" bezeichnet. Zahlreiche Erhebungen verdeutlichen, dass Unternehmen fortlaufend mit Compliance-Verstößen ihrer Mitarbeiter konfrontiert sind. So zeigt z.B. eine Befragung von Ernst & Young unter Managern, dass sich in den Jahren 2013 und 2014 etwa jedes vierte deutsche Unternehmen mit einem bedeutenden Fall von Non-Compliance befassen musste.[1] Die jährlich erscheinende internationale Studie der Association of Certified Fraud Examiners (ACFE) schätzt für das Jahr 2014, dass Unternehmen im Durchschnitt 5% der Umsatzerlöse durch Regelverstöße der Mitarbeiter verlieren, was einer absoluten Schadensumme von 3,7 Billionen US-Dollar pro Jahr entspricht.[2] Die Studie „Wirtschaftskriminalität und Unternehmenskultur 2013", die von PwC in Kooperation mit Bussmann/Nestler/Salvenmoser zuletzt im November 2013 herausgegeben wurde, zeigt zudem, dass 62 % der Täter beim geschädigten Unternehmen angestellt sind.[3]

Vor dem Hintergrund dieser Befunde ist die zunehmende Verbreitung von Compliance-Management-Systemen (CMS) in der Praxis eine logische Konsequenz.[4] Unter einem CMS „sind die auf der Grundlage der von den gesetzlichen Vertretern festgelegten Ziele, eingeführten Grundsätze und Maßnahmen eines Unternehmens zu verstehen, die auf die Si-

---

[1] Vgl. Ernst & Young, 13th Global Fraud Survey, S. 6 (*http://www.ey.com/Publication/vwLUAssets/EY-13th-Global-Fraud-Survey/$FILE/EY-13th-Global-Fraud-Survey.pdf*; Abruf: 26.08.2015).

[2] Vgl. ACFE, Report to the Nations on Occupational Fraud and Abuse, S. 4 (*http://www.acfe.com/rttn/docs/2014-report-to-nations.pdf*; Abruf: 26.08.2015).

[3] Vgl. *Bussmann/Nestler/Salvenmoser*, Wirtschaftskriminalität und Unternehmenskultur 2013, S. 80.

[4] Eine Befragung von 130 börsennotierten sowie mittelständischen Unternehmen durch KPMG im Jahr 2013 zeigt indes, dass rund 20 % der börsennotierten Unternehmen und 40 % der mittelständischen Unternehmen über kein institutionalisiertes CMS verfügen; vgl. KPMG, Analyse des aktuellen Stands der Ausgestaltung von Compliance-Management-Systemen in deutschen Unternehmen, S. 2 sowie S. 4 (*https://www.kpmg.com/DE/de/Documents/studie-compliance-2013-KPMG.pdf*; Abruf: 26.08.2015).

cherstellung eines regelkonformen Verhaltens der gesetzlichen Vertreter und der Mitarbeiter des Unternehmens sowie ggf. von Dritten abzielen, d.h. auf die Einhaltung bestimmter Regeln und damit auf die Verhinderung von wesentlichen Verstößen."[5]

Mit *IDW PS 980* liegen seit dem Jahr 2011 konkrete Richtlinien zur Prüfung von CMS vor. Die Prüfung nach *IDW PS 980* erfreut sich seitdem großer Beliebtheit. So zeigt die Studie von Nestler/Salvenmoser/Bussmann, dass bereits im Jahr 2013 das CMS von 35 % der Unternehmen geprüft wurde. 18% der befragten Unternehmen halten es zudem für (sehr) wahrscheinlich, dies in den nächsten zwei Jahren anzustreben.[6]

IDW PS 980 stellt heraus, dass die Compliance-Kultur ein zentrales Grundelement eines CMS ist. So stellt die Compliance-Kultur „die Grundlage für die Angemessenheit und Wirksamkeit des CMS"[7] dar. Die Compliance-Kultur wird in *IDW PS 980*, Tz. 23, vor allem charakterisiert als „Grundeinstellungen und Verhaltensweisen des Managements sowie durch die Rolle des Aufsichtsorgans („tone at the top")."[8] Diese Umschreibung verdeutlicht, dass die Compliance-Kultur ein abstraktes Konstrukt ist. So dürfte es eine zentrale Herausforderung der Praxis sein, konkrete Maßnahmen im Unternehmensalltag zu implementieren, die die Compliance-Kultur – unabhängig von einem Kontrollsystem[9] – proaktiv fördern.[10] Grüninger weist zudem darauf hin, dass „Compliance eine dauerhafte Aufgabe im Rahmen der strategischen und operativen Unternehmensführung darstellt."[11]

Im Folgenden werden auf der Grundlage wissenschaftlicher Erkenntnisse konkrete Maßnahmen für Unternehmen vorgeschlagen, die zu einer integritätsfördernden Unternehmenskultur beitragen können. Zudem dürften diese Vorschläge Prüfern helfen, die Compliance-Kultur eines Unternehmens bei ihren Prüfungshandlungen besser zu erfassen. Auch können diese Maßnahmen helfen, den Verdacht eines strafbaren Organisationsverschuldens nach §§ 130 OWiG im Fall von betriebsbezogenen Wirtschaftsdelikten von Unternehmensangehörigen zu mildern.

2. Ethische Verhaltensweisen

Die Compliance-Kultur wird schwerpunktmäßig als „tone at the top" diskutiert. Dies steht in Einklang mit zahlreichen Studien, die zeigen, dass das ethische Verhalten von Mitarbeitern durch das Verhalten des Top-Managements beeinflusst wird.[12] So verdeutlichen z.B.

---

5   *IDW Prüfungsstandard: Grundsätze ordnungsmäßiger Prüfung von Compliance ManagementSystemen (IDW PS 980)*, Tz. 6. Es ist zu beachten, dass sich die folgenden Ausführungen auf *IDW PS 980* beziehen. ISO 19600 „Compliance Management Systems – Guidelines" ergänzen *IDW PS 980*; vgl. dazu IDW Arbeitskreis „Prüfungsfragen und betriebswirtschaftliche Fragen zu Governance, Risk und Compliance (GRC)" vom 08.12.2014 (*http://www.idw.de/idw/portal/d642684*; Abruf: 26.08.2015).

6   Vgl. *Bussmann/Nestler/Salvenmoser*, a.a.O. (Fn. 3), S. 76 f.

7   *IDW PS 980*, Tz. 23; vgl. für Hinweise zur konkreten Prüfung der Compliance-Kultur auch Eichler, ZCG 2012, S. 133.

8   Es sei darauf hingewiesen, dass in *IDW PS 980*, Tz. A14, neben dem „tone at the top" noch weitere Merkmale der Compliance-Kultur angeführt werden, z.B. ein „code of conduct" oder Anreiz- und Beförderungssysteme.

9   Das Kontrollsystem wird im Folgenden nicht diskutiert. Bussmann/Matschke (Corporate Compliance 2009, S. 132) weisen zurecht darauf hin, dass Kontrollsysteme keine Regelverstöße verhindern können, wenn Mitarbeiter fest entschlossen sind, einen solchen Regelverstoß zu begehen.

10 Vgl. auch *Gnändiger/Steßl*, BB 37/2012, S. VII.

11 *Grüninger*, Der Aufsichtsrat 2010, S. 140.

12 Vgl. für einen Literaturüberblick z.B. Schaubroeck u.a., Academy of Management Journal 2012, S. 1055 f.

Treviño/Weaver/Gibson/Toffler auf Basis einer US-amerikanischen Umfrage, dass unethische Handlungen seltener in Unternehmen auftreten, deren Top-Management sich um eine ethische Unternehmenskultur bemüht.[13] Bell/Carcello zeigen, dass Regelverstöße in der Finanzberichterstattung besonders häufig bei solchen Unternehmen auftreten, in denen das Top-Management Kontrollmechanismen außer Kraft setzt.[14] Ashforth/Anand erläutern, wie unethische Verhaltensweisen des Top-Managements zu einer alltäglichen Akzeptanz von Regelverstößen in Unternehmen führen können.[15]

Einfluss des Teams auf ethische Verhaltensweisen

Vor diesem Hintergrund sind verhaltenswissenschaftliche Erkenntnisse zu würdigen, die zeigen, dass neben dem „tone at the top" vor allem das Verhalten beispielsweise von Kollegen und unmittelbaren Vorgesetzten die Bereitschaft von Mitarbeitern prägt, Regeln zu befolgen oder gegen sie zu verstoßen.[16] Auch das Center for Audit Quality stellt für die Abschlussprüfung heraus, dass die „mood in the middle" äußerst bedeutsam für die Prüfungsqualität ist, etwa damit Prüfungsassistenten den konkreten Vorgaben für Prüfungshandlungen folgen.[17] Die Erkenntnisse basieren auf der Überlegung, dass das ethische Verhalten der Teammitglieder deutlich leichter erfasst werden kann als das Verhalten des Top-Managements. So erleben Mitarbeiter fortlaufend in ihrem Arbeitsalltag, wie Teammitglieder in ethischen Dilemma-Situationen reagieren.[18] Untersuchungen zeigen, dass bereits das Fehlverhalten einzelner Teammitglieder die gesamte Compliance-Kultur eines Teams negativ beeinflussen kann, was auch plakativ unter Schlagwörtern wie „one bad apple spoils the barrel" in der Fachliteratur diskutiert wird.[19] Mitarbeiter in ethischen Dilemma-Situationen orientieren sich am Fehlverhalten der anderen Teammitglieder und schlussfolgern, dass der eigene Regelverstoß deutlich weniger unethisch ist. Auf diese Weise können unethische Verhaltensweisen ganzer Teams stimuliert werden, was die Compliance-Kultur nachhaltig beeinträchtigt.[20] Diese Befunde stehen in Einklang mit den Empfehlungen von COSO, wonach tatsächlich ethisches Verhalten auf allen Hierarchiestufen zwingend notwendig ist, um eine unternehmensweite Compliance-Kultur zu schaffen.[21] Ein bloßes Aufstellen und Kommunizieren von Verhaltensgrundsätzen („codes of conduct") dürfte hin-

---

13 Vgl. *Treviño* u.a., California Management Review 1999, S. 131.

14 Vgl. *Bell/Carcello*, Auditing: A Journal for Practice and Theory 2000, S. 169.

15 Vgl. *Ashforth/Anand*, Research in Organizational Behavior 2003, S. 1.

16 Vgl. stellvertretend *Cialdini/Reno/Kallgren*, Journal of Personality and Social Psychology 1990, S. 1015.

17 Vgl. Center for Audit Quality, Deterring and Detecting Financial Reporting Fraud, S. VI (*http://www.thecaq.org/docs/ reports-and-publications/deterring-and-detecting-financial-reporting-fraud-a-platform-for-action.pdf?sfvrsn=0*; Abruf: 26.08.2015).

18 Vgl. z.B. *Bicchieri/Xiao*, Journal of Behavioral Decision Making 2009, S. 191; Ewelt-Knauer/Knauer/Sharp, Working Paper, Bayreuth/London (Ontario)/Münster 2015.

19 Vgl. für einen Überblick *Felps/Mitchell/Byington*, Research in Organizational Behavior 2006, S. 175, sowie z.B. *Treviño/ Youngblood*, Journal of Applied Psychology 1990, S. 378.

20 Vgl. grundlegend Bandura, Journal of Social Issues 1990, S. 27; Bandura, Personality and Social Psychology Review 1999, S. 193; Bandura, Journal of Moral Education 2002, S. 101.

21 COSO, Fraudulent Financial Reporting 1987–1997 (*http://www.coso.org/publications/FFR_1987_1997.PDF*; Abruf: 26.08.2015).

gegen nicht ausreichen.[22] Dies wird auch durch die Studie der ASCFE aus dem Jahr 2014 gestützt, nach der beinahe 85% der Unternehmen mit mehr als 100 Mitarbeitern, die mit Regelverstößen konfrontiert waren, einen formalen Verhaltenskodex implementiert hatten.[23]

Möglichkeiten in der Praxis, ethische Verhaltensweisen von Teams zu fördern

Transferiert man diese Befunde in die Praxis, sollten Unternehmen nicht nur Wert auf einen ethischen „tone at the top" legen, sondern auch ethische Verhaltensweisen auf Teamebene fördern. Daher ist es erstens erforderlich, dass integre Mitarbeiter ausgewählt werden, z.B. auf der Basis strukturierter Auswahlgespräche mit Fallstudienelementen.[24] Zweitens dürfte eine konsequente Sanktionierung von „bad apples" Signalwirkung entfalten. Nach der „social learning theory" werden sich Mitarbeiter in künftigen ethischen Dilemma-Situationen an die Sanktionierung des Teammitglieds erinnern.[25] Folglich dürfte eine konsequente Bestrafung des Täters abschreckend wirken und die Zahl an Nachahmern reduzieren.[26] „Amnestie-Programme" für Täter, wie sie stellenweise in der Praxis anzutreffen sind, sind vor diesem Hintergrund wohl eher abzulehnen.[27] Ferner können ethische Trainings für auffällig gewordene Teams signalisieren, dass Verhaltensregeln zwingend einzuhalten sind. 23,9 % der Unternehmen mit mehr als 100 Mitarbeitern, die in der ASCE-Studie (2014) befragt wurden, ergreifen zudem prophylaktische Maßnahmen, um das Compliance-Verhalten auf Teamebene zu fördern. So haben diese Unternehmen standardmäßig Job-Rotationen sowie Zwangspausen für Mitarbeiter implementiert.[28] Wechselnde Zusammenstellungen von Arbeitsgruppen dürften einen ähnlichen Effekt haben. Solche Maßnahmen dürften wohl vor allem in kritischen Unternehmensbereichen – etwa im Ein- und Verkauf – wirksam sein, was sich mit den Maßnahmen aus Antikorruptionsprogrammen deckt, die von Nestler/Salvenmoser/Bussmann identifiziert wurden.[29]

3. Hinweise von Mitarbeitern

Die Auswertungen der ACFE-Studie (2014) zeigen, dass die meisten Regelverstöße (40 %) durch Hinweise aufgedeckt wurden.[30] Zudem dürften gut ausgebaute Hinweisgebersysteme eine präventive Wirkung entfalten, da potentielle Täter durch das hohe Aufdeckungsrisiko abgeschreckt werden.[31] Im Vergleich wurden nur rund 15 % der Regelverstöße von

---

22 Vgl. zu Maßnahmen für wirksame Codes of Conduct *Wieland/Grüninger*, in: Wienland/Steinmeyer/Grüninger (Hrsg.), Handbuch für Compliance-Management, 2. Aufl., Berlin 2014, vor allem Rn. 11.

23 Vgl. ACFE, a.a.O. (Fn. 2), S. 32.

24 Vgl. auch *Bussmann/Matschke*, Corporate Compliance Zeitung 2009, S. 132, m.w.N.

25 Vgl. grundlegend *Bandura/Walters*, Social Learning and Personality Development, New York 1963, S. 1 ff.

26 Vgl. etwa *Smith/Simpson/Huang*, Business Ethics Quarterly 2007, S. 633.

27 *Wieland/Grüninger*, a.a.O. (Fn. 22), vor allem Rn. 15.

28 Vgl. ACFE, a.a.O. (Fn. 2), S. 32.

29 Vgl. *Bussmann/Nestler/Salvenmoser*, a.a.O. (Fn. 3), S. 39.

30 Die folgenden Ausführungen beziehen sich schwerpunktmäßig auf Hinweise von Mitarbeitern. Jedoch können diese Systeme oftmals auch von Dritten – z.B. Kunden oder Lieferanten – genutzt werden.

31 Vgl. *Bussmann/Matschke*, Corporate Compliance Zeitschrift 2009, S. 135 f.

der internen Revision aufgespürt und weniger als 5 % der Fälle durch die gesetzliche Abschlussprüfung.[32] Eine Umfrage von Freshfields Bruckhaus Deringer (2014) zeigt jedoch, dass in Deutschland nur rund 60 % der befragten Unternehmen ein Hinweisgebersystem aufweisen.[33] Auch gaben nur 2,8% der befragten Manager in Deutschland an, dass das Top-Management der Implementierung solcher Systeme derzeit eine hohe Priorität einräumt. Zudem gaben 63% der befragten Manager an, dass Arbeitnehmer in ihrem Unternehmen Kündigungen, Karriereeinbußen oder den Verlust von variablen Gehaltsbestandteilen fürchten, wenn sie Missstände über solche Hinweisgebersysteme melden.

Möglichkeiten in der Praxis, Hinweise von Mitarbeiter zu fördern

Vor diesem Hintergrund sind wissenschaftliche Studien von Relevanz, die alternative Instrumente würdigen, mittels derer Mitarbeiter Missstände melden können. So zeigt z.B. die experimentelle Untersuchung von Robertson/Stefaniak/Curtis, an der 181 Mitarbeiter von Prüfungsgesellschaften teilgenommen haben (129 Wirtschaftsprüfer mit abgeschlossenem Berufsexamen, sieben Prüfungsassistenten sowie 54 Praktikanten bei einer Wirtschaftsprüfungsgesellschaft), dass Fehler eher mit einem Mentor als über einen anonymen Informationskanal diskutiert werden.[34] Auch die Ergebnisse von Kaplan/Pope/Samuels unterstreichen, dass Individuen eher auf teaminterne Berichtstrukturen zurückgreifen als sich einer außenstehenden Person anzuvertrauen.[35] Dies steht in Einklang mit den Ergebnissen der Befragung von Freshfields Bruckhaus Deringer, wonach mehr als die Hälfte der befragten Manager (53 %) Fehlentwicklungen zunächst offen innerhalb des Unternehmens adressieren und sich erst in einem zweiten Schritt an ein Hinweisgebersystem wenden würde.[36] Diese grundsätzliche Bereitschaft von Mitarbeitern, mögliche Compliance-Missstände innerhalb des Teams zu adressieren, könnten Unternehmen gezielt unterstützen. So könnte z.B. ein Teammitglied als Compliance-Mentor ausgewählt werden, an den sich Mitarbeiter im Verdachtsfall wenden können. Auch könnte ein solcher Compliance-Mentor proaktiv Teammitglieder beraten bzw. auf Compliance-Regelungen hinweisen (Instruktionspflicht), da gerade in stark regulierten Branchen Mitarbeiter eine Vielzahl von Regelungen beachten müssen.[37]

4. Zielvorgaben

Verschiedene Skandale bei Unternehmen zeigen, dass Zielvorgaben nicht nur leistungssteigernd auf Mitarbeiter wirken können, sondern auch zu einer unethischen Compliance-Kultur beitragen können. So wurde von Beteiligten des Enron- und Worldcom-

---

32 Vor diesem Hintergrund kommt die ASCE-Studie (2014) zu folgendem Ergebnis: „While external audits serve many important functions, this (result) suggests they should not be strongly relied upon as a fraud detection tool."; ACFE, a.a.O. (Fn. 2), S. 31. Dies dürfte die Bedeutung einer CMS-Prüfung unterstreichen.

33 Vgl. für die Ergebnisse der Studie Freshfields Bruckhaus Deringer LLP, Whistleblowing (*http://www.freshfields.com/de/insights/Whistleblowing_Survey/?LangId=1031*; Abruf: 26.08.2015).

34 Vgl. *Robertson/Stefaniak/Curtis*, Behavioral Research in Accounting 2011, S. 207.

35 Vgl. *Kaplan/Pope/Samuels*, Behavioral Research in Accounting 2010, S. 51.

36 Vgl. Freshfields Bruckhaus Deringer LLP, a.a.O. (Fn. 33).

37 Vgl. *Bussmann/Matschke*, Corporate Compliance Zeitschrift 2009, S. 134 f.

Skandals rückblickend geäußert, dass die Compliance-Kultur stark von aggressiven Ziel-vorgaben beeinflusst worden war.[38] Diese anekdotische Evidenz steht in Einklang mit einer aktuellen Umfrage zu kartellrechtlichen Compliance-Verstößen von Goetz/Herold/Paha aus dem Jahr 2014. So werden in dieser Studie 86 meist große Unternehmen aus Deutsch-land, Österreich und der Schweiz befragt, die entweder dem Thema Compliance eine hohe Bedeutung beimessen oder aber in der Vergangenheit bereits an Kartellabsprachen beteiligt waren. Dabei antworteten die Befragten, dass hoch ambitionierte Zielvorgaben am stärksten zu Regelverstößen von Mitarbeitern führen.[39]

Auch könnten aggressive Zielvorgaben die Compliance-Kultur des Unternehmens unter-laufen. So können Mitarbeiter aggressive Zielvorgaben als indirekte Aufforderung des Managements verstehen, die Verhaltensregelungen zu missachten. Empirische Studien verdeutlichen, dass bloße Lippenbekenntnisse des Top-Managements, z.B. zur Compliance, zu negativen Handlungen von Mitarbeitern führen können.[40] Die experimentelle Studie von Ewelt-Knauer/Knauer/Sharp zeigt, dass die Wirkung leistungsstimulierender Ran-kings von der Compliance-Kultur eines Unternehmens abhängt. So fördern Rankings un-ethische Verhaltensweisen, wenn die Compliance-Kultur von Mitarbeitern bereits als schwach wahrgenommen wird.[41] Schweitzer/Ordóñez/Douma schlussfolgern, dass Mitar-beiter, die ihre Ziele noch nicht erreicht haben, eher geneigt sind, gegen Regeln zu versto-ßen. Zudem ist diese Bereitschaft, Regeln zu brechen, ganz besonders hoch, wenn Mitar-beiter bereits durch ehrliche Arbeitsweise relativ nah an die Zielvorgaben herangekommen sind.[42]

Möglichkeiten in der Praxis, Zielvorgaben mit Blick auf Compliance zu gestalten

Vor dem Hintergrund dieser Befunde scheint es für Unternehmen überlegenswert, nicht nur auf die leistungssteigernde Wirkung von Zielvorgaben zu setzen, sondern auch deren Einfluss auf ethische Verhaltensweisen zu antizipieren.[43] Konkret könnten Unternehmen ethische Aspekte in die Zielvorgaben ihrer Mitarbeiter integrieren. Dies würde in Einklang mit den Überlegungen von Barsky stehen, wonach jene Mitarbeiter eine geringere Wahr-scheinlichkeit für unethisches Verhalten aufweisen, deren Zielvorgaben auch ethische Komponenten enthalten.[44] Eine qualitative Interview-Studie mit 22 britischen Unterneh-men mit starken wettbewerbspolitischen Compliance-Bemühungen zeigt, wie Anreizsys-teme an wettbewerbsrechtliche Regelkonformität geknüpft werden können.[45] Im US-ame-

---

38 Vgl. *Cohan*, Journal of Business Ethics 2002, S. 277

39 Vgl. *Goetz/Herold/Paha*, Forschungsprojekt Compliance, S. 25 (*http://www.uni-giessen.de/fbz/fb02/fb/professuren/vwl/goetz/ lehre/copy2_of_downloadsordner/sonstiges/forschungsprojekt-kartellrechts-compliance-wie-compliance-massnahmen-kartell rechtsverstoesse-verhindern-und-zum-unternehmenserfolg-beitragen*; Abruf: 26.08.2015).

40 Vgl. etwa *Duffy/Ganster/Pagon*, Academy of Management Journal 2002, S. 331.

41 Vgl. *Ewelt-Knauer/Knauer/Sharp*, a.a.O. (Fn. 18).

42 Vgl. *Schweitzer/Ordóñez/Douma*, Academy of Management Journal 2004, S. 422.

43 Vgl. für die Bedeutung von Anreizen auch *Schweikert/Grüninger*, ZCG 2012, S. 82.

44 Vgl. *Barsky*, Journal of Business Ethics 2008, S. 63.

45 Vgl. Office for Fair Trading of the United Kingdom (OFT), Drivers of Compliance and Noncompliance with Competition Law 2010, S. 32f. (*https://www.gov.uk/government/uploads/system/uploads/attachment_data/file/284405/oft1227.pdf*; Abruf: 26.08.2015).

rikanischen Raum wird derzeit eine intensive Debatte um die Gestaltung von „Compliance-Incentives" geführt.[46] So werden Zielvorgaben wie das erfolgreiche Absolvieren von Compliance-Trainings[47] genauso diskutiert wie Bonuszahlungen an Teams oder Mitarbeiter, in denen keine Compliance-Verstöße aufgetreten sind. Auch Team-Awards für Teams mit einem besonderen ethischen Spirit sind vorstellbar. 12,6 % der Unternehmen mit mehr als 100 Mitarbeitern, die im Rahmen der ACFE-Studie (2014) befragt wurden, gaben zudem an, dass sie Whistleblowern Prämien zahlen.[48] Erfahrungen aus der Praxis sowie wissenschaftliche Studien werden aber wohl noch genauer klären müssen, wie sich ein solcher Anreiz für Whistleblower z.B. auf das Teamklima auswirkt.

5. Zusammenfassung

Übersicht 1 fasst die zuvor skizzierten Vorschläge, wie ein Unternehmen die Compliance-Kultur proaktiv stärken kann, noch einmal zusammen.

Einflussfaktor	Umsetzungsvorschlag
Ethische Verhaltensweisen	• Tone at the top • Sanktionierung von Tätern • Strukturierte Auswahl von Mitarbeitern • Compliance-Trainings • Job-Rotationen und Zwangspausen • Wechselnde Zusammenstellung von Arbeitsgruppen

Hinweise von Mitarbeitern	• (Anonyme) Hinweisgebersysteme:
	  • Whistleblower-Hotline
	  • Ethik-Helpline
	  • Ombudsmänner
	• Teaminterner Compliance-Mentor:
	  • Ansprechpartner in Verdachtsfällen
	  • Fortlaufende Instruktion des Teams

Zielvorgaben	• Bonuszahlungen an einzelne Mitarbeiter oder Teams ohne Regelverstoß • Compliance-Awards • Whistleblower-Prämien

Übersicht 1: Maßnahmen zur Steigerung der Compliance-Kultur im Unternehmen

Die Compliance-Kultur ist das Herzstück des CMS. Um ein CMS effektiv zu implementieren, sollte das Management versuchen, die Compliance-Kultur auf allen Ebenen des Unternehmens positiv zu beeinflussen.

---

46 Vgl. für die politischen Bestrebungen in den USA exemplarisch die Rede von Richards, Compliance-Direktor der SEC, „Incentivizing good compliance" (*https://www.sec.gov/news/speech/2008/spch103008lar.htm*; Abruf: 26.08.2015).

47 Trainings vor allem zur Korruptionsbekämpfung sind in der Praxis sehr verbreitet; vgl. *Bussmann/Nestler/Salvenmoser*, a.a.O. (Fn. 3), S. 41.

48 Vgl. ACFE, a.a.O. (Fn. 2), S. 32.

Während ein ethischer „tone at the top" für das Top-Management vergleichsweise einfach umsetzbar scheint, kann die Compliance-Kultur auf Teamebene deutlich schwieriger beeinflusst werden. Neben einer konsequenten Sanktionierung von Tätern können spezielle Compliance-Trainings, Job-Rotationen, Zwangspausen und wechselnde Zusammensetzungen von Arbeitsgruppen die Compliance-Kultur auf Teamebene stärken.

Hinweisgebersysteme können einen wertvollen Beitrag zur Aufdeckung von Regelverstößen leisten. Studien zeigen jedoch, dass Mitarbeiter oftmals zunächst Verdachtsfälle innerhalb des Teams adressieren möchten, bevor sie sich an institutionalisierte Hinweisgebersysteme wie Whistleblower-Hotlines oder Ombudsmänner wenden. Diesem Wunsch könnte durch die explizite Ernennung eines Teammitglieds als Compliance-Mentor entsprochen werden. Auch könnte dem Compliance-Mentor eine Instruktionspflicht obliegen.

Studien zeigen, dass aggressive Zielvorgaben die Compliance-Kultur eines Unternehmens negativ beeinflussen können. Daher sollten bei der Gestaltung von Zielvorgaben neben leistungsstimulierenden Anreizen auch die Auswirkungen auf die Compliance-Kultur beachtet werden.

D Compliance-Management-Systeme – Praktische Ausgestaltung für die Teilbereiche Antikorruption sowie Wettbewerbs- und Kartellrecht

Von WP StB Hubertus Eichler

Erstveröffentlichung: WPg 01/2015 (S. 7 ff.)

Zahlreiche Unternehmen richten derzeit Compliance-Management-Systeme ein. Dabei orientieren sie sich zunehmend an IDW PS 980, der Grundsätze für die ordnungsmäßige Prüfung solcher Systeme formuliert. Die Inhalte von IDW PS 980 haben sich mittlerweile als Benchmark für die Gestaltung eines angemessenen und wirksamen CMS etabliert. Im Folgenden wird – angelehnt an die sieben Grundelemente gemäß IDW PS 980 – gezeigt, wie ein CMS für die abgrenzbaren Teilbereiche „Antikorruption" sowie „Wettbewerbs- und Kartellrecht" in der Praxis gestaltet werden kann.

1. Abgrenzung der Compliance-Teilbereiche

In Ausübung der Organisations- und Leitungspflichten ihrer gesetzlichen Vertreter implementieren viele Unternehmen Compliance-Management-Systeme (CMS) bzw. beabsichtigen, solche Systeme in naher Zukunft einzuführen[1]. Dabei orientieren sich die mit der Systemeinrichtung beauftragten Compliance-Verantwortlichen zunehmend an dem vom Institut der Wirtschaftsprüfer in Deutschland e.V. herausgegebenen Prüfungsstandard *IDW PS 980* zu den „Grundsätzen ordnungsmäßiger Prüfung von Compliance-Management-Systemen"[2], dessen Inhalte sich mittlerweile als Benchmark für die Gestaltung eines angemessenen und wirksamen CMS etabliert haben.

Im nachfolgenden Beitrag wird – angelehnt an die sieben Grundelemente von *IDW PS 980* – gezeigt, wie ein CMS für die abgrenzbaren Teilbereiche „Antikorruption" sowie „Wettbewerbs- und Kartellrecht" in der Praxis gestaltet werden kann[3]. Dabei handelt es sich um:
- Festlegung der Compliance-Ziele,
- Identifikation von Compliance-Risiken,
- Maßnahmen zur Fundierung und Aufrechterhaltung einer Compliance-förderlichen Unternehmenskultur,
- Compliance-Programm,
- Compliance-Kommunikation,
- Compliance-Organisation,
- Compliance-Überwachung und Verbesserung.

---

1 Vgl. unter anderem die Studie „Compliance" des Instituts für Demoskopie Allensbach, in: *Kerkhoff u.a.*, Aktenzeichen Einkauf, Weinheim 2012, S. 152.

2 Vgl. *IDW Prüfungsstandard: Grundsätze ordnungsmäßiger Prüfung von Compliance Management Systemen (IDW PS 980)*, WPg Supplement 2/2011, S. 78 ff. = FN-IDW 2011, S. 203 ff. (Stand: 11.03.2011).

3 Die Gestaltung der Instrumente eines CMS in Abhängigkeit von gewissen Größenkriterien eines Unternehmens ist u.a. in den „Leitlinien zur Etablierung von Compliance-Management-Systemen" des Konstanzer Instituts für Corporate Governance (KICG) ausgeführt (*http://www.htwg-konstanz.de/Compliance-Pflichten*; Abruf: 25.11.2014).

Da es kein CMS „von der Stange" gibt und 100%ige „Compliance" über alle potentiellen Rechtsgebiete sowie Geschäftsprozessrisiken nicht mit vertretbarem Aufwand umsetzbar ist, müssen die gesetzlichen Vertreter von Organisationen bei der Implementierung eines für ihre Zwecke angemessenen Systems (z.B. zur Vermeidung eines Organisationsverschuldens nach § 130 OWiG) zunächst im Rahmen einer *übergeordneten Risikoanalyse feststellen*[4], welche Rahmenbedingungen sowie Zielsetzungsschwerpunkte zu beachten sind. Dadurch werden zunächst die *relevanten Teilbereiche* definiert, auf welche das CMS abzielt. Bei dieser übergeordneten Risikoanalyse ist eine Vielzahl von Faktoren zu berücksichtigen und abzuwägen, beispielsweise:

- zwingend zu beachtende gesetzliche Rahmenkonzepte (US Sentencing Guidelines, UK Bribery Act etc.);
- branchenspezifische Besonderheiten sowie Ausrichtung des Geschäftsmodells (F&E, Produktion, Handel, Vertrieb, Kunden- und Lieferantenstrukturen etc.);
- Unternehmensgröße, Organisationsstruktur und Marktpositionierung;
- Stakeholder-Interessen sowie Markterwartungen;
- geographische Ausbreitung;
- potentieller Sanktionsrahmen bei Regelverstößen und damit verbundenes Risiko.

Für die folgenden Ausführungen soll die Annahme zugrunde gelegt werden, dass die übergeordnete Risikoanalyse zu dem Ergebnis führt, dass wesentliche *Compliance-Risiken* in den Bereichen der *Korruption* sowie des *Wettbewerbs- und Kartellrechts* liegen[5].

Das CMS soll daher schwerpunktmäßig darauf abstellen, ein *regelkonformes Verhalten* der gesetzlichen Vertreter und der Mitarbeiter der Organisation sowie ggf. von Dritten sicherzustellen, um die bestehenden Regeln zu Antikorruption sowie zum Wettbewerbs- und Kartellrecht einzuhalten sowie wesentliche Verstöße gegen diese Regeln zu verhindern (Prävention). Darüber hinaus sollen Regelverstöße aufgedeckt (Detektion) und sanktioniert werden (Sanktion).

2. Festlegung der Compliance-Ziele

Eine konkrete Festlegung von Compliance-Zielen für die identifizierten Teilbereiche hat in Übereinstimmung mit den allgemeinen Unternehmenszielen zu erfolgen und umfasst vor allem die *Abgrenzung der Teilbereiche* voneinander sowie die in den *Teilbereichen zu beachtenden Regeln*[6]. Dies kann z.B. durch eine Bezeichnung der einzuhaltenden Gesetze erfolgen oder durch Bezugnahme auf anerkannte, übergeordnete Normen. Daneben sollte in diesem Zusammenhang bereits eine Identifikation relevanter Geschäftsprozesse, Funktionen sowie organisatorischer bzw. regionaler Ausrichtungen erfolgen. Dabei besteht eine starke Interdependenz zwischen den Grundelementen

- Compliance-Ziele,

---

4 Vgl. *IDW PS 980*, Tz. 1, 6, 23, A3.

5 Ein Beispiel für ein auf Korruptionsbekämpfung und die Einhaltung wettbewerbsrechtlicher Vorschriften ausgerichtetes CMS ist die „Beschreibung des CMS des ThyssenKrupp Konzerns" (*http://www.thyssenkrupp.com/documents/investor/ThyssenKrupp_Pruefungsbericht_2011_09_30.pdf*; Abruf: 25.11.2014).

6 Vgl. *IDW PS 980*, Tz. A15.

- Compliance-Risiken und
- Compliance-Programm.

Der Festlegung der Compliance-Ziele folgt die hierauf ausgerichtete Risikoanalyse in Bezug auf potentielle Zielverfehlungen, welche dann wiederum die Maßnahmen des einzurichtenden „Compliance-Programms" definieren. Die folgenden Ausführungen zeigen, wie die Zielsetzung für die Compliance-Teilbereiche „Antikorruption" sowie „Wettbewerbs- und Kartellrecht" gestaltet werden kann.

2.1. Compliance-Teilbereich „Antikorruption"

Die *Strafbarkeit von Korruptionshandlungen* ist einerseits in §§ 299 und 300 StGB sowie andererseits in §§ 331–336 StGB geregelt. Dabei betreffen §§ 299 und 300 StGB *(Bestechlichkeit und Bestechung)* die Korruption im ausschließlich privatwirtschaftlichen Bereich und §§ 331–336 StGB Fälle, in denen Amtsträger bzw. sonstige für den öffentlichen Dienst besonders verpflichtete Personen beteiligt sind. Während es sich bei der Gegenleistung für die Vorteile in den Fällen der §§ 331 und 333 StGB *(Vorteilsannahme und Vorteilsgewährung)* nicht um eine rechtswidrige Dienstpflichtverletzung handeln muss, ist eine solche in den Fällen der §§ 332 und 334 StGB *(Bestechlichkeit und Bestechung von Amtsträgern)* Voraussetzung. §§ 300 und 335 StGB regeln die Strafbarkeit *besonders schwerer Fälle* der Bestechlichkeit und Bestechung.

Die grundsätzliche *Zielsetzung des Compliance-Teilbereichs „Antikorruption"* besteht in der Vermeidung von Korruption sowie in der Einhaltung der hierzu bestehenden internen und externen Regeln. Daneben bezieht sie sich auf die Verhinderung möglicher strafrechtlicher Folgen für gesetzliche Vertreter und/oder Mitarbeiter im Falle eines Verstoßes gegen die o.a. deutschen Rechtsvorschriften (sowie vergleichbare Regelungen in anwendbaren ausländischen Rechtsordnungen) sowie auf die Vermeidung von Bußgeldern (z.B. für Organisationsverschulden nach §§ 30, 130 OWiG), Schadensersatz, Gewinnabschöpfungen, Eintragungen in Gewerbezentralregister und Gewerbeuntersagung, Ausschluss von (öffentlichen) Aufträgen, Abbruch von Geschäftsbeziehungen, Imageschäden und negative Beurteilungen durch den Kapitalmarkt[7].

2.2. Compliance-Teilbereich „Wettbewerbs- und Kartellrecht"

Das Kartellrecht zielt auf die Erhaltung eines möglichst vielgestaltigen Wettbewerbs ab. In den Mitgliedstaaten der EU gelten parallel das jeweilige nationale und das europäische Kartellrecht. Gemäß § 1 GWB und Art. 81 Abs. 1 EG-Vertrag sind *wettbewerbsbeschränkende Vereinbarungen und abgestimmte Verhaltensweisen* zwischen Unternehmen und Beschlüsse von Unternehmensvereinigungen untersagt. Als Wettbewerbsbeschränkung gilt dabei jede Beschränkung des selbständigen Wettbewerbsverhaltens eines Unternehmens, wobei unterschieden wird zwischen

- *horizontalen Wettbewerbsbeschränkungen* (Absprachen zwischen Wettbewerbern, z.B. über Preise, Kunden, Vertriebsgebiete, Produktions- und Absatzmengen) und

---

7   Vgl. *Umnuß*, Corporate Compliance Checklisten, 2. Aufl., München 2012, Kap. 12: Korruptionsprävention, Rn. 1.

- *vertikalen Wettbewerbsbeschränkungen* (Absprachen zwischen Unternehmen verschiedener Wirtschaftsstufen, z.B. Hersteller und Händler (dabei erfolgt eine Beschränkung des Vertragspartners in seiner Freiheit zur Vertragsgestaltung mit Dritten – z.B. mittels Preisbindungen oder Alleinbelieferungsabsprachen)).

Darüber hinaus sind Wettbewerbsverstöße aufgrund *Missbrauchs einer marktbeherrschenden Stellung sowie einer missbräuchlichen Bildung von Bieter- bzw. Arbeitsgemeinschaften* vorstellbar.

Neben Verstößen gegen das Kartellrecht können Wettbewerbsbeschränkungen auch gegen das *Strafgesetzbuch* verstoßen. Dabei kommen vor allem Verstöße gegen § 298 StGB *(wettbewerbsbeschränkende Absprachen bei Ausschreibungen)* und § 263 StGB (Submissionsbetrug) in Betracht. Die Grenzen zur Korruption sind fließend.

Die *Zielsetzung des Compliance-Teilbereichs „Wettbewerbs- und Kartellrecht"* entspricht weitestgehend den in Abschnitt 2.1 beschriebenen Zielsetzungen des Compliance-Teilbereichs „Antikorruption" unter Berücksichtigung der relevanten gesetzlichen Regelungen zum Wettbewerbs- und Kartellrecht in Deutschland und in der EU (sowie vergleichbarer Regelungen in anwendbaren außereuropäischen Rechtsordnungen). Die besondere Bedeutung kartellrechtlicher Compliance speist sich aus der Empfindlichkeit der durch die Kartellbehörden regelmäßig verhängten Bußgelder von bis zu 10 % des weltweiten Konzernumsatzes im letzten Geschäftsjahr.

2.3. Zusammenfassende Zielfestlegung

In der praktischen Gestaltung eines CMS könnte die organisationsspezifische *zusammenfassende Zielfestlegung* wie folgt aussehen:

- Vermeidung bzw. wesentliche Erschwerung der Vorteilsannahme/Vorteilsgewährung sowie Bestechlichkeit und Bestechung im Verhältnis zu Amtsträgern bzw. privatwirtschaftlichen Geschäftspartnern und damit auch Schutz vor Erpressung jeglicher Art;
- Vermeidung von bzw. gesetzeskonformer Umgang mit sog. „facilitation payments" – vor allem bei Auslandsaktivitäten in „kritischen" Ländern;
- Vermeidung jeglicher Wettbewerbs- und Kartellrechtsverstöße – vor allem von wettbewerbsbeschränkenden Absprachen bei Ausschreibungen und von Submissionsbetrug;
- Schutz von Führungskräften und Mitarbeitern der Organisation vor strafrechtlicher Verfolgung und vor zivilrechtlichen Verfahren;
- Schutz der Arbeitsplätze;
- Vermeidung wirtschaftlicher Schäden durch Beschädigung des Geschäftsmodells (vor allem Vermeidung des Ausschlusses von öffentlichen Aufträgen);
- Schutz des guten Rufes und der Marke der Organisation.

Als *übergeordnetes Ziel* kann angestrebt werden, die Organisation dahingehend zu stärken, dass wirtschaftskriminelles Verhalten insgesamt möglichst eingedämmt sowie eine hohe Akzeptanz des CMS und damit Bereitschaft zu regelkonformem Verhalten sämtlicher Stakeholder erreicht wird.

In Bezug auf *Verstöße, die trotz des eingerichteten CMS auftreten,* gilt das Ziel, diese mit hinreichender Sicherheit aufzudecken, mit geeigneten Maßnahmen abzustellen, eine Begrenzung dadurch verursachter Nachteile für die Organisation zu erreichen sowie umgehend Aktivitäten in die Wege zu leiten, welche gleiche oder ähnlich gelagerte Verstöße für die Zukunft vermeiden helfen.

3. Identifikation von Compliance-Risiken

Soweit keine angemessene Identifizierung und Bewertung der Risiken für potentielle Compliance-Verstöße erfolgt, ist die Angemessenheit und Wirksamkeit aller sonstigen Maßnahmen eines CMS nicht sichergestellt, sondern mehr oder weniger zufallsabhängig[8]. Unter Berücksichtigung der Compliance-Ziele werden daher die Compliance-Risiken festgestellt, die Verstöße gegen einzuhaltende Regeln und damit eine Verfehlung der Compliance-Ziele zur Folge haben können. Hierzu wird ein *Verfahren zur systematischen Risikoerkennung und -berichterstattung* eingeführt. Die festgestellten Risiken werden im Hinblick auf Eintrittswahrscheinlichkeit und mögliche Folgen analysiert. Die systematische Aufnahme der Risiken kann z.B. in Form von Interviews oder Workshops erfolgen und sollte keine einmalige Aktivität, sondern ein Regelprozess sein, der einen wesentlichen Bestandteil der kontinuierlichen Weiterentwicklung und Verbesserung des CMS darstellt[9].
Dabei lassen sich Compliance-Risiken grundsätzlich in drei Risikogruppen einteilen (vgl. Übersicht 1)[10].

Risikogruppe	Risikoausprägung
Regelungsrahmen-Risiko	Risiko, dass sich zu beachtende Regeln verändern oder neue zu beachtende Regeln auftreten und durch diese Veränderungen zusätzliche Compliance-Risiken entstehen
Regelungsverstoß-Risiko – Fahrlässigkeit	Risiko, dass aufgrund nicht beabsichtigten Fehlverhaltens gegen einzuhaltende Vorschriften verstoßen wird
Regelungsverstoß-Risiko – Vorsatz	Risiko, dass aufgrund vorsätzlichen Fehlverhaltens gegen einzuhaltende Vorschriften verstoßen wird

Übersicht 1: Einteilung der Compliance-Risiken nach Risikogruppen

Zur Dokumentation und regelmäßigen Fortschreibung der Risiko-Analyse empfiehlt sich die Erstellung einer *„Compliance-Risk/Response-Matrix"*, welche für die im Rahmen der Risiko-Analyse identifizierten Risikofelder (zielrelevante Organisationsteilbereiche, Funktionen, Arbeitsabläufe, Prozessschritte, konkrete Situationen, Rechtsgebiete, geographische Einheiten etc.) die in Übersicht 2 beschriebenen Informationen gegenüberstellt (dort beispielhaft für die Funktion Einkauf/Beschaffung in unterschiedlichen Business Units – BU).

---

8   Vgl. *Withus*, Betriebswirtschaftliche Grundsätze für Compliance-Management-Systeme, Berlin 2014, S. 114.
9   Vgl. *IDW PS 980*, Tz. 23, A16.
10 Vgl. *Withus*, a.a.O. (Fn. 8), S. 119f., S. 131.

Einkauf/ Beschaffung	Compliance-Ziel	Compliance- Risiko	(Gesetzliche) Regelungen	Compliance- Programm- elemente	Verantwort- lichkeit
Zentraleinkauf; dezentrale Ein- käufer in Busi- ness Units (BU)	Vermeidung Be- stechlichkeit und damit verbunde- ner Sanktionen	Einkäufer lassen sich beeinflussen; Dritte beeinflus- sen Einkäufer; Unkenntnis der Regelungen	§§ 299, 300 StGB, ausländische Strafgesetze, UK Bribery Act, Ethikkodex, Lie- ferantenkodex, Geschenke-Richt- linie	Schulungen Ein- käufer; Lieferanten-Ver- pflichtung; Business-Part- ner-Screening; Lieferanten-Be- wertung; 4-Augen-Prinzip; Funktionstren- nung; Beschaffungs- Vorgaben; regelmäßige Audits	Compliance- Officer; Leiter Einkauf; Leiter Interne Revision
Einkauf BU 1, Inland	Vermeidung wirt- schaftlicher Schä- den	Keine Abstim- mung mit Zen- traleinkauf	Beschaffungs- richtlinie, Arbeits- anweisung	Schulungen Ein- käufer; Beschaffungs- Vorgaben; monatliches Meeting der Lei- ter Einkauf (Stan- dard-TOP „Com- pliance")	Compliance- Officer; Leiter Einkauf; Management Inland
Einkauf BU 2, Ausland/UK	Vermeidung wirt- schaftlicher Schä- den	Keine Abstim- mung mit Zen- traleinkauf	Beschaffungs- richtlinie, Arbeits- anweisung	Schulungen Ein- käufer; Beschaffungs- Vorgaben; monatliches Meeting der Lei- ter Einkauf (Stan- dard-TOP „Com- pliance")	Compliance- Officer; Leiter Einkauf; Management UK
Operative Berei- che	Vermeidung Be- stechlichkeit und damit verbunde- ner Sanktionen; Vermeidung wirt- schaftlicher Schä- den	Beschaffung am Einkauf vorbei („Maverick Buying"); Unkenntnis der Regelungen	Beschaffungs- richtlinie, Arbeits- anweisung	Schulungen Füh- rungskräfte; Beschaffungs- Vorgaben; monatliche Management- Meetings (Standard-TOP Compliance); IT-Kontrollen	Leiter Einkauf; Operatives Management

Übersicht 2: Beispielhafte Kurzversion einer „Compliance-Risk/Response-Matrix" für den Teilbereich Einkauf/Beschaffung

Diese Matrix kann um *weitere Informationen/Spalten* zur konkreten Risikoeinschätzung und -reaktion wie folgt ergänzt werden:
- vorstellbare Verstoß-Ausprägungen (durch Befragung zu erheben);
- Einschätzung Eintrittswahrscheinlichkeit (Ausprägung zu definieren, z.B.: sehr unwahrscheinlich, möglich, wahrscheinlich, sehr wahrscheinlich) und potentielle Schadenshöhe (Ausprägung zu definieren, z.B.: gering, mittel, hoch);
- Darstellung der Reaktion auf die identifizierten Risiken (neben der Begrenzung durch die Compliance-Programmelemente kommen hier beispielsweise in Frage: Akzeptanz, Überwälzung durch bestehende Versicherungen, Vermeidung durch z.B. Verzicht auf Geschäfte etc.);
- Unterscheidung nach Regelungsrahmen- bzw. Regelungsverstoß-Risiko;
- Unterscheidung nach Risiko aus Unkenntnis sowie Risiko aus Vorsatz;
- Risiko-Indikatoren (Red Flags) – z.B. Corruption Perception Index, auffällige Häufung von Auftragsvergaben an bestimmte Lieferanten/Dienstleister, sonstige Erfahrungswerte;
- durchgeführte Audits und Prüfungsergebnisse mit Relevanz für Compliance-Risiken.

Weitere Risikoanalyse-Schwerpunkte für den Bereich Antikorruption sind[11]:
- Aktivitäten in Ländern, die als besonders korruptionsanfällig gelten[12];
- Aktivitäten von als besonders korruptionsanfällig geltenden Unternehmensteilbereichen (z.B. Bau, Anlagenbau);
- Bereiche mit Geschäftsbeziehungen zu öffentlichen Auftraggebern bzw. öffentlich-rechtlichen Unternehmen (dort: Vergabe- und Beschaffungswesen);
- Geschäftsvorfälle, in deren Anbahnung, Abschluss oder Abwicklung Dritte (Agenten, Vermittler, Berater etc.) eingebunden sind;
- Bereiche, in denen der Vertrieb maßgeblich über Außendienstmitarbeiter mit unmittelbarem Kontakt zu Endabnehmern und Kunden organisiert ist (besonderes Näheverhältnis).

Für den Bereich Wettbewerbs- und Kartellrecht sind folgende *Risikoanalyse-Schwerpunkte* vorstellbar[13]:
- potentielle Geschäftspartner, Marktverhältnisse, Produkte und Themen, die für ein „abgestimmtes Verhalten" in Frage kommen (kartellrechtlich relevanter Markt);
- Teilbereiche, in denen ein „abgestimmtes Verhalten" zu wesentlichen Vorteilen (Preise, Konditionen, Marktanteile, Gebiete, sonstige Kooperationen, Submissionen, Bietergemeinschaften) für das Unternehmen, die Kunden, Lieferanten oder Wettbewerber führen könnte;

---

11   Vgl. *Umnuß*, a.a.O. (Fn. 7), Rn. 30ff.
12   Vgl. Korruptionsindizis von Transparency International (*http://www.transparency.de/Korruptionsindizes.1015.0.html*; Abruf: 25.11.2014)
13   Vgl. *Umnuß*, a.a.O. (Fn. 7), Kap. 8: Kartellrecht, Rn. 1ff.

- Möglichkeiten zum unmittelbaren und mittelbaren Austausch marktrelevanter Informationen mit Wettbewerbern und Umgang damit (z.B. Leitlinien zur Korrespondenz mit Wettbewerbern);
- Vertragsgestaltungen mit Handelsvertretern, Kommissionären, Vertriebshändlern, Franchise-Nehmern etc.;
- Existenz von und Umgang mit selektiven Vertriebssystemen, Festlegung von Weiterverkaufspreisen, Meistbegünstigungsklauseln, Preisempfehlungen, Kunden-/Gebietsbeschränkungen, Alleinbezugs- und sonstige Vertragsklauseln;
- kartellrechtliche Analyse von Zuliefer- und Lizenzverträgen;
- kartellrechtliche Analyse von Unternehmenszusammenschlüssen, Gemeinschaftsunternehmen sowie einer potentiell marktbeherrschenden Stellung und deren Folgen;
- Teilnahme von Mitarbeitern an Verbandstreffen und Umgang damit;
- kartellrechtlich ggf. relevante Beschlüsse von Unternehmensverbänden;
- möglicherweise einseitiges (aggressives) kartellrechtliches Verhalten im Wettbewerb (z.B. Dumpingpreise, Lieferverweigerungen).

Für eine verlässliche Analyse sollten *Experten* mit wettbewerbs- bzw. kartellrechtlichem Sachverstand hinzugezogen werden.

Die regelmäßige Risikoerhebung und -überwachung sollte in *Abstimmung mit ggf. weiteren in der Organisation bestehenden Corporate-Governance-Funktionen,* z.B. dem Risikomanagement und/oder der Internen Revision, erfolgen, um Redundanzen zu vermeiden sowie ein einheitliches Verständnis des Gesamtrisikos der Organisation („Risk Universe") herbeizuführen.

4. Maßnahmen zur Fundierung und Aufrechterhaltung einer Compliance-förderlichen Unternehmenskultur

Die Compliance-Kultur ist das *Fundament und damit das wichtigste Grundelement* eines CMS[14]. Ihre Gestaltung entscheidet letztlich über Angemessenheit und Wirksamkeit des CMS.

Laut *IDW PS 980*[15] wird die Compliance-Kultur im Wesentlichen bestimmt durch den *gelebten Wertekanon* des Unternehmens und seiner Mitarbeiter sowie den gesamtgesellschaftlichen Kontext, in dem es sich bewegt.

Mitarbeiter werden sich nur dann verlässlich an die vorgegebenen Grundsätze und Richtlinien halten, wenn sie davon überzeugt sind, dass dies dem Willen und der *Grundüberzeugung des Top-Managements, der nachgelagerten Führungsebenen* sowie ihrer unmittelbaren *Vorgesetzten* entspricht. Die Werteorientierung der gesetzlichen Vertreter und der übrigen Mitglieder des Managements sowie deren Bekenntnis zu einem verantwortungsvollen und regelkonformem Handeln sind hierfür entscheidend[16].

---

14   Vgl. *Withus*, a.a.O. (Fn. 8), S. 95.
15   Vgl. *IDW PS 980*, Tz. 23 und A14.
16   Vgl. *Schmidt/Eibelshäuser*, WPg 2011, S. 941.

Die Compliance-Kultur ist *integraler Bestandteil der Unternehmenskultur* und enthält im Wesentlichen Merkmale, welche für die Einhaltung von Regeln im Unternehmen (gesetzliche Bestimmungen und unternehmensinterne Richtlinien) von besonderer Relevanz sind. Sie kann grundsätzlich nicht losgelöst betrachtet werden von anderen – die Kultur prägenden – Determinanten eines Unternehmens, vor allem solcher mit Einfluss auf das interne Risikomanagement- und Kontrollumfeld[17].

Für die praktische Implementierung eines CMS hat es sich daher bewährt, zunächst folgende Fragen zu beantworten und die weiteren Maßnahmen zur Umsetzung des CMS an den Ergebnissen einer *Analyse der Unternehmenskultur*[18] auszurichten:

a. Wie kann die (tatsächlich vorherrschende) Unternehmenskultur beschrieben werden und sind vorhandene Beschreibungen (z.B. in einem Leitbild oder aufgrund erfolgter Mitarbeiter-Befragungen) noch aktuell bzw. vertretbar?

b. Was sind die Treiber der Unternehmenskultur und wodurch ist sie kurz- bzw. mittelfristig beeinflussbar?

c. Sollte zur authentischen und wirksamen Vermittlung eines CMS in der Organisation eher ein kontrollbasierter oder eher ein Integrity-basierter Ansatz[19] gewählt werden? Wie könnte der am besten geeignete Mix aus beiden Elementen aussehen?

d. Gibt es innerhalb der Organisation Compliance-relevante „Sub-Kulturen", welche die kollektive Einstellung von Personengruppen reflektieren, die in besonderem Maße „abgeholt" werden müssen[20]?

e. Wie effektiv ist das Wertesystem der Organisation? Werden proklamierte Werte immer oder zumeist eingehalten? Wie beurteilen Stakeholder das Wertesystem der Organisation[21]? Bedarf das Wertesystem vor dem Hintergrund der Einführung eines CMS einer grundlegenden Überarbeitung bzw. einer Anpassung an veränderte Verhältnisse?

Maßnahmen zur Verbesserung der Compliance-Kultur als Ausfluss einer solchen „GAP-Analyse" haben stets auch Auswirkungen auf die Unternehmenskultur eines Teilbereichs bzw. der Organisation als Ganzes. Es liegt auf der Hand, dass beispielsweise *vertrauensbildende Maßnahmen* nicht nur das Compliance-Umfeld stärken, sondern auch regelmäßig zu verbesserter Motivation und Performance aller betroffenen Stakeholder beitragen, sich also beispielsweise auf Kunden- und Lieferantenbeziehungen positiv auswirken.

Häufig ist festzustellen, dass die implementierten Compliance-Grundsätze bzw. Maßnahmen von den in den Geschäftsprozessen verantwortlichen Personen nicht bzw. nur unzu-

---

17   Vgl. *Eichler*, ZCG 2012, S. 133 ff.

18   Vgl. *Eichler*, RC&A 4/2012, S. 31 ff.

19   Vgl. hierzu: *Claussen*, Compliance- oder Integrity-Management, Marburg 2011, S. 31 ff.: Schwerpunkte bei kontrollbasierten Ansätzen sind Regeln, Kontrollen und Sanktionen bei Verstößen. Integrity-basierte Ansätze legen ihren Fokus auf Werte und deren Vermittlung durch die Organisationskultur.

20   Vgl. hierzu *Logan/King/Fischer-Wright*, Tribal Leadership – Leveraging Natural Groups to Build a Thriving Organization, New York 2008.

21   Vgl. hierzu Handelsblatt vom 01.07.2014: „Mitarbeiter enttäuscht von Werten"; demnach verfügen 86 % der befragten Unternehmen über Leitbilder. Jedoch werden diese Leitlinien in sechs von zehn Fällen von den Mitarbeitern nicht beachtet oder sind diesen erst gar nicht bekannt.

reichend akzeptiert werden und somit keine Wirksamkeit entfalten. Die notwendige *Wahrnehmungs- und Verhaltensänderung* kann nicht erreicht werden. Ursächlich hierfür ist meist die Tatsache, dass auf der intrinsischen Ebene befindliche Probleme (individuelles menschliches Fehlverhalten) auf ausschließlich systemische Art und Weise (Regeln und Kontrollen) gelöst werden sollen, ohne die persönliche Situation und Bedürfnisse der Betroffenen in die Überlegungen einzubeziehen[22].

Mittels Implementierung einer *„prinzipienorientierten Unternehmenssteuerung"* können die organisationsspezifischen Kernprinzipien unternehmerischen Handelns erhoben und dort auch die Erwartungshaltungen in Bezug auf „Compliance" festgeschrieben werden[23]. Prinzipien wirken stärker als Werte, da sie unter allen Umständen als handlungsleitend anzusehen sind und zu einer persönlichen Disziplinierung zwingen. Dabei sollte eine Beschränkung auf drei Kernprinzipien (z.B. Integrität, Innovation und Sicherheit) angestrebt werden, um eine nachhaltig effektive Verankerung im Bewusstsein der Stakeholder zu erreichen. Es stellt regelmäßig kein Problem dar, zumindest eines der Kernprinzipien mit den identifizierten Compliance-Zielen zu verbinden. Die Kernprinzipien sind sodann um konkrete Handlungsleitlinien (Do's & Don'ts), die idealerweise in Workshops mit Mitarbeitern unterschiedlicher Hierarchien und Organisationsbereiche erarbeitet werden, zu untermauern und im Rahmen der regelmäßig stattfindenden Compliance-Kommunikation immer wieder ins Bewusstsein zu rufen (dies kann z.B. durch Interviews mit Führungskräften zu den Prinzipien in einem Mitarbeiter-Newsletter oder auf andere Art und Weise „plakativ" erfolgen). Sämtliche weiteren Compliance-Maßnahmen und -Elemente sind wiederum auf diese Kernprinzipien und deren Beachtung abzustimmen, um Widersprüche zu vermeiden. So sind die Kernprinzipien einem Verhaltenskodex voranzustellen, vom Top-Management an geeigneter Stelle immer wieder zu betonen, zu schulen, Verstöße gegen die Kernprinzipien mit Sanktionen zu versehen etc.

Bei der Gestaltung einer *Compliance-förderlichen* Unternehmenskultur sollten für die Teilbereiche „Antikorruption" und „Wettbewerbs- und Kartellrecht" des Weiteren vor allem die folgenden Elemente Berücksichtigung finden:

- *Offenheit* (Kultur der „offenen Türen" und des „aufeinander Zugehens") sowie geringe „Power Distance", um eine offene Kommunikation auf und zwischen allen Hierarchieebenen zu fördern;
- Förderung von *Teamwork* – vor allem in sensiblen Bereichen/Funktionen wie Einkauf und Vertrieb (versus „Einzelkämpfertum");
- Speak-Out-Culture (Aufforderung zur *Ansprache von Missständen*, fehlerverzeihende Kultur);

---

22 So verwundert es beispielsweise nicht, wenn Tools und Kontrollen, die im Bereich des Versicherungsvertriebs implementiert wurden, um Vertriebsmitarbeiter zur Einhaltung des „GDV-Verhaltenskodex Vertrieb" zu bewegen, unbeachtet blieben, da die Mitarbeiter einerseits ihr empathisches Talent im noch limitiert im Verkaufsgespräch einsetzen konnten und andererseits die selbstgesteckten zeitlichen Ziele durch die kontrollbedingte Prozessverlangsamung nicht mehr eingehalten werden konnten. Die eingerichteten Compliance-Maßnahmen wurden also als Einschränkung der eigenen Handlungsfreiheit empfunden und abgelehnt.

23 Vgl. hierzu *Koch*, Die Kunst des Erfolgs, Weinheim 2009, S. 85 ff.

- *Vertrauensbildung* (Einhaltung von Zusagen);
- *Vorbildfunktion* (überzeugendes Vorleben vorbildlichen Verhaltens durch die Führungskräfte auf allen Ebenen des Unternehmens);
- Vermeidung von Gelegenheiten zu Compliance-Verstößen als Teil des Compliance-Programms durch *Ausräumung von Interessenkonflikten* (z.B. keine Anreize zur regelwidrigen Verfolgung von Umsatzzielen; realistische Leistungsziele);
- Vorgabe *klarer Normen* (z.B. Geschenkerichtlinien), welche eine eindeutige Unterscheidung zwischen richtigem und falschem Verhalten ermöglichen und dadurch „Rechtfertigungsinterpretationen" erschweren;
- Schaffung von *Transparenz* zur Erhöhung der Entdeckungswahrscheinlichkeit;
- hohe *Identifikation der Mitarbeiter* mit dem Unternehmen (d.h. emotionale Bindung; hohe Übereinstimmung der individuellen Ziele und Visionen der Mitarbeiter mit denen der Organisation);
- Arbeitsverteilungs- und Vergütungsgerechtigkeit;
- regelmäßige und umfassende *Information* zu relevanten Themen;
- *zeitnahe und intensive Schulung* neuer Mitarbeiter zu den Unternehmensprinzipien und Compliance-Grundsätzen, um die Bildung und Ausbreitung von Subkulturen zu verhindern;
- Sanktionierungskultur: konsequente und unbedingte *Sanktionierung* von Verstößen über alle Hierarchieebenen (Zero-Tolerance).

5. Compliance-Programm

Das Compliance-Programm umfasst sämtliche *Maßnahmen*, die getroffen werden, um den erkannten Compliance-Risiken zu begegnen sowie die als zielführend erkannte Compliance-Kultur in die Realität umzusetzen. In der in Kap. 3 dargestellten „Compliance-Risk/Response-Matrix" werden bereits einige solcher Maßnahmen dargestellt, welche geeignet sind, um Compliance-Risiken im Einkaufsbereich zu begegnen. Die Maßnahmen sollten in der praktischen Umsetzung möglichst eng in die betrieblichen Prozessabläufe eingebettet sein und möglichst wenig zusätzlichen Aufwand seitens der Prozessverantwortlichen erfordern, um deren Bereitschaft zur Maßnahmendurchführung zu fördern. Dabei ist prozessintegrierten, automatisierten Kontrollen immer der Vorrang vor zusätzlichen manuellen Kontrollen zu geben. Grundsätzlich können die in Übersicht 3 gezeigten *vier Maßnahmenkategorien* unterschieden werden[24].

---

24   Vgl. u.a. *Withus*, a.a.O. (Fn. 8), S. 153 ff.

Kategorie	Beschreibung
CMS-Richtlinien (Kodifizierung)	Die Richtlinien geben einen *Regelungsrahmen* vor und legen allgemeine Handlungsanweisungen fest, die allen Stakeholdern die notwendigen Informationen und Entscheidungshilfen zur Sicherstellung der Compliance an die Hand geben. Hierzu müssen die Grundsätze klar und verständlich kommuniziert sowie ggf. in Fremdsprachen übersetzt werden. Insbesondere für Mitarbeiter, die nur bedingt mit Korruption bzw. Wettbewerbsverstößen konfrontiert sein dürften (z.B. gewerbliche Mitarbeiter), müssen leicht verständliche Kurzformate erstellt und auf ansprechende Weise kommuniziert werden (z.B. im Scheckkartenformat). In einem zu erstellenden *Verhaltenskodex* müssen neben dem Prinzipien-/Wertesystem sowie den erläuternden Handlungsleitlinien Ausführungen zu den Themen „Anti-Korruption" und „Kartell-/Wettbewerbsrecht" enthalten sein. Um diese zu konkretisieren, sollten darüber hinaus weitere *(Verhaltens-)*Richtlinien erarbeitet und ergänzt werden: Geschenke-, Bewirtungs- und Einladungsrichtlinie; Spenden- und Sponsoring-Richtlinie; Richtlinie zum Wettbewerbs- und Kartellrecht (u.a. Informationsaustausch mit Wettbewerbervertretern auf Verbandstreffen); Beteiligung an Ausschreibungen und Submissionen; Einbindung von Beratern, Agenten und Vertriebsmittlern (sowie Vertragsmuster); Vermeidung von Interessenskonflikten; Bekämpfung von illegaler Beschäftigung und Schwarzarbeit; Einhaltung des Vier-Augen-Prinzips; Funktionstrennung; Prozessbeschreibungen zur Kontrolle sensibler Zahlungsvorgänge (z.B. Spenden, Provisionen) und zu Kontrollen in sensiblen Geschäftsbereichen (z.B. Einkauf, Vertrieb) etc.
Präventive Maßnahmen	Dabei handelt es sich meist um *in die Prozesse eingebettete Handlungsabläufe.* Sie sollen Abläufe so gestalten, dass die an diesen Prozessschritten identifizierten Risiken für das Auftreten von Compliance-Verstößen verringert werden oder das Auftreten oder die Realisierung von besonderen Risiken frühzeitig erkannt werden. Hierzu zählen vor allem Schulungen, Genehmigungen bzw. 4-Augen-Kontrollen, Stellenbeschreibungen und/oder das Rotationsprinzip in sensiblen Bereichen, z.B. Einkauf, Kalkulation, Vertrieb und Treasury. Eine arbeitsvertragliche Verpflichtung der Mitarbeiter zur Einhaltung der Gesetze und Unternehmensrichtlinien ist ebenfalls sinnvoll.
Detektivische Maßnahmen	Diese dienen zur Aufdeckung von Compliance-Verstößen, welche nicht durch präventive Maßnahmen verhindert wurden (z.B. Nachschauen, Red-Flag-Indikatoren, überraschende Stichproben, Hinweisgebersysteme).
Reaktionen auf Compliance-Verstöße	Auf alle Compliance-Verstöße muss zwingend eine Reaktion erfolgen, die die Bedeutung der einzuhaltenden Normen verdeutlicht. Reaktionen müssen der Art des Compliance-Verstoßes, seiner Ursache sowie den Folgen des Verstoßes für Unternehmen und Dritte angemessen sein. In der praktischen Umsetzung zählen hierunter: Ursachenanalyse, Identifizierung von Anpassungsbedarf, Schulung bzw. Sanktionierung von Beteiligten sowie Veränderungen des CMS, vor allem des CMS-Programms.

Übersicht 3: Kategorisierung der Bestandteile eines Compliance-Programms

Für den Bereich *Kartell- und Wettbewerbsrecht* sind die folgenden ergänzenden Maßnahmen im Compliance-Programm vorstellbar[25]:

- regelmäßige Prüfungen zur Umsetzung der aufgrund der Risikoanalyse (vgl. Kap. 3) implementierten Prozesse und Regelungen;
- Sichtung relevanter Unterlagen zu möglichen Kartellrechtsverstößen, z.B.: interne Anfragen bzw. externe Beschwerden; E-Mail-Screening bei Verdachtsmomenten; Vertrags-Reviews;

---

25 Vgl. *Dethof*, GmbH-StB 2013, S. 19 ff.

- regelmäßige strukturierte Interviews mit Mitarbeitern in sensiblen Bereichen;
- Erstellung von Übersichten, Q&A-Dokumenten bzw. Szenarien mit Detailinformationen zu bestimmten Themen (z.B. problematische Klauseln, Rabatte, Verhalten im Umgang mit Händlern bei Preisempfehlungen, Teilnahme an Verbandssitzungen, kartellrechtskonforme Benchmarking-Systeme);
- regelmäßige Informationen zu aktuellen Entwicklungen, Rechtsänderungen, Kartell- und Wettbewerbsverstößen Dritter als praktische Anwendungsbeispiele etc.

6. Compliance-Kommunikation

Das Grundelement „Compliance-Kommunikation" legt fest, wie die jeweils betroffenen Mitarbeiter und ggf. Dritte (z.B. Lieferanten) über das Compliance-Programm sowie die festgelegten Rollen und Verantwortlichkeiten informiert werden, damit sie ihre Aufgaben im CMS ausreichend verstehen und sachgerecht erfüllen können[26]. Ein angemessener, regelmäßiger und zeitnaher Informationsaustausch zwischen den für das CMS Verantwortlichen ist entscheidend für die Wirksamkeit des Systems. Die Wahrnehmung der Art und Weise, wie zu Compliance kommuniziert wird, wird dabei für das Maß der Akzeptanz durch die Systembeteiligten eine maßgebliche Rolle spielen. Daher ist die Ernsthaftigkeit, mit der Grundsätze und Maßnahmen vermittelt und umgesetzt werden, ein wesentlicher Erfolgsfaktor für die wirksame Implementierung und Aufrechterhaltung des CMS.

Die folgenden *Kommunikationsströme* sind zunächst einzurichten und sodann regelmäßig zu hinterfragen, zu pflegen und auch zu dokumentieren.

6.1. Kommunikation „aus dem CMS heraus"

Die Kommunikationsströme betreffen jegliche Informationsbereitstellung und -vermittlung, welche seitens der CMS-Verantwortlichen an die Stakeholder erfolgt. Hierzu zählen u.a.:

- *Zurverfügungstellung von Informationen* zum CMS, z.B. strukturierte Hinterlegung von Kodizes und Richtlinien im Internet, Intranet, per E-Mail, Rundschreiben;
- *Vermittlung der Inhalte* von Prinzipien, übergeordnetem Verhaltens-Kodex sowie ergänzenden Richtlinien, Handlungsanweisungen und Prozessabläufen an die betroffenen Stakeholder (Mitarbeiter, Kunden, Lieferanten, Dienstleister etc.); dies kann mittels Präsenzschulungen, E-Learnings, Workshops etc. erfolgen; in der Praxis hat sich ein Mix aus unterschiedlichen Lehrmethoden bewährt, wobei auf eine regelmäßige Wiederholung der Lehreinheiten (z.B. umfangreiche Basisschulung für sämtliche neuen Mitarbeiter mit einem sich jährlich anschließenden E-Learning oder Auffrischungskursen für Mitarbeitergruppen in sensiblen Bereichen) zu achten ist. Um den „Spannungsbogen" aufrecht zu erhalten, sollten Schulungsinhalte, Praxisbeispiele und auch Referenten regelmäßig aktualisiert werden sowie die Teilnehmer proaktiv zur Diskussion motiviert werden. Verständnistests sowie eine Anwesenheits- bzw. Teilnahmekontrolle dienen der Steigerung des Lernerfolgs und der Dokumentation einer erfolgreichen Schulungsteilnahme; eine strukturierte Schulungsplanung sowie -überwachung

---

26 Vgl. *IDW PS 980*, Tz. 23 und A19.

durch die Compliance-Organisation sind zwingend notwendig, um das Schulungsgebaren analysieren sowie rechtzeitig erforderliche Maßnahmen in die Wege leiten zu können. Die Inhaltsvermittlung im Wege eines „train-the-trainer" Konzepts ist insoweit sinnvoll, als Vorgesetzte dadurch motiviert werden, sich so intensiv mit den Inhalten zu beschäftigen, dass sie in der Lage sind, diese auch überzeugend ihren Mitarbeitern zu vermitteln.

- Regelmäßige Berichterstattung an die Geschäftsleitung und das Aufsichtsorgan zur Organisation des CMS, Veränderungen des Compliance-Programms, identifizierten Schwachstellen bzw. Compliance-Verstößen sowie Umgang damit etc.

6.2. Kommunikation „in das CMS hinein"

Die nachfolgend aufgeführten Kommunikationsströme betreffen vor allem Informationen, welche die CMS-Verantwortlichen benötigen, um ihrer Rolle und Verantwortung gerecht zu werden:

- Sämtliche CMS-relevanten *Informationen*, welche zu einer *Neueinschätzung der Risikolage* sowie der *Compliance-Ziele* führen könnten, müssen zeitnah und vollständig den für Compliance Verantwortlichen verfügbar gemacht werden. Hierzu können gehören: Gesetzesänderungen, veränderte Geschäftsprozesse, neue Geschäftsbereiche, neue Produkte, neue Märkte, organisatorische und kulturelle Veränderungen etc.
- Die CMS-Verantwortlichen sind über den *regelmäßigen Austausch zu Compliance-relevanten Fragestellungen* in den Geschäftsprozessen und Funktionen auf dem Laufenden zu halten. Es ist also ein Prozess einzuführen, der sicherstellt, dass in Einkaufs- bzw. Vertriebssitzungen (sowie ggf. auch in anderen sensiblen Bereichen) Themen mit Compliance-Relevanz standardmäßig als Tagesordnungspunkt aufgerufen, besprochen und auch dokumentiert werden. Die hieraus resultierenden Protokolle sind sodann an die übergeordnete CMS-Organisation weiterzuleiten.
- Verdachtsmomente bzw. konkrete Hinweise für Non-Compliance sollten über ein zur Kultur der Organisation passendes *Hinweisgebersystem* an die CMS-Verantwortlichen weitergeleitet werden können. Dabei sollte auch eine Möglichkeit zur sicheren Abgabe und Weiterverfolgung *anonymer Hinweise* geschaffen werden (z.B. mittels Einschaltung einer Ombuds-Person).
- Darüber hinaus bzw. als Alternative ist die Einrichtung einer *Compliance-Hotline* im Sinne eines Informationssystems für Stakeholder empfehlenswert. Dadurch sollen Stakeholder angeregt werden, bei Unklarheiten rechtzeitig Fragen zu stellen, um kritische bzw. komplexe Sachverhalte einer Compliance-verträglichen Lösung zuzuführen und dadurch sowohl Schaden vom Einzelnen als auch von der Organisation abzuwenden.

7. Compliance-Organisation

Das Management regelt die *Rollen und Verantwortlichkeiten* (Aufgaben) sowie die *Aufbau- und Ablauforganisation* im CMS als integralen Bestandteil der Unternehmensorganisation und stellt die für ein wirksames CMS notwendigen Ressourcen zur Verfügung[27].

In Abhängigkeit von der Gestaltung der übrigen Grundelemente des CMS ist sicherzustellen, dass diese Organisation in einer Art und Weise erfolgt, welche sowohl den ernsthaften Willen zur Umsetzung von Compliance unterstreicht, als auch Kompetenzüberschneidungen und „blinde Flecken" vermeidet.

Um dies zu erreichen, führt an einer Zuordnung der *obersten Verantwortlichkeit* für Compliance an ein Mitglied der Geschäftsleitung kein Weg vorbei (zur Sicherstellung des „Tone from the Top"). Die *operative Umsetzung* des CMS kann an einen sowohl fachlich als auch persönlich kompetenten Compliance-Beauftragten delegiert werden, der hierfür mit den notwendigen finanziellen und personellen Ressourcen ausgestattet werden muss. Der Compliance-Beauftragte kann für die als besonders sensibel eingeschätzten Funktionen und Geschäftsprozesse weitere Sub-Beauftragte benennen (z.B. Einkaufsleiter, Vertriebsleiter, Geschäftsführer von Tochtergesellschaften), um diese auf geeignete Weise in die Organisation des CMS einzubinden. Für die übertragene Handlungsverantwortung sind klare und eindeutige Kriterien zu definieren, an denen sich die Sub-Beauftragten ausrichten können.

Darüber hinaus ist die Einrichtung eines *Gremiums* (Lenkungskreises) empfehlenswert, das sich regelmäßig mit Fragen der Weiterentwicklung des CMS, mit aktuellen Fällen und Entscheidungen in Konfliktsituationen befasst. Die Struktur der Compliance-Organisation sowie die implementierten Kommunikationsprozesse müssen allen Stakeholdern so bekannt gegeben werden, dass diese jederzeit wissen, an wen sie sich auf welche Art und Weise vertrauensvoll wenden können.

8. Compliance-Überwachung und -Verbesserung

Die Compliance-Überwachung dient *der fortlaufenden Beurteilung* von Angemessenheit, Eignung und tatsächlicher Durchführung der im CMS implementierten Grundsätze und Maßnahmen und ermöglicht dadurch die zeitnahe Identifikation notwendiger Anpassungs- und Verbesserungsmaßnahmen.

Dabei ist zwischen internen und externen Überwachungsmaßnahmen zu unterscheiden: *Interne Überwachungsmaßnahmen* sollten zur Qualitätssicherung in Form regelmäßiger Audits bzw. Self-Assessments in kritischen Bereichen seitens der für das CMS Verantwortlichen erfolgen und sind damit grundsätzlich Teil des Compliance-Programms.

Soweit eine prozessunabhängige *Interne Revision* existiert, kann diese in interne Überwachungsmaßnahmen eingebunden werden. Da die Interne Revision jedoch üblicherweise von der Geschäftsleitung weisungsabhängig ist, sind deren Prüfungshandlungen für die Überwachungsaufgabe eines Aufsichtsorgans ggf. nur mit Einschränkungen verwendbar. Daher kann die *Beauftragung eines externen Dritten* ein geeignetes Instrument darstellen,

---

27   Vgl. *IDW PS 980*, Tz. 23 und A18.

um sowohl Geschäftsleitung als auch Aufsichtsorgan bei der Ausübung ihrer Aufsichts- und Überwachungspflichten zu unterstützen.

Die Überwachung muss *planmäßig* erfolgen und *risikobasiert* sicherstellen, dass alle Bestandteile des CMS in einem angemessenen Zeitrahmen und Umfang hinsichtlich ihrer Zielverfolgung und -erreichung beurteilt werden. Dies ist vor allem für die Compliance-Kultur eine besondere Herausforderung. Die Hinzuziehung von (externen) Spezialisten zur Beurteilung der Unternehmenskultur ist daher zu erwägen[28].

Darüber hinaus stellt das Eingehen einer *Selbstverpflichtung* mittels Beitritt zu einem Compliance-orientierten Verein[29] oder Stakeholder-Netzwerk[30] eine wirkungsvolle Maßnahme dar, um das CMS einem laufenden Überwachungs- und Verbesserungsprozess zuzuführen.

9. Schlussbemerkungen

Die Einrichtung eines CMS ist facettenreich; sie bedarf einer *strukturierten Vorgehensweise*. Da es kein CMS „von der Stange" gibt, sind die einzelnen Grundelemente *zielorientiert* und *unternehmensspezifisch* zu entwickeln. Dabei ist vor allem für die effektive Implementierung der sensiblen Compliance-Teilbereiche „Antikorruption" sowie „Wettbewerbs- und Kartellrecht" ein Vorgehen empfehlenswert, welches neben den zu beachtenden gesetzlichen Regelwerken ein *besonderes Augenmerk auf die Organisations- und Compliance-Kultur* legt, um das von den Stakeholdern erwartete Verhalten auch tatsächlich möglichst umfassend herbeizuführen.

---

28 Vgl. *Withus*, a.a.O. (Fn. 8), S. 209 ff.

29 Hier wäre beispielsweise der EMB e.V. der Bauindustrie zu nennen, welcher den beitretenden Mitgliedern ein Rahmenkonzept für ein wertegetriebenes CMS zur Verfügung stellt (*http://www.bauindustrie-bayern.de/emb*; Abruf: 25.11.2014).

30 Die Teilnehmer des UN Global Compact verpflichten sich u.a., „gegen alle Arten von Korruption einzutreten, einschließlich Erpressung und Bestechung" – ein hierzu veröffentlichter Fortschrittsbericht dokumentiert den kontinuierlichen Verbesserungsprozess (vgl. *http://www.unglobalcompact.org*; Abruf: 25.11.2014).

E Einrichtung von Compliance-Management-Systemen in der Praxis

Interview mit Meinhard Remberg

Erstveröffentlichung: WPg 04/2013 (S. 160 f.)

Die Nichteinhaltung geltender Regeln kann angesichts der möglichen drastischen Folgen ein hohes geschäftliches Risiko für Unternehmen sowie ein persönliches Haftungs- und strafrechtliches Risiko für die Unternehmensorgane darstellen. Für die Unternehmensorgane ergibt sich daher die Frage, wie die Compliance – also die Einhaltung von Regeln – im Unternehmen organisiert und wie Risiken für wesentliche Regelverstöße präventiv begegnet werden kann. Um diese Ziele zu erreichen, führen Unternehmen vermehrt Compliance-Management-Systeme (CMS) ein. Im Interview mit Remberg gehen wir diesen Aspekten im Einzelnen nach – dies auch vor dem Hintergrund, dass das IDW im Jahr 2011 mit IDW PS 980 Grundsätze ordnungsmäßiger Prüfung von Compliance-Management-Systemen verabschiedet hat.

Ist „Compliance" ein Modewort? Seit wann beschäftigt sich Ihr Unternehmen mit Compliance und was war der Auslöser dafür?

Remberg: Der Begriff Compliance wird heute sicherlich inflationär verwandt. Compliance meint nach mittlerweile einhelliger Auffassung die Einhaltung von Gesetzen und unternehmensinternen Richtlinien. Von einer Mode kann man vor dem gesamten Begriffshintergrund dennoch wohl eher nicht sprechen. Vielmehr geht es schlussendlich um eine Selbstverständlichkeit.

Mit der Einhaltung von Gesetzen und unternehmensinternen Richtlinien beschäftigt sich die SMS group seit ihrer Gründung. Eine eigenständige Compliance-Organisation haben wir im Jahr 2008 gegründet. Auslöser war die Einsicht in die Notwendigkeit weiterer aufbau- und ablauforganisatorischer Maßnahmen zur Haftungsbegrenzung/-vermeidung bzw. zur Sicherung der Reputation der Unternehmensgruppe.

Benötigt ein mittelständisches Unternehmen überhaupt ein Compliance-Management-System (CMS)? Hat der Geschäftsführer nicht sowieso „alles im Blick"?

Remberg: Die Notwendigkeit eines CMS hängt nicht von der Unternehmensgröße ab. Vielmehr ist das Risikoumfeld des Unternehmens entscheidend. Gerade bei exportorientierten Unternehmen kann der Geschäftsführer die zunehmende Regelungsdichte im In- und Ausland und die entsprechende Relevanz für das eigene Unternehmen nicht immer im Blick haben.

Warum sollten sich Mittelständler mit Compliance intensiver auseinandersetzen als bisher?

Remberg: Wie schon gesagt, das nationale und internationale regulatorische Umfeld wird zunehmend komplexer. Es gibt überall neue und schärfere Gesetze. Dabei wird natürlich kein Unterschied zwischen kleinen und großen Unternehmen gemacht. Die Vermeidung von Haftungsrisiken bzw. Reputationsverlust ist für den Mittelständler fast noch wichtiger als für Großunternehmen. Ein großer „Compliance-Unfall" kann ein kleines bzw. mittleres Unternehmen eher ruinieren als einen Konzern.

Daher kann man gerade dem Mittelständler raten, sich auf Basis einer fundierten Risiko-analyse mit dem Compliance-Thema zu beschäftigen.

Ist Compliance „nur" Aufgabe der Rechtsabteilung oder des Compliance-Officers? Und wie kann ein kleineres mittelständisches Unternehmen dies bewerkstelligen?
Remberg: Compliance, d.h. rechts- und richtlinientreues Verhalten ist Aufgabe jedes einzelnen Mitarbeiters. Eine besondere Verantwortung trifft dabei auch aufgrund ihrer Vorbildfunktion die Führungskräfte.

Darüber hinaus benötigt man natürlich Personen, die sich des Themas strukturell annehmen. Diese müssen je nach Branche nicht zwingend aus der Rechtsabteilung kommen oder Compliance-Officer genannt werden. Gerade im Mittelstand sind vielmehr glaubwürdige, anerkannte und durchsetzungsstarke Mitarbeiter gefragt, die das Thema als „Kümmerer" vorantreiben.

Lassen sich die Kosten eines CMS beziffern? Scheitert dessen Einrichtung bei KMU womöglich an Budgetvorgaben? Lohnt sich die Einrichtung eines CMS für ein mittelständisches Unternehmen?
Remberg: Die Kosten für ein CMS lassen sich nicht pauschal benennen. Natürlich wird gerade im KMU bei jeder organisatorischen Neuerung die Kostenfrage gestellt. Dennoch lohnt sich auch für KMU ein speziell auf das Unternehmen zugeschnittenes CMS in jedem Fall. Die potentiellen Strafen im Falle eines „Compliance-Unfalls" übersteigen die Kosten der Prävention in der Regel um ein Vielfaches.

Welche Compliance-Felder stehen bei der Einrichtung eines CMS im Mittelstand im Fokus?
Remberg: Jede Branche und jedes Unternehmen lebt in einem anderen Risikoumfeld. Es gibt somit auch unterschiedliche Compliance-Felder. Für den Maschinen- und Anlagenbau stehen die Themen Korruptionsprävention, Kartellrecht, Exportkontrolle und Datenschutz im Vordergrund.

Wo bereitet eine CMS-Prüfung erfahrungsgemäß die größten Schwierigkeiten?
Remberg: Schwierig ist es zu prüfen, ob ein CMS wirksam ist. Zu prüfen ist hierzu vor allem, ob eine entwickelte Compliance-Kultur vorliegt. Dies ist anspruchsvoll.

Kann die Wirksamkeit eines CMS auch durch die Interne Revision beurteilt werden? Oder ist die Interne Revision selbst (Prüfungs-)Gegenstand der CMS-Prüfung?
Remberg: Auch die Interne Revision kann prüfen, ob ein CMS wirksam ist. Sie stößt dabei natürlich auf die bereits zuvor genannten Probleme. Allerdings fällt es der Internen Revision möglicherweise leichter, eine valide Aussage zu treffen, da sie aus anderen Prüfungen über fundierte Insiderkenntnisse verfügt. Demgegenüber mag in anderen Fällen auch eine Zertifizierung durch einen unabhängigen Dritten gewünscht oder gefordert sein.

Daneben kann die Interne Revision, je nach Ausgestaltung des CMS, auch Prüfungsgegenstand einer CMS-Prüfung sein.

Welche Rolle spielt der Aufsichtsrat bei der Entwicklung von geeigneten Compliance-Standards?
Remberg: Spätestens seit der Verabschiedung des BilMoG im Jahr 2009 obliegt dem Aufsichtsrat die explizite Aufgabe, die Wirksamkeit des Internen Kontrollsystems, des Risikomanagementsystems und des internen Revisionssystems zu überwachen.
Hierzu gehört auch das CMS. Der Aufsichtsrat kann durch aktives Nachfragen zur Entwicklung des CMS beitragen. Hierbei handelt es sich um eine Daueraufgabe.

Wie steht es um die Akzeptanz von CMS auf der Mitarbeiterebene? Wovon hängt diese ab?
Remberg: Die Akzeptanz eines CMS hängt im Wesentlichen von der Vorbildrolle der Unternehmensleitung sowie der wichtigsten Führungskräfte ab (Tone at the Top). Gerade im inhabergeführten Mittelstand folgen die Mitarbeiter den Compliance-Vorgaben umso eher, je mehr diese von dem Prinzipal vorgelebt werden.

Wird durch eine übermäßige Compliance-Kultur nicht unter Umständen das Kerngeschäft eines Unternehmens behindert? Geht Compliance also zulasten der Rendite?
Remberg: Kurzfristig kann regeltreues Verhalten nachteilig sein, wenn man z.B. einen Auftrag ablehnen muss, der nur mit dubiosen Mitteln erlangt werden kann. Mittel- und langfristig ist die Sicherung des Unternehmens ein wichtigeres Gut als der Erhalt eines einzelnen Auftrags. Daher geht Compliance allenfalls kurzfristig zu Lasten der Rendite.

Kann ein auf einer „Vertrauenskultur" basierendes CMS funktionieren? Oder muss ein CMS „kontrollbasiert" ausgestaltet sein?
Remberg: Die sieben Grundelemente eines CMS gemäß *IDW PS 980* enthalten auch die Compliance-Überwachung. Kontrolle ist zwingend erforderlich. Vertrauen reicht nicht. Mit dem Begriff der Vertrauenskultur werden manchmal sinnvollerweise gebotene Kontrollen „abgewürgt". Darüber hinaus ist unklar, ob und wann eine Vertrauenskultur vorliegt.

Hat das IDW mit IDW PS 980 als Prüfungsstandard zur Prüfung vom CMS die richtigen Schwerpunkte gesetzt?
Remberg: Das IDW hat die richtigen Schwerpunkte gesetzt. Auch wenn man die Grundsätze des UK Bribery Act oder die des italienischen Decret 231 betrachtet, findet man Übereinstimmungen mit den Kernelementen von *IDW PS 980*.

Fühlen Sie sich mit einem geprüften CMS „sicherer"? Worin sehen Sie den größten Nutzen einer CMS-Prüfung?
Remberg: Für alle Lebensbereiche gilt wohl: Wenn man geprüft wurde und alles in Ordnung ist, fühlt man sich besser. Ob dieses bessere Gefühl immer berechtigt ist, weiß man

manchmal erst hinterher. Ein positiv geprüftes CMS bietet keinen ultimativen Schutz vor Haftungs- und Reputationsrisiken.

Der größte Nutzen liegt m.E. darin, dass ein unabhängiger Dritter das System einer Prüfung unterzieht und Hinweise zur Verbesserung gibt.

Wo sehen Sie die größten Herausforderungen für ein CMS in den nächsten Jahren?

Remberg: Für den internationalen Maschinen- und Anlagenbau erwarte ich eine Erweiterung der Risikofelder, die in das CMS integriert werden müssen. Zu nennen sind hier z.B. nationale und internationale Umweltgesetze und -richtlinien.

Darüber hinaus sehe ich es weiterhin als große Herausforderung an, bei der Ausgestaltung eines CMS das richtige Maß zu finden.

Tendenzen zu Bürokratie und Formalismus sind rechtzeitig zu erkennen und auf das notwendige Maß zurechtzustutzen.

Schließlich ist noch das Thema „Level Playing Field" zu nennen. Ein CMS gibt es nicht umsonst. Es bleibt zu hoffen, dass der internationale – und dabei vor allem der europäische – Wettbewerb das Thema CMS unter juristisch gleichen Grundvoraussetzungen anzugehen hat.

F Planung und Risikobeurteilung bei der Prüfung von Compliance-Management-Systemen

Von WP StB CPA Dr. Karl-Heinz Withus[1]

Erstveröffentlichung: WPg 06/2015 (S. 261 ff.)

Planung und Risikobeurteilung einer Prüfung von Compliance-Management-Systemen nach IDW PS 980 richten sich grundsätzlich nach den allgemein anerkannten Grundsätzen einer risikoorientierten Prüfung. Der folgende Beitrag stellt dar, welche Besonderheiten bei einer analogen Anwendung der z.B. aus der Abschlussprüfung bekannten Grundsätze bei Planung und Risikobeurteilung im Rahmen einer CMS-Prüfung zu beachten sind.

1. Einleitung

Seit der Veröffentlichung des *IDW Prüfungsstandards: Grundsätze ordnungsmäßiger Prüfung von Compliance Management Systemen (IDW PS 980)*[2] steigt die Zahl entsprechender Prüfungsaufträge kontinuierlich an. Das IDW hat mit *IDW PS 980* die wesentlichen Grundsätze für die Durchführung entsprechender Aufträge konzipiert und damit die Grundlagen für die betriebswirtschaftliche Prüfung von Compliance-Management-Systemen (CMS) gelegt. CMS unterliegen in der Praxis allerdings einer Vielzahl teilweise sehr unterschiedlicher Rahmenbedingungen. Diese unterscheiden sich nicht nur durch Größe, Struktur und Organisationsform des zu prüfenden Unternehmens, sondern auch durch die für das jeweilige CMS relevanten Regeln. Bei der praktischen Umsetzung stehen Wirtschaftsprüfer somit regelmäßig vor der Aufgabe, die Prüfungsgrundsätze auf die Vielzahl von unterschiedlichen Rahmenbedingungen beim geprüften Unternehmen anzuwenden und dabei anzupassen. In *IDW PS 980* finden sich nur relativ wenige Aussagen zu den Grundsätzen einer risikoorientierten CMS-Prüfung. Hier kann und muss nicht nur auf ISAE 3000 (revised) verwiesen werden, der für *IDW PS 980* die Grundlage bildet, sondern auch auf die analoge Anwendung der Grundsätze zur risikoorientierten Abschlussprüfung (vor allem *IDW PS 261 n.F.*[3]). Im Folgenden soll schwerpunktmäßig für die Planung und Risikobeurteilung bei der Prüfung von CMS nach *IDW PS 980* auf diese analoge Anwendung von allgemeinen Grundsätzen und Besonderheiten eingegangen werden.

2. Risikoorientierte Prüfung

2.1. Grundlagen einer Risikoorientierung

Die CMS-Prüfung nach den Grundsätzen von *IDW PS 980* ist eine betriebswirtschaftliche Systemprüfung. Insoweit sind die Zielsetzungen einer Abschlussprüfung und einer

---

1 Der Verfasser dankt *WP StB CPA Jürgen Kunz*, verantwortlich für den Bereich Compliance Assurance der KPMG AG, für seine Unterstützung.

2 *IDW Prüfungsstandard: Grundsätze ordnungsmäßiger Prüfung von Compliance Management Systemen (IDW PS 980)*, WPg Supplement 2/2011, S. 78 = FN-IDW 2011, S. 203 ff. (Stand: 11.03.2011).

3 *IDW Prüfungsstandard: Feststellung und Beurteilung von Fehlerrisiken und Reaktionen des Abschlussprüfers auf die beurteilten Fehlerrisiken (IDW PS 261 n.F.)*, WPg Supplement 2/2012, S. 3 ff. = FN-IDW 2012, S. 239ff., WPg Supplement 3/2013, S. 13 = FN-IDW 2013, S. 402 (Stand: 13.03.2013).

CMS-Prüfung unterschiedlich. Während die Abschlussprüfung auf die Einhaltung von Gesetz und Satzung bei der Erstellung des Abschlusses sowie auf die Ordnungsmäßigkeit der Buchführung und damit letztlich auf das Ergebnis von Prozessen gerichtet ist, handelt es sich bei der CMS-Prüfung nach *IDW PS 980* um eine Systemprüfung, die die Prozesse selbst im Fokus hat. Zielsetzung ist es nicht, eine vollumfassende Aussage über die tatsächliche Einhaltung von relevanten Regeln in allen relevanten Prozessen und Transaktionen zu treffen. Vielmehr richtet sich die Prüfungsaussage darauf, dass das geprüfte System, so wie es in der CMS-Beschreibung dargestellt ist, die Einhaltung der relevanten Regeln hinreichend sicherstellt. Hierzu ist sowohl die Angemessenheit als auch grundsätzlich die wirksame Umsetzung des Systems zu prüfen. Während bei der Abschlussprüfung das eingerichtete Kontrollsystem der Rechnungslegung im Rahmen der Abschlussprüfung „nur" mit Blick auf die insoweit möglichen Aussagen zum Abschluss betrachtet wird, stehen die Kontrollen, die sich auf die Risiken des jeweiligen Teilbereichs[4] beziehen, bei der CMS-Prüfung unmittelbar im Fokus. Die Auswahl von Art, Umfang und zeitlicher Abfolge der notwendigen Prüfungshandlungen zum Zweck, mit hinreichender Sicherheit eine Prüfungsaussage treffen zu können, erfolgt aber sowohl bei der Abschlussprüfung als auch bei der CMS-Prüfung risikoorientiert und in Stichproben[5]. Die Grundsätze für eine risikoorientierte Prüfungsplanung und -durchführung, die für die Abschlussprüfung in *IDW PS 261 n.F.* niedergelegt sind, können und müssen entsprechend für eine CMS-Prüfung analog angewendet werden.

Bereits bei der Auswahl und Einrichtung von Maßnahmen und Grundsätzen muss das Unternehmen eine Risikoeinschätzung vornehmen. Die Pflicht zur Einhaltung von Gesetzen (auch) durch Unternehmen mag eine „Binsenweisheit" sein[6]; gleichwohl besteht keine Verpflichtung, dies ohne Ansehen des notwendigen Aufwands, immer und zu 100% sicherzustellen. Vielmehr können und müssen Unternehmen bei ihren Compliance-Bemühungen die Risiken für Verstöße und deren Folgen (auch für Dritte) mit dem Aufwand denkbarer Verhinderungsmaßnahmen abwägen. Je höher das zu schützende Rechtsgut ist und je größer die potentiellen Auswirkungen auf das Unternehmen und auf Dritte sind, desto mehr Aufwand für die Sicherstellung der Compliance kann gefordert werden[7].

Dieser Risikogedanke überträgt sich auch auf die notwendigen Maßnahmen zur Überwachung der Wirksamkeit des CMS und damit auf die Anforderungen an eine Prüfung gemäß *IDW PS 980*. Es gibt faktisch eine doppelte, also auf zwei Ebenen bezogene Wesentlichkeitsbetrachtung (vgl. Übersicht 1).

---

4   Eine CMS-Prüfung nach *IDW PS 980* bezieht sich regelmäßig nicht auf das gesamte CMS, sondern auf einen – zumeist nach rechtlichen Vorschriften – abgegrenzten Teilbereich (z.B. CMS zur Vermeidung von Korruption).

5   Vgl. *IDW PS 980*, Tz. A22.

6   Vgl. *Schneider*, ZIP 2003, S. 645.

7   Vgl. *Withus*, Betriebswirtschaftliche Grundsätze für Compliance-Management-Systeme, Berlin 2014, S. 86 ff.

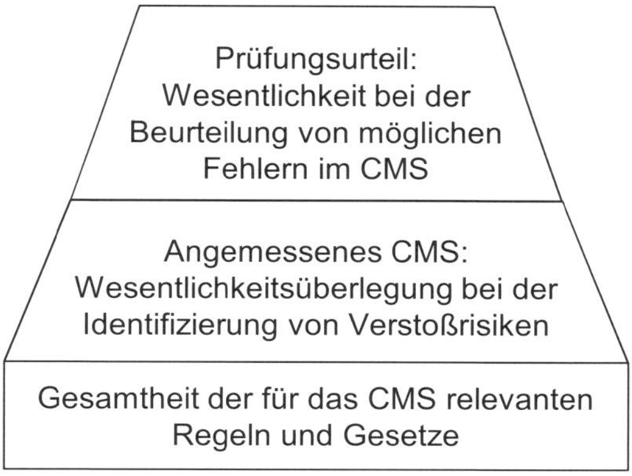

Übersicht 1: Doppelte Wesentlichkeitsüberlegungen bei CMS-Prüfungen

Diese ergibt sich auf der ersten Ebene daraus, dass ein CMS dann angemessen ist, „wenn es geeignet ist, mit hinreichender Sicherheit sowohl Risiken für wesentliche Regelverstöße zu erkennen, als auch solche Regelverstöße zu verhindern"[8], bzw. zeitnah aufzudecken und hierauf angemessen zu reagieren. Hieraus folgt, dass bereits bei der Gestaltung eines angemessenen und wirksamen CMS die Wesentlichkeit von relevanten Vorschriften und potentiellen Verstößen zu beachten ist.

Die zweite Ebene bezieht sich auf die Prüfungsaussage selbst, denn die Beurteilung, ob das CMS unter Beachtung dieser Wesentlichkeit hinreichend angemessen und wirksam ist, muss ihrerseits mit hinreichender Sicherheit getroffen werden[9]. Zu diesem Zweck muss das Risiko eines positiven Prüfungsurteils trotz vorhandener wesentlicher Fehler der CMS-Beschreibung und/oder des CMS selbst auf ein akzeptables Maß reduziert werden. Dazu muss im Rahmen der Prüfungsplanung das Prüfungsrisiko analysiert werden. Dieses setzt sich – analog zum Vorgehen bei der Abschlussprüfung (*IDW PS 261 n.F.*, Tz. 6) – im Rahmen einer CMS-Prüfung aus den Fehlerrisiken und dem Entdeckungsrisiko zusammen. Die Fehlerrisiken umfassen – wie bei der Abschlussprüfung – inhärente Risiken und Kontrollrisiken[10]. Die inhärenten Risiken leiten sich aus dem Compliance-Teilbereich ab und spiegeln den Umstand wider, dass gegen relevante Regeln verstoßen wird. Die Kontrollrisiken betreffen bei einer Systemprüfung die gesamten Kontrollen und Maßnahmen des CMS und sollten daher zutreffender als Systemrisiko beschrieben werden. Hierunter ist das Risiko zu verstehen, dass das CMS nicht angemessen gestaltet bzw. nicht wirksam ist.

---

8   *IDW PS 980*, Tz. 20.

9   Vgl. *IDW PS 980*, Tz. 14.

10   Vgl. auch ISAE 3000.12 (rev.).

2.2. Inhärentes Compliance-Risiko

Die Wesentlichkeit der Maßnahmen eines CMS leitet sich zunächst aus der Bedeutung des durch diese Maßnahme zu verhindernden oder aufzudeckenden Verstoßes ab. Maßgeblich ist der durch den potentiellen Regelverstoß ausgelöste Schaden für das Unternehmen, fremde Dritte oder auch allgemein für die von den Regeln geschützten Rechtsgüter[11]. Fehlt eine Maßnahme oder ist diese fehlerhaft, kommt es aber nicht zwingend oder automatisch zu einem Regelverstoß. Vielmehr steigt (im Vergleich zu einem angemessenen und wirksamen CMS) abhängig vom Potential dieser Maßnahme zur Verhinderung (oder Aufdeckung) von Verstößen das relevante Verstoß-Risiko an. Beide Risikoebenen zusammen – die durch den Mangel erhöhte Wahrscheinlichkeit eines Verstoßes sowie die durch einen potentiellen Verstoß ausgelöste Schadenshöhe – wirken sich auf die Wesentlichkeit der Maßnahme aus. Sie spiegelt das von der Maßnahme adressierte inhärente Compliance-Risiko. Dessen zwei Ebenen – Wahrscheinlichkeit eines Verstoßes und durch einen potentiellen Verstoß ausgelöster Schaden – sind ebenfalls nicht zwingend quantitativ messbar und entsprechend nicht mathematisch multiplizierbar. Die originär vom Unternehmen vorzunehmende Bewertung von Compliance-Risiken erfolgt deshalb überwiegend rein qualitativ durch Einordnung in unterschiedliche Cluster. Diese stellen jeweils eine Kombination von qualitativ beschriebener Höhe der Eintrittswahrscheinlichkeit und des potentiellen Schadens dar[12]. Risiken, bei denen sowohl die Eintrittswahrscheinlichkeit als gering wie auch der Schadenserwartungswert als niedrig eingeschätzt wird, können dabei z.B. ein Cluster bilden. Dem würde dann – quasi am anderen Ende der Skala – ein Cluster gegenüberstehen, in dem solche Risiken gruppiert sind, die eine hohe Eintrittswahrscheinlichkeit und einen hohen Schadenserwartungswert haben. Je abgestufter die Einschätzungen und je vielschichtiger dementsprechend die Cluster sind, desto besser kann die Angemessenheit notwendiger Maßnahmen als Reaktion auf die Risiken gesteuert werden. Eine Quantifizierung wird trotz der hiermit verbundenen Schwierigkeiten zumindest insoweit vorzunehmen sein, wie das Unternehmen notwendigerweise eine potentielle Bestandsgefährdung identifizieren muss, die grundsätzlich auch durch Compliance-Risiken entstehen kann (vgl. Übersicht 2[13]).

Übersicht 2: Risikocluster

---

11 Vgl. *IDW PS 980*, Tz. A27, zu Wesentlichkeitskriterien, sowie *Bock*, HHRS 2010, S. 318.

12 Vgl. *Gnändiger/Hein/Stauder*, in: KPMG (Hrsg.), Das wirksame Compliance-Management-System, Herne 2014, S. 61.

13 Übersicht aus *Withus*, a.a.O. (Fn. 7), Berlin 2014, S. 128.

Für die Steuerung der notwendigen Reaktion bietet es sich an, diese Einordnung nach Eintrittswahrscheinlichkeit und Schadenserwartungswert um eine dritte Kategorie zu erweitern. In diese Kategorie kann einfließen, ob und wie sicher eine Prävention möglich ist bzw. ob und wie intensiv der Fokus auf der (frühzeitigen) Aufdeckung von Verstößen mit detektivischen Maßnahmen liegen kann oder muss. Die Möglichkeit, Verstöße gegen die Compliance durch präventive Maßnahmen zu verhindern, kann – u.a. abhängig von den relevanten Regeln – mehr oder weniger stark beschränkt sein. Ein CMS soll daher nicht nur einen Fokus auf die Verhinderung von Verstößen legen, sondern auch (trotzdem) auftretende Verstöße zeitnah erkennen und hierauf entsprechend reagieren. Hierzu gehört z.B., die Folgen eines Verstoßes möglichst zu beseitigen. Sind detektivische Maßnahmen möglich, die bereits Anzeichen eines drohenden Verstoßes oder die signifikante Zunahme der Wahrscheinlichkeit eines Verstoßes aufdecken würden und so ein rechtzeitiges, konkretes Eingreifen zur Vereitelung des Verstoßes ermöglichen, können solche detektivischen Maßnahmen auch hinreichend sein.

Als Voraussetzung für eine solche Risiko-Clusterung müssen die relevanten inhärenten Risiken für Compliance-Verstöße zunächst identifiziert werden. Beide Tätigkeiten bilden den Kern des CMS-Grundelements „Compliance-Risiken". Angemessenheit und Wirksamkeit der Maßnahmen mit dem Zweck, die Vollständigkeit der identifizierten Compliance-Risiken und deren sachgerechte Bewertung sicherzustellen, sind damit Prüfungsgegenstand einer CMS-Prüfung. Besteht die Gefahr, dass Compliance-Risiken vom Unternehmen nicht zeitnah erkannt werden, oder sind die Methoden und Ermessensgrundlagen für die Bewertung identifizierter Risiken nicht angemessen, kann das CMS grundsätzlich nicht angemessen und wirksam sein.

2.3. Systemrisiko

Das Systemrisiko einer zu prüfenden Maßnahme des CMS beschreibt die Wahrscheinlichkeit, dass eine Maßnahme nicht so durchgeführt wird wie konzipiert und sie damit nicht wirksam ist (Fehlerpotential), die Zielsetzung der Kontrolle bzw. Maßnahme also verfehlt wird. Hierzu ist zunächst die Zielsetzung der Maßnahme zu identifizieren, d.h. welche potentiellen Verstöße durch die Maßnahme verhindert oder aufgedeckt werden sollen.

Alle Grundsätze und Maßnahmen des CMS sind letztlich Reaktionen auf die inhärenten Compliance-Risiken des relevanten CMS-Teilgebiets. Sie werden vom Unternehmen ausgewählt, implementiert und durchgeführt, um diesen Risiken zu begegnen und sie zu vermeiden oder zumindest ihre Folgen zu mindern. Um die Angemessenheit und Wirksamkeit der Grundsätze und Maßnahmen eines CMS zu prüfen, muss die Verknüpfung zwischen identifizierten Risiken und implementierten Maßnahmen bekannt sein. Ohne diese Verknüpfung ist es schwierig, die Vollständigkeit der angemessenen Reaktionen auf identifizierte Risiken sicherzustellen. Sowohl fehlende Risikoreaktionen wie auch Ineffizienzen durch Überabdeckung von Risiken können die Folge sein. Unternehmen können diese Verknüpfung z.B. in einer „Risk-Response-Matrix" dokumentieren. Ist die Verknüpfung von als relevant identifizierten Risiken und zielgerichteten Maßnahmen nicht dokumentiert, stellt dies grundsätzlich eine Schwäche des CMS dar, die aber nicht zwingend zu einer (partiellen) Unwirksamkeit des CMS führen muss. Entscheidend ist letztlich, dass tatsächlich alle relevanten Risiken mit angemessenen und wirksamen Maßnahmen adressiert sind. Ohne ausreichende Dokumentation bleibt aber die Unsicherheit, dass die Vollständigkeit der Maßnahmen nicht garantiert ist und/oder Ineffizienzen des Systems durch unnötige Doppelmaßnahmen auftreten (vgl. Übersicht 3).

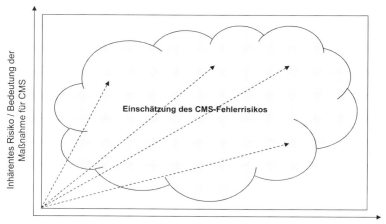

Übersicht 3: CMS-Fehlerrisiko

2.4. Entdeckungsrisiko

Das Entdeckungsrisiko beschreibt das Risiko, dass Fehler in der CMS-Beschreibung durch den Prüfer trotz seiner Prüfungshandlungen nicht entdeckt werden und diese Fehler alleine oder zusammen mit anderen Fehlern wesentlich sind. Ein Fehler in der CMS-Beschreibung kann sich u.a. daraus ergeben, dass eine Maßnahme beschrieben wird, die tatsächlich nicht angemessen konzipiert oder nicht wirksam durchgeführt wurde. Somit kann regelmäßig eine fehlerhafte Darstellung in der CMS-Beschreibung mit einem Fehler im CMS selbst gleichgestellt werden. Werden in der CMS-Beschreibung Mängel des CMS dargestellt, ist regelmäßig davon auszugehen, dass diese auch tatsächlich vorhanden sind; ein Prüfungsrisiko dahingehend, dass die Mängel tatsächlich nicht vorhanden sind, wird sich regelmäßig nicht stellen. Im Ergebnis richtet sich die Prüfung nach *IDW PS 980* formal auf die zutreffende CMS-Beschreibung, faktisch ist aber stets die Angemessenheit und Wirksamkeit des beschriebenen CMS zu beurteilen. Steigt das Fehlerrisiko, steigt die Bedeutung von eventuell nicht entdecken Fehlern und somit – unter sonst gleichen Bedingungen – das Entdeckungsrisiko. Die Auswahl der Prüfungshandlungen muss somit primär auf der Basis der Einschätzung der Fehlerrisiken des CMS erfolgen und sicherstellen, das Entdeckungsrisiko so weit zu reduzieren, dass die Prüfungsaussage mit hinreichender Sicherheit getroffen werden kann. Zusätzlich kann ein Fehler in der Beschreibung darin begründet sein, dass die Darstellung missverständlich ist und vom Adressaten der Beschreibung

148

ein vorhandener – und eigentlich dargestellter – Mangel somit nicht richtig verstanden wird.

3. Grundlegende Risikobeurteilung

3.1. Relevante Regeln

Die wesentlichste Information zur Einschätzung des Prüfungsrisikos betrifft bei einer CMS-Prüfung naturgemäß die für das CMS relevanten Regeln, da sich hieraus die grundlegenden inhärenten Compliance-Risiken ableiten. Eine Prüfung des CMS nach *IDW PS 980* bezieht sich regelmäßig auf einen oder mehrere abgegrenzte Teilbereiche[14]. Diese können sich auf bestimmte Rechtsgebiete, Geschäftsbereiche, auf Unternehmensprozesse, Regionen oder eine Kombination aus unterschiedlichen Abgrenzungen beziehen. Notwendig ist aber, dass der Teilbereich, auf den sich das CMS bezieht, eindeutig bestimmt und abgegrenzt ist. In der Praxis überwiegen Abgrenzungen, die sich auf rechtliche Teilgebiete beziehen, zum Teil in Kombination mit einer Beschränkung auf einzelne Unternehmensteile. Vor allem dann, wenn das Unternehmen in mehreren Rechtsordnungen tätig ist, reicht eine Abgrenzung nach „Schlagworten" (z.B. Vermeidung von Korruption) nicht aus, da die in Betracht kommenden rechtlichen Anforderungen sich in den verschiedenen Rechtsordnungen durchaus deutlich unterscheiden können. Die Teilbereichsbeschreibung, die bereits Teil der Auftragserteilung sein muss, sollte sich daher möglichst auf konkrete rechtliche Vorschriften beziehen. Dabei kann durchaus auf die jeweils erkennbar „strengsten" rechtlichen Anforderungen abgestellt werden. Das Unternehmen kann den Teilbereich auch selbst beschreiben und dafür z.B. rechtliche Definitionen aus mehreren Rechtsordnungen verwenden, solange insgesamt eindeutig erkennbar ist, welchen Anforderungen sich das Unternehmen unterwirft. Hieraus kann sich eine durchaus komplexe Teilbereichsbeschreibung ergeben. Die Herausforderung stellt sich aber nicht wegen der Prüfung nach *IDW PS 980*, sondern aus der Tatsache, dass international tätige Unternehmen im Zweifel eine Vielzahl von rechtlichen Vorschriften zu beachten haben. Die sich daraus vor allem für das Strafrecht ergebenden Konsequenzen sind vielfältig und nicht einfach zu überblicken[15].

Aus der Teilbereichsbeschreibung muss sich für den Prüfer eindeutig der relevante Regelungsrahmen ableiten lassen, um daraus sodann die jeweiligen inhärenten Compliance-Risiken zu bestimmen. Der Prüfer wird vor allem hier regelmäßig auf die Hinzuziehung von juristischem Sachverstand angewiesen sein[16]. Die Hinzuziehung von Spezialisten gehört grundsätzlich zu den allgemeinen Berufsgrundsätzen des Wirtschaftsprüfers; im Rahmen einer CMS-Prüfung wird sich diese Notwendigkeit aber regelmäßig in weitaus größerem Umfang ergeben als z.B. bei einer Abschlussprüfung, bei der der Wirtschaftsprüfer für große Teile des zu prüfenden Abschlusses die notwendigen (Rechnungslegungs-)Fachkenntnisse selbst besitzt.

---

14   Vgl. *IDW PS 980*, Tz. 6, A3.

15   Vgl. für eine weitergehende Problematisierung z.B. *Pelz*, CCZ 2013, S. 235.

16   Vgl. *IDW PS 980*, Tz. 32.

3.2. Kenntnis des Unternehmens und des rechtlichen und wirtschaftlichen Rahmens

Neben der Kenntnis des relevanten Regelungsrahmens muss sich der Prüfer aber auch mit dem allgemeinen rechtlichen und wirtschaftlichen Umfeld, den Merkmalen des Unternehmens sowie den Unternehmenszielen und -strategien befassen[17]. Das inhärente Compliance-Risiko wird sich regelmäßig dadurch unterscheiden, welche genaue Relevanz der Regelungsrahmen, dem das Unternehmen unterliegt, tatsächlich für das Unternehmen hat. So ist allgemein anerkannt, dass das konkrete Risiko für Verstöße gegen Korruptionsverbote u.a. in Abhängigkeit von der Branche und von geographischen Regionen steht. Marktstrukturen sind maßgebliche Treiber für Kartellrisiken, und Datenschutzprobleme stellen sich umso stärker, je mehr das Unternehmen mit kritischen Datensätzen arbeitet.

Das Umfeld des Unternehmens hat aber auch über diese direkten Zusammenhänge hinaus Auswirkungen auf das Compliance-Risiko sowie auf die Systemrisiken. Compliance-Verstöße stehen häufig in einem Zusammenhang mit vorsätzlichen Handlungen. Auslöser können hierbei – ähnlich dem bekannten Fraud-Dreieck – neben der Gelegenheit auch die Motivation und die Rechtfertigungsmöglichkeiten des potentiellen Täters sein[18]. Sowohl die Motivation als auch die Rechtfertigungsmöglichkeit kann sich z.B. aus einer schwierigen wirtschaftlichen Lage des Unternehmens ableiten. Die vermeintliche „Gefährdung von Arbeitsplätzen" für den Fall, dass ein bestimmter Kundenauftrag nicht erlangt werden sollte, wurde in der Vergangenheit mehr als einmal als Rechtfertigung für Korruptionsvorgänge genannt. Je nach Komplexität erhöht auch die potentielle Unkenntnis der relevanten Regeln bei den Unternehmensangehörigen das Compliance-Risiko. Das Fraud-Dreieck sollte insoweit zu einem Compliance-Viereck erweitert werden (vgl. Übersicht 4[19]).

Die im Rahmen der Befassung mit den Rahmenbedingungen des Unternehmens erlangten Kenntnisse dienen dabei nicht nur der Risikoeinschätzung, sondern stellen zugleich erste Erkenntnisse zum CMS-Grundelement „Compliance-Kultur" dar. Diese existiert nicht losgelöst von der gesamten Unternehmenskultur, sondern betrifft nur bestimmte Aspekte dieser Unternehmenskultur.

Erfahrene CMS-Prüfer werden die Erkenntnisse über das zu prüfende Unternehmen auch mit vorhandenen oder allgemein verfügbaren Benchmark-Informationen vergleichbarer Unternehmen in Beziehung setzen. So lassen sich Abweichungen identifizieren, die auf spezifische Fehlerrisiken hinweisen können. Ist der CMS-Prüfer zugleich Abschlussprüfer des Unternehmens, kann und muss er die dort gewonnenen Kenntnisse über das Unternehmen auch für die CMS-Prüfung verwenden. Dies gilt aus berufsrechtlichen und gesetzlichen Gründen der Verschwiegenheit ohne weiteres nur in Bezug auf die tatsächlich personelle Identität des Prüfers.

---

17   Vgl. *IDW PS 980*, Tz. 40.

18   *Withus*, ZRFG 2014, S. 152.

19   Übersicht aus *Withus*, a.a.O. (Fn. 7), S. 123.

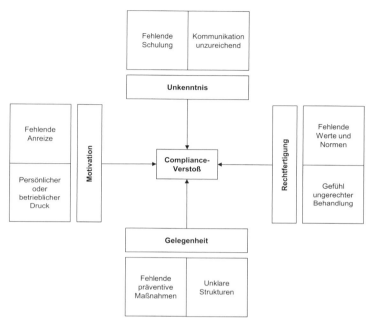

Übersicht 4: Compliance-Viereck

Aber auch Erkenntnisse, die aus Prüfungen der gleichen Wirtschaftsprüfungspraxis vorliegen, die von anderen Berufsträgern durchgeführt wurden, sollten nicht ignoriert werden. Hier ist allerdings eine wirksame Befreiung von Verschwiegenheitspflichten erforderlich[20].

3.3. CMS-Beschreibung als Prüfungsgrundlage

Prüfungsgegenstand ist nach *IDW PS 980* zunächst nicht das CMS selbst, sondern die Aussage des Managements über das CMS in einer vom Unternehmen zu erstellenden CMS-Beschreibung. Zu beurteilen ist, ob diese Aussagen angemessen dargestellt sind. Dies ist der Fall „wenn sie auf sämtliche der in Tz. 23 genannten Grundelemente eines CMS eingehen und keine wesentlichen falschen Angaben sowie keine unangemessenen Verallgemeinerungen oder unausgewogenen und verzerrenden Darstellungen enthalten, die eine Irreführung der (CMS-)Berichtsadressaten zur Folge haben können"[21].

Allerdings beschränkt sich eine Prüfung regelmäßig nicht hierauf; vielmehr ist auch zu beurteilen, ob die dargestellten Maßnahmen und Grundsätze ein geeignetes CMS darstellen und ob sie auch tatsächlich eingerichtet und wirksam durchgeführt wurden. Ausgangspunkt bei jeder Prüfung ist somit die CMS-Beschreibung[22]. Diese Beschreibung kann –

---

20 Vgl. *IDW PS 980*, Tz. A 23.

21 *IDW PS 980*, Tz. 19.

22 Vgl. *IDW PS 980*, Tz. 41.

ähnlich wie ein Vorjahresabschluss oder eine Summen-Saldenliste bei der Abschlussprüfung – für die Initial-Planung der Prüfung als Grundlage dienen.

Die CMS-Beschreibung muss für alle in *IDW PS 980* genannten sieben Grundelemente die wesentlichen Maßnahmen, Grundsätze und Prozesse beschreiben. Abhängig vom relevanten Teilgebiet, auf das sich das CMS bezieht, sowie von den unternehmensspezifischen Rahmenbedingungen lassen sich die Grundelemente in Sub-Elemente aufteilen, die CMS-Kommunikation z.B. in

- Schulungsmaßnahmen,
- Richtlinienmanagement,
- Help-Lines,
- Hinweisgebersysteme,
- externe Darstellung oder
- auch andere Sub-Elemente.

Die Anforderungen an den Detaillierungsgrad dieser CMS-Beschreibung sind dabei geringer als bei einer vollständigen Dokumentation des CMS. Sie muss aber so genau sein, dass sich ein externer Dritter ein umfassendes Bild von der Gestaltung des CMS machen kann. Dadurch eignet sich die CMS-Beschreibung im Übrigen nicht nur als Grundlage für die Prüfung nach *IDW PS 980*, sondern auch als Instrument, um der Informationspflicht des Vorstands gegenüber dem Aufsichtsrat nachzukommen, bzw. als grundlegende Informationsbasis für den Aufsichtsrat oder Prüfungsausschuss, um seiner Überwachungspflicht gemäß § 107 AktG nachzukommen.

3.4. Befragungen

In der Praxis wird eine solche CMS-Beschreibung – zumindest bei einer erstmaligen Prüfung des CMS bei einem Unternehmen – häufig zu Beginn der Prüfung nicht vorhanden sein. Hieraus ergibt sich für den Prüfer die erste Herausforderung: Er muss eine Prüfung der CMS-Beschreibung und des darin beschriebenen CMS planen, ohne dieses System auf der Grundlage einer geeigneten Dokumentation zu kennen. Ausgangspunkt der Prüfung können dann zunächst nur ausführliche Befragungen der CMS-Verantwortlichen über die Struktur und die Gestaltung des CMS sein. Der Prüfer wird sich auf seine berufliche Erfahrung aus anderen CMS-Prüfungen sowie auf seine betriebswirtschaftlichen Prozesskenntnisse stützen, um durch zielgerichtete Fragen die notwendige Informationsbasis für eine Initial-Planung zu erlangen. Kenntnisse können z.B. auch aus der gleichzeitigen Beauftragung als Abschlussprüfer vorhanden sein. Um eine umfassende Kenntnis des CMS und des betrieblichen Umfelds zu erlangen, muss der Prüfer alle in *IDW PS 980* genannten sieben CMS-Grundelemente berücksichtigen. Zielsetzung ist, als Planungsgrundlage die wesentlichen Sub-Elemente des CMS kennenzulernen.

Die Befragung von Mitarbeitern sowie ggf. von Aufsichtsorganen stellt eine zentrale Methode dar, um Fehlerrisiken der CMS-Beschreibung einzuschätzen und gleichzeitig wesentliche Aussagen über die Compliance-Kultur treffen zu können. Durch Vergleich von Befragungen unterschiedlicher Personen kann vor allem auf Unterschiede in der

Compliance-Kultur und auf Fehlerrisiken geschlossen werden. Die Befragungen müssen strukturiert und zielgerichtet erfolgen. Wo es möglich ist, sollte eine Kombination aus schriftlichen Fragebögen und persönlichen Gesprächen gewählt werden. Die Ergebnisse der schriftlichen Befragungen können ebenso wie z.B. erkennbare Unterschiede in den rechtlichen oder wirtschaftlichen Rahmenbedingungen oder in der Compliance-Kultur Grundlage für die Auswahl von Gesprächspartnern für persönliche Interviews sein.

4. Planung der Prüfung

4.1. Bestimmung der zu prüfenden Maßnahmen

Der erste Schritt bei der Auswahl der Prüfungshandlungen ist die Auswahl der zu prüfenden Maßnahmen des CMS. Der Begriff „Maßnahme" umfasst dabei alle Grundelemente des CMS mit ihren Sub-Elementen. Die Prüfung richtet sich auf das CMS insgesamt, nicht zwingend auf jede einzelne Maßnahme des CMS. Bei der Auswahl der zu prüfenden CMS-Maßnahmen muss sichergestellt sein, dass alle wesentlichen Compliance-Risiken durch mindestens eine CMS-Maßnahme abgedeckt sind, die mit hinreichender Prüfungssicherheit beurteilt wurde. Soweit Compliance-Risiken in unterschiedlichen Teilbereichen des Unternehmens (Standorte, Abteilungen, Prozesse, Segmente etc.) unterschiedlichen Wesentlichkeitseinschätzungen unterliegen, handelt es sich für Zwecke der Prüfungsplanung um unterschiedliche Risiken, die jeweils von geprüften CMS-Maßnahmen abzudecken sind.

Liegt keine vollständige Dokumentation – z.B. als Risk-Response-Matrix – vor oder ist diese erkennbar unvollständig, muss der Prüfer selbst sicherstellen, dass er für Zwecke seiner Prüfung für alle wesentlichen Risiken des CMS mindestens eine Maßnahme identifiziert und auf Wirksamkeit prüft, die das Risiko angemessen adressiert. Der Risk-Response-Matrix kommt im Vergleich zur Abschlussprüfung eine besondere Bedeutung zu, weil die CMS-Prüfung auf die angemessene, systemische Reaktion auf die inhärenten Risiken abstellt und nicht auf die tatsächliche Nicht-Realisierung von Risiken. Es muss stets eine Aussage über das System getroffen werden; sog. aussagebezogene Prüfungshandlungen können daher fehlende Systemprüfungshandlungen nicht ersetzen. Die Prüfung zielt immer darauf ab, dass das CMS in der Lage ist, die inhärenten Compliance-Risiken zu erkennen und darauf mit geeigneten Maßnahmen zu reagieren, die hinreichend sicher durchgeführt werden, d.h. ein angemessen niedriges Systemrisiko haben.

Um das Fehlerpotential einer Maßnahme des CMS (Systemrisiko) abschätzen zu können, muss zunächst untersucht werden, welche Handlungen oder Ergebnisse der Maßnahme konkret relevant für das adressierte Compliance-Risiko sind. Der Prüfer muss anhand dieser Zuordnung identifizieren, welche Konditionen dazu führen können, dass diese Handlungen und Ergebnisse nicht wie konzipiert erfolgen und somit die Maßnahme nicht wirksam durchgeführt wird. Die Wahrscheinlichkeit, dass eine Maßnahme nicht wirksam durchgeführt wird, kann z.B. aufgrund einer hohen Komplexität der Maßnahme oder der zur Durchführung erforderlichen besonderen Kenntnisse oder Fähigkeiten steigen. Hieraus leitet sich die Zielrichtung der Prüfungshandlungen ab. Erfordert eine Maßnahme z.B. für die wirksame Umsetzung besondere Kenntnis der beauftragten Personen, muss die

Prüfung sicherstellen, dass diese Kenntnis jeweils vorlag. Baut die Maßnahme auf notwendigen Vorinformationen auf, muss die Prüfung auch beurteilen, ob sichergestellt ist, dass diese notwendigen Vorinformationen jeweils vollständig und zuverlässig zur Verfügung stehen. Beispielsweise kann in einem auf das Kartellrecht ausgerichteten CMS eine detektivische Kontrolle darin bestehen, dass eine regelmäßige Kennziffernanalyse durchgeführt wird, um Hinweise für das Vorliegen von Kartellstrukturen u.a. durch Margenanalysen und die Entwicklung von Marktanteilen aufzudecken[23]. Soll diese Kontrolle einer CMS-Prüfung unterzogen werden, reicht es nicht aus, die unmittelbare Durchführung der Kontrolle zu prüfen. Vielmehr muss der Prüfer sich auch davon überzeugen, dass die Prozesse zur Ermittlung der relevanten Kennziffern so gestaltet sind, dass sie stets zu vollständigen und zuverlässigen Basisinformationen für die CMS-Kontrolle führen. Dies beinhaltet u.U. auch die Ermittlung von Daten aus der Rechnungslegung, die für die jeweilige Kennziffer relevant sind.

Bei der Beurteilung des Systemrisikos ist zu beachten, dass dieses umso geringer sein muss, je wesentlicher die Maßnahme ist, d.h. je höher die Bedeutung der von der Maßnahme adressierten inhärenten Compliance-Risiken ist. Umgekehrt gilt entsprechend, dass bei insgesamt niedrigem Compliance-Risiko ein höheres Systemrisiko akzeptiert werden kann. Eine eigentlich nicht mehr angemessene Höhe des Systemrisikos einer einzelnen Maßnahme kann durch zusätzlich implementierte und wirksam durchgeführte Maßnahmen, die das gleiche Risiko adressieren, auf ein insgesamt angemessenes Niveau gesenkt werden.

Das in *IDW PS 980* genannte Grundelement „Compliance-Risiken" muss in Anbetracht der Bedeutung des Risk Assessments ein zentraler Aspekt bei der Planung und Durchführung der CMS-Prüfung sein. Die Ergebnisse diesbezüglicher Prüfungshandlungen sind naturgemäß bei der Planung der Prüfung nicht vorhanden. Gleichwohl kann der Prüfer im Rahmen seiner Prüfungsplanung sich bereits auf die Risikoeinschätzungen des Unternehmens stützen[24]. Er muss aber fortlaufend alle Erkenntnisse der Prüfung daraufhin beurteilen, ob sich hieraus Änderungen bei der Einschätzung der Compliance-Risiken ergeben und eine Anpassung der Prüfungsplanung daher erforderlich wird.

Kommt der Prüfer im Rahmen seiner eigenen Risikoeinschätzungen zu Beurteilungen, die von denen des Unternehmens abweichen, muss er zunächst prüfen, ob die Einschätzung des Unternehmens dennoch nachvollziehbar und erkennbar innerhalb einer möglichen und noch als angemessen zu beurteilenden Ermessensskala liegt. Ist dies nicht der Fall, liegt ein Mangel im Grundelement CMS-Risiken vor, und der Prüfer muss für die weitere Prüfungsplanung seine eigene Risikoeinschätzung zugrunde legen. Weicht die Einschätzung des Prüfers von der des Unternehmens ab, liegen aber beide in einem noch als angemessen zu beurteilenden Ermessensrahmen, sollte die weitere Prüfungsplanung auf der Einschätzung des Unternehmens beruhen. Anderenfalls kann es zu Diskrepanzen bei der Beurteilung der Angemessenheit oder Wirksamkeit anderer Maßnahmen kommen, die faktisch zu einer unzutreffenden Prüfungsaussage führen würden.

---

23 Vgl. *Nothelfer,* CCZ 2012, S. 186.

24 Vgl. auch ISAE 3000.A107 (rev.).

4.2. Auswahl von Prüfungshandlungen

Die Auswahl der Prüfungshandlungen, die notwendig sind, um ausreichende und angemessene Prüfungsnachweise zu erhalten, damit Prüfungsfeststellungen mit hinreichender Sicherheit getroffen werden können, erfolgt durch den Prüfer im Rahmen pflichtgemäßen Ermessens mit einer kritischen Grundhaltung[25]. Art und Umfang der zu planenden Prüfungshandlungen leiten sich primär aus dem inhärenten Compliance-Risiko ab, auf das sich die Maßnahme richtet; sie werden vom Systemrisiko der Maßnahme und vom Entdeckungsrisiko beeinflusst. Je höher das inhärente Compliance-Risiko, desto geringer muss das Systemrisiko sein, damit das System als angemessen und wirksam gelten kann. Je höher die Kombination aus inhärentem Risiko und Systemrisiko ist, die zusammen das Fehlerrisiko darstellen, desto mehr Prüfungssicherheit benötigt der Prüfer, dass die Maßnahme tatsächlich wirksam durchgeführt wurde. Das verbleibende Entdeckungsrisiko muss also niedrig sein. Je geringer das kombinierte Fehlerrisiko ist, desto höher kann das akzeptierte Entdeckungsrisiko sein (vgl. Übersicht 5).

Übersicht 5: Prüfungshandlungen unter Beachtung von Fehlerrisiken

Hierbei sind vom Prüfer auch die komplexen Wechselwirkungen im CMS zu berücksichtigen. So können beispielsweise Schwächen in der Compliance-Kultur das Risiko erhöhen, dass Maßnahmen des Compliance-Programms ein höheres Systemrisiko haben, wenn Mitarbeiter der Notwendigkeit der Maßnahmen keine hohe Priorität einräumen. Schwächen im Compliance-Grundelement „Überwachung" können dazu führen, dass notwendi-

---

25 Vgl. *IDW Prüfungsstandard: Prüfungsnachweise im Rahmen der Abschlussprüfung (IDW PS 300)*, WPg 2006, S.1445ff. = FN-IDW 2006, S. 727ff., WPg Supplement 3/2013, S. 13ff. = FN-IDW 2013, S. 343ff., WPg Supplement 3/2014, S. 11 = FN-IDW 2014, S. 515 (Stand: 10.07.2014), Tz. 8, 10, 11.

ge Anpassungen von Maßnahmen anderer CMS-Grundelemente nicht durchgeführt werden und diese Maßnahmen daher z.b. durch veränderte Rahmenbedingungen einem höheren Systemrisiko ausgesetzt sind.

Die Beurteilung des Systemrisikos kann auch innerhalb des CMS für eine einheitlich konzipierte Maßnahme unterschiedlich hoch sein. Dies kann z.b. durch Unterschiede in der Compliance-Kultur unterschiedlicher Teileinheiten eines Unternehmens bedingt sein. Ebenso können sich Compliance-Risiken z.b. durch unterschiedliche Rechtssysteme mit unterschiedlichen Sanktionsgefahren innerhalb eines Unternehmens unterscheiden, oder die Wahrscheinlichkeit eines Verstoßes kann sich durch unterschiedliche Geschäftssegmente, aus länderspezifischen Gründen oder unterschiedlichen Prozessabläufen innerhalb des Unternehmens unterscheiden.

Hierdurch können sich in der Praxis für eigentlich einheitlich erscheinende inhärente Compliance-Risiken oder diese adressierende Maßnahmen innerhalb eines CMS unterschiedliche Fehlerrisiken ergeben, die bei der Höhe des akzeptablen Entdeckungsrisikos zu berücksichtigen sind. Compliance-Risiken können sich auch unmittelbar auf das Entdeckungsrisiko auswirken. Immer dort, wo identifizierte Compliance-Risiken mit dem Risiko vorsätzlicher Compliance-Verstöße einhergehen, ist zu berücksichtigen, dass kriminelle Energie gerade darauf gerichtet sein wird, vorhandene Compliance-Maßnahmen zu umgehen und deren Unwirksamkeit nicht auffällig werden zu lassen. Ein solches Verhalten lässt entsprechend das Entdeckungsrisiko ansteigen.

Maßnahmen, die nach pflichtgemäßer Einschätzung des Prüfers das höchste Fehlerrisiko haben, erfordern entsprechend intensivere Prüfungshandlungen, um die angestrebte Prüfungssicherheit zu erlangen. Dabei ist aber zunächst zu beurteilen, ob es bei Maßnahmen, denen ein hohes Fehlerrisiko deshalb unterstellt wird, weil das Systemrisiko als hoch eingeschätzt wird, andere Maßnahmen gibt, die das inhärente Compliance-Risiko angemessen abdecken und einem geringeren Systemrisiko ausgesetzt sind (kompensierende Maßnahmen). Als Beispiel kann eine Geschenke-Richtlinie genannt werden, deren reine Existenz zwar eine mögliche Maßnahme zur Vermeidung von Korruption darstellt, der aber ohne weitere Maßnahmen u.U. ein hohes Risiko der Nichtbeachtung durch Mitarbeiter innewohnt. Statt die wirksame Bekanntgabe der Richtlinie und die tatsächliche Kenntnis der Richtlinie bei allen betroffenen Mitarbeitern zu prüfen, wäre es vermutlich sinnvoller zu beurteilen, ob Überwachungs- und Kontrollmaßnahmen des Unternehmens, die die strikte Anwendung der Richtlinie in allen relevanten Fällen prüfen, u.U. ein geringeres Systemrisiko haben.

5. Fazit

Die Prüfung von CMS nach den Grundsätzen von *IDW PS 980* ist eine risikoorientierte Systemprüfung. Die Grundsätze für die risikoorientierte Planung und Auswahl von Prüfungshandlungen sind aus den allgemeinen berufsständischen Grundsätzen ableitbar. Die CMS-Prüfung bezieht sich primär auf die Aussagen in der CMS-Beschreibung. Gleichwohl ist eine Beurteilung der Angemessenheit und Wirksamkeit des Systems selber zwingend notwendig, um die Richtigkeit der Aussagen in der Beschreibung würdigen zu können. Die Besonderheiten einer solchen Systemprüfung gegenüber der stark aussagebezogenen Abschlussprüfung erfordern vor allem bei der Beurteilung der Fehlerrisiken andere Wesentlichkeitsüberlegungen. Die inhärenten Risiken leiten sich aus der Bedeutung und dem Schadenspotential der für das CMS relevanten Regeln ab. Das aus der Abschlussprüfung bekannte Kontrollrisiko stellt sich als allgemeines Systemrisiko dar, das die Fehleranfälligkeit der Systemmaßnahmen beschreibt, die eine hinreichende Sicherheit der Angemessenheit und Wirksamkeit des CMS gefährden können. Der notwendige Blick auf das CMS – über die reine CMS-Beschreibung hinaus – führt auch dazu, dass das Fehlerrisiko, das der Prüfer bei der Einschätzung des hinnehmbaren Entdeckungsrisikos berücksichtigen muss, sich vor allem als Kombination aus inhärentem Compliance-Risiko und Systemrisiko darstellt. Bei der Auswahl der Prüfungshandlungen ist zu berücksichtigen, dass sich für einheitlich erscheinende Regeln und entsprechende Maßnahmen innerhalb des Unternehmens Unterschiede bei den Fehler- und Entdeckungsrisiken ergeben können, die ihre Ursachen in unterschiedlichen Rahmenbedingungen und z.B. in deren Auswirkungen auf die Compliance-Kultur haben können.

G Inwieweit ist ISO 19600 für die Wirtschaftsprüfung relevant? – Zum Verhältnis von ISO 19600 und IDW PS 980

Von WP StB Dr. Stefan Schmidt, WP StB Andreas Wermelt und Dr. Beate Eibelshäuser
Erstveröffentlichung: WPg 20/2015 (S. 1043 ff.)

ISO 19600 formuliert Empfehlungen, wie Compliance-Management-Systeme (CMS) in Unternehmen gestaltet sein können. Bei der Frage, in welchem Verhältnis ISO 19600 und IDW S 980 zueinander stehen, zeigt sich, dass ISO 19600 die in IDW PS 980 beschriebenen Grundelemente eines CMS konkretisiert. Letztlich kann ein nach den Leitlinien von ISO 19600 eingerichtetes CMS Gegenstand einer Prüfung nach IDW PS 980 sein.

1. Einleitung

Die International Organization for Standardization (ISO) hat im Dezember 2014 als internationale Normungsorganisation den neuen Standard ISO 19600 „Compliance Management Systems – Guidelines" verabschiedet. ISO 19600 enthält international einheitliche Empfehlungen zur Gestaltung von Compliance-Management-Systemen (CMS). Er steht ergänzend neben weiteren „generic guidelines" – z.B. ISO 31000 (Risk management – Principles and guidelines) und ISO 26000 (Guidance on social responsibility). ISO 19600 formuliert keine verbindlichen Anforderungen an die Gestaltung von CMS und ist somit keine zertifizierbare Managementsystem-Norm wie etwa ISO 9001 (Quality management systems – Requirements) oder ISO 22301 (Societal security – Business continuity management systems – Requirements).[1]

Setzt sich ISO 19600 durch, wird die einheitliche Gestaltung von CMS zu einer höheren Vergleichbarkeit der Systeme führen, vor allem auch im Verhältnis zu in- und ausländischen Geschäftspartnern und Lieferanten. Eine Prüfung der Systeme wird zu einer höheren Transparenz und Übersichtlichkeit beitragen.[2]

Im Hinblick auf die Prüfung eines CMS reagierte das IDW mit *IDW PS 980* auf die zunehmende Nachfrage nach unabhängigen Aussagen zur angemessenen und wirksamen Gestaltung von CMS. *IDW PS 980* richtet sich an Wirtschaftsprüfer, die CMS-Prüfungen durchführen. Er enthält neben Anleitungen zur Auftragsannahme, Auftragsdurchführung und Berichterstattung auch grundsätzliche Hinweise zur Gestaltung von CMS, die von Unternehmen als Leitlinien herangezogen werden können.[3]

2. Pflicht zur Einrichtung von Compliance-Management-Systemen

In den vergangenen Jahren hat sich der Begriff „Compliance" in der deutschen Fachliteratur ebenso etabliert wie deren Bedeutung für Unternehmen. Compliance wird als ein Bau-

---

1 Zu den verschiedenen ISO-Standards und Kategorien, denen sie zugeordnet werden, siehe *http://www.iso.org*.

2 Vgl. *Makowicz*, CB 10/2014, S. I.

3 Vgl. *Eibelshäuser/Schmidt*, WPg 2011, S. 941.

stein einer guten Corporate Governance im Unternehmen angesehen.[4] Die Unternehmensleitung hat im Rahmen ihrer Leitungsfunktion (§ 76 Abs. 1 AktG) und ihrer allgemeinen Sorgfaltspflichten (§ 93 Abs. 1 AktG) u.a. die Aufgabe, Maßnahmen im Unternehmen zu verankern, damit die Mitarbeiter die gesetzlichen Vorschriften und unternehmensinternen Regelungen befolgen. Der Aufsichtsrat hat dies nach der Generalklausel in § 111 Abs. 1 AktG zu überwachen.

Prüfungsausschuss

Nach § 107 Abs. 3 Satz 2 AktG kann der Aufsichtsrat aus seiner Mitte einen Prüfungsausschuss bilden, der sich u.a. mit der Überwachung des Rechnungslegungsprozesses, der Wirksamkeit des IKS, des Risikomanagementsystems und der Internen Revision befasst. Dies umfasst auch die Maßnahmen des Vorstands, die sich auf die Begrenzung der Risiken aus möglichen Verstößen gegen Vorschriften und interne Richtlinien beziehen.[5] Der Gesetzgeber stellt in der Gesetzesbegründung zum BilMoG klar, dass sich die Vorschrift zwar in erster Linie auf die innere Ordnung des Aufsichtsrats bezieht, die genannten Überwachungstätigkeiten jedoch das mögliche Aufgabenspektrum eines Prüfungsausschusses und mittelbar auch die allgemeine Überwachungsaufgabe des Aufsichtsrats (§ 111 AktG) konkretisieren.[6]

DCGK und Compliance

Diese Regelungen sind auch im Deutschen Corporate Governance Kodex (DCGK) u.a. in Rn. 4.1.3 (Pflichtenlage des Vorstands) oder in Rn. 5.3.2 (Pflichtenlage des Prüfungsausschusses bzw. des Aufsichtsrats im Bereich Compliance) verankert. Ihre Beachtung wird als „Compliance" bezeichnet.[7] *IDW PS 980* definiert den Begriff „Compliance" in Übereinstimmung mit dem DCGK. So ist auch die Definition von Compliance in Rn. 3.17 von ISO 19600 zu interpretieren:
„Meeting all the organizaton's compliance obligations".

Compliance-Verstöße

Treten in einem Unternehmen Compliance-Verstöße auf, kann dies zu einer ordnungsrechtlichen Außenhaftung führen (§§ 130, 30 OWiG). Daran anknüpfend kann gegen die für die Gesellschaft handelnde Person ein Bußgeld im Rahmen einer Durchgriffshaftung verhängt werden. Hat z.B. der Vorstand es versäumt, effektive Compliance-Maßnahmen im Unternehmen zu verankern und deren Wirksamkeit kontinuierlich zu prüfen, kann dies zu einer zivilrechtlichen Schadensersatzpflicht des Vorstands gegenüber der Gesellschaft führen (§ 93 Abs. 2 Satz 1 AktG). Die Legalitätspflichten unterliegen ebenso wie die

---

4   Vgl. hierzu stellvertretend *Schneider*, ZIP 2003, S. 648; *Fleischer*, NZG 2004, S. 1131; *Eibelshäuser*, Der Konzern 2007, S. 939; *Görtz*, CCZ 2010, S. 127.

5   Zur Abgrenzung der Begriffe Compliance-System, Internes Kontrollsystem und Risikomanagementsystem vgl. AKEIÜ, DB 2010, S. 1516.

6   Vgl. BT-Drs. 16/10067, S. 102.

7   Vgl. Rn. 4.1.3 DCGK (*http://www.dcgk.de//files/dcgk/usercontent/de/download/kodex/2015-05-05_Deutscher_Corporate_Governance_Kodex.pdf*; Abruf: 29.09.2015).

Legalitätskontrollpflicht keinem Ermessen. Diskussionsbedarf besteht aber bei der Frage, wie die regelmäßige Überwachung des CMS gestaltet werden kann, damit seine nachhaltige Wirksamkeit gewährleistet ist.

3. Unabhängige Prüfungen von Compliance-Management-Systemen als Mittel der Überwachung

Für Zwecke der Überwachung des CMS können unternehmensexterne Dienstleister (z.B. Wirtschaftsprüfer) unabhängige Prüfungen des CMS durchführen. Unternehmen sind zwar nicht gesetzlich dazu verpflichtet, ihr CMS nach *IDW PS 980* prüfen zu lassen. Eine Prüfung ausgewählter Teilbereiche des unternehmens- bzw. konzernweiten CMS kann aber ein neutraler Nachweis dafür sein, dass die Mitglieder des Geschäftsführungs- und des Überwachungsorgans ihre Organisations-, Aufsichts- und Kontrollpflichten im Bereich Compliance umfassend wahrgenommen haben. Auch kann eine haftungsentlastende Wirkung für die Mitglieder der Unternehmensorgane erzielt werden. Vor allem Mitglieder des Aufsichtsrats und der Geschäftsführung trifft im Hinblick auf die Einhaltung ihrer Sorgfaltspflichten die Beweislast (§ 116 Satz 1, § 93 Abs. 2 Satz 2, § 117 Abs. 2 Satz 2 AktG). Darüber hinaus steigert eine unabhängige Prüfung des CMS das Vertrauen der Geschäftspartner, Gesellschafter, Banken, Kunden sowie der eigenen Mitarbeiter. Ferner kann ein positives Prüfungsurteil z.B. im Falle eines Unternehmenskaufs oder -verkaufs eine Compliance-Due-Diligence erleichtern. Weiterhin kann ein Prüfungsurteil als Nachweis über den Stand der Compliance-Maßnahmen bei einem Geschäftspartner (z.B. Zulieferer-Unternehmen) dienen. Diesen Nachweis kann der Geschäftspartner durch eine unabhängige Compliance-Prüfung in seinem Unternehmen oder Konzern erbringen. Die Aufzählung ist nicht abschließend. Sie zeigt aber, dass es für Unternehmen zahlreiche Gründe und Anlässe gibt, das CMS prüfen zu lassen.[8]

Klarzustellen ist, dass Prüfungen nach *IDW PS 980* nicht mit Zertifizierungen von CMS gleichgesetzt werden können.[9] Erfüllen aber Prüfungen nach *IDW PS 980* die Anforderungen einer Zertifizierungsinstanz, können diese Prüfungen als Grundlage für deren Zertifizierungsverfahren dienen.[10]

4. ISO 19600 und IDW PS 980: Richtlinien zur Einrichtung, Gestaltung und Prüfung von Compliance-Management-Systemen

ISO 19600 ist keine zertifizierbare Managementnorm. Der Standard folgt der sog. „High Level Structure". Er beruht auf einer übergeordneten, einheitlichen Struktur für Managementsysteme im ISO-Normenwerk. Bei seiner Entwicklung wurde allerdings die ausdrückliche Entscheidung für eine Norm in Form eines Leitfadens getroffen. ISO-Normen

---

8 Vgl. auch *Grüninger/Remberg*, CBB 2013, S. 187.

9 Vgl. zur Zertifizierung IDW (Hrsg.), WP Handbuch 2014, Bd. II, 14. Aufl., Düsseldorf 2014, Kap. O, Tz. 420 f.

10 Beispiele sind u. a. das Zertifizierungsverfahren des TÜV Rheinland zum TÜV-Standard TR CMS 101:2011 „Standard für Compliance Management Systeme (CMS)" (*http://www.tuv.com/media/germany/60_systeme/compliance/compliance_stan dard_tr*. pdf; Abruf: 16.09.2015) oder das Zertifizierungsverfahren „ComplianceManagement in der Immobilienwirtschaft" der Initiative Corporate Governance der deutschen Immobilienwirtschaft e.V. (http://www.immo-initiative.de/zertifizie rung/; Abruf: 16.09.2015).

besitzen keine rechtlich bindende Wirkung – eine Zertifizierung erfolgt immer auf freiwilliger Basis.[11] Dies spiegelt sich vor allem in den folgenden Entscheidungskriterien wider, die bei der Gestaltung von ISO 19600 herangezogen wurden:

- keine Mindestanforderungen und damit keine unmittelbar überprüfbaren Muss-Vorgaben;
- Möglichkeit, auf Basis der Leitlinien von ISO 19600 einen eigenen individuellen Katalog von Mindestanforderungen zu erstellen – gegen diesen wäre dann zu prüfen;
- keine weltweit einheitliche Umsetzung einer ISO-Norm, aufgrund von abweichenden Regelungen des jeweiligen Landesrechts.

Die Einleitung zu ISO 19600 zeigt, dass sein Anwendungsbereich sehr weit gefasst ist. ISO 19600 verkörpert somit einen unverbindlichen Katalog von Empfehlungen zur Gestaltung von CMS. Neben Unternehmen ist es auch Stiftungen, Verbänden und staatlichen Institutionen möglich, die Richtlinien in ISO 19600 zu befolgen. Größe, Struktur, Art und Komplexität der Organisation bestimmen den Umfang der Anwendung. Dies unterstützt die Absicht, Leitlinien mit Erläuterungen zu Umfang und Unternehmensbezogenheit eines CMS sowie zu dessen Gestaltung und Aufbau zu vermitteln.[12] Darüber hinaus gibt ISO 19600 aber keine spezifische inhaltliche Hilfestellung vor allem für die Unternehmensorgane bei der Frage, welche Grundsätze und Maßnahmen in einem bestimmten Rechtsgebiet (z.B. Kartellrecht oder Korruptionsbekämpfung) in einem CMS zu verankern sind.[13]

IDW PS 980

IDW PS 980 hingegen richtet sich an Wirtschaftsprüfer, die von Unternehmen bzw. Organisationen mit der Prüfung der Angemessenheit und Wirksamkeit des CMS beauftragt werden. Ausgangsbasis und Gegenstand der CMS-Prüfung ist eine sog. „CMS-Beschreibung" i.S. von *IDW PS 980*. Diese CMS-Beschreibung enthält eine Darstellung der unternehmensindividuell eingerichteten Grundsätze und Maßnahmen, die in ihrer Gesamtheit das zu prüfende CMS ergeben. Die in *IDW PS 980* formulierten Grundelemente eines CMS (dazu Kap. 5) bilden die konzeptionelle Basis eines angemessenen und wirksamen CMS und stellen den Referenzrahmen für den CMS-Prüfer dar.

Damit der CMS-Prüfer das CMS als angemessen beurteilen kann, müssen je Grundelement Grundsätze und Maßnahmen unternehmensindividuell ausgeprägt sein. Dabei kann das Unternehmen Standards zur Einrichtung von CMS heranziehen, z.B. ISO 19600. Letzterer ist eine mögliche konzeptionelle Konkretisierung der in *IDW PS 980* formulierten Grundelemente eines CMS.

---

11   Ausführlich *Ehnert*, CCZ 2015, S. 7f.

12   Vgl. *Sünner*, CCZ 2015, S. 3; so auch Makowicz, CB 10/2014, S. I.

13   Vgl. *Schmidt/Wermelt/Eibelshäuser*, CCZ 2015, S. 18.

5. Abdeckung der Kriterien in ISO 19600 durch die Grundelemente gemäß IDW PS 980

IDW PS 980 nennt die folgenden Grundelemente:

- Compliance-Kultur,
- Compliance-Ziele,
- Compliance-Risiken,
- Compliance-Programm,
- Compliance-Organisation,
- Compliance-Kommunikation sowie
- Compliance-Überwachung und -Verbesserung.[14]

Die Grundelemente stehen in einer wechselseitigen Beziehung zueinander und können als Prinzipien nicht völlig überschneidungsfrei gestaltet werden. Übersichten 1 bis 7 stellen die Erläuterungen zu den einzelnen Grundelementen gemäß *IDW PS 980* denen zu ISO 19600 gegenüber.[15]

Compliance-Kultur	
Erläuterung gemäß IDW PS 980	**Kriterien gemäß ISO 19600**
Die Förderung einer günstigen Compliance-Kultur ist für die Wirksamkeit der eingeführten Grundsätze und Maßnahmen von entscheidender Bedeutung. Mitarbeiter werden sich nur dann verlässlich an die vorgegebenen Grundsätze und Maßnahmen halten, wenn sie davon überzeugt sind, dass dies dem Willen und der Grundüberzeugung der gesetzlichen Vertreter entspricht. Die Werteorientierung der gesetzlichen Vertreter und der übrigen Mitglieder des Managements und deren Bekenntnis zu einem verantwortungsvollen und regelkonformen Handeln sind hierfür entscheidend.	Auch die Abschnitte • 4.4 „Compliance management system and principle of good governance", • 5.1 „Leadership and commitment", • 7.3.2.1 „Behaviour – General" sowie • 7.3.2.2 „Top management's role in encouraging compliance" enthalten Ausführungen zur Compliance-Kultur und weichen grundsätzlich nicht von der Definition in *IDW PS 980* ab. Als zusätzliche Leitlinie enthält ISO 19600 u.a. noch Beispiele für Faktoren, die die Entwicklung einer günstigen Compliance-Kultur im Unternehmen unterstützen, sowie Hinweise, die externen Dritten verdeutlichen, dass das Unternehmen bzw. das Management eine günstige Compliance-Kultur fördert.

Übersicht 1: Compliance-Kultur

---

14   Vgl. hierzu und zu den jeweiligen Grundelementen *IDW PS 980*, Tz. 23.

15   Vgl. *Schmidt/Wermelt/Eibelshäuser*, CCZ 2015, S. 19 f.

Compliance-Ziele	
Erläuterung gemäß IDW PS 980	**Kriterien gemäß ISO 19600**
Auf der Grundlage der allgemeinen Unternehmensziele legen die gesetzlichen Vertreter die Compliance-Ziele fest. Dies umfasst die Frage, welche Geschäftsbereiche, Unternehmensprozesse oder Rechtsgebiete in das CMS einbezogen werden. Diese Festlegung basiert auf einer Analyse der Relevanz von Vorschriften und Richtlinien für das Unternehmen und bestimmt die Bereiche, in denen das Risiko von bedeutsamen Verstößen besonders hoch ist. Des Weiteren ist zu entscheiden, ob das CMS neben den Mitarbeitern des Unternehmens auch Dritte, z.B. Lieferanten, erfassen soll.	In ISO 19600 fallen die Ausführungen zu den Compliance-Zielen unter die Abschnitte • 4.2 „Understanding the needs and expectations of interested parties", • 4.3 „Determining the scope of the compliance management system", • 4.5.1 „Identification of compliance objectives" sowie • 6.2 „Compliance objectives and planning to achieve them". Generisch sollte die Organisation Compliance-Ziele für die relevanten Funktionen und Ebenen festlegen. Dabei sollte u.a. beachtet werden, dass sie konsistent mit der Compliance-Policy und messbar sind, notwendige Anforderungen berücksichtigen, überwacht, kommuniziert und bei Bedarf angepasst werden. Im Rahmen der Planung, wie die Compliance-Ziele erreicht werden, sollte die Organisation bestimmen, was getan werden soll, welche Ressourcen benötigt werden, wer die Verantwortung trägt, wann die Ziele erreicht werden sollten und wie die Ergebnisse evaluiert werden.

Übersicht 2: Compliance-Ziele

Compliance-Risiken	
Erläuterung gemäß IDW PS 980	**Kriterien gemäß ISO 19600**
Auf der Grundlage der Compliance-Ziele sind die Compliance-Risiken zu analysieren, die der Erreichung der Compliance-Ziele entgegenstehen können. Hierbei handelt es sich um einen strukturierten Regelprozess, der Voraussetzung für die Grundsätze und Maßnahmen ist, die im Unternehmen als Teil des Compliance-Programms eingeführt werden.	Dies entspricht den Ausführungen in Abschnitt 4.6 von ISO 19600. Hier wird betont, dass die Identifikation und Evaluation der Risiken (Risk Assessment) Grundlage für die Einrichtung und Gestaltung des CMS sind, was im Ergebnis *IDW PS 980* entspricht.

Übersicht 3: Compliance-Risiken

Compliance-Programm	
Erläuterung gemäß IDW PS 980	**Kriterien gemäß ISO 19600**
Mit dem Compliance-Programm reagiert das Unternehmen auf die analysierten Compliance-Risiken. Hierbei handelt es sich z.B. um Funktionstrennungen, Berechtigungskonzepte, Genehmigungsverfahren und Unterschriftsregelungen oder um Vorkehrungen zum Vermögensschutz und andere Sicherheitskontrollen.	Gemäß ISO 19600 sollen Regelungen u.a. zu den i.S. von *IDW PS 980* analysierten Compliance Risiken in der in Abschnitt 5.2 erläuterten Compliance Policy niedergeschrieben werden. Diese soll als Rahmenwerk dienen und das Compliance-Programm im Unternehmen verankern bzw. regeln. Auch die Abschnitte • 6.1 „Actions to address compliance risks" und • 8 „Operation" enthalten Elemente eines Compliance-Programms.

Übersicht 4: Compliance-Programm

Compliance-Organisation	
Erläuterung gemäß IDW PS 980	**Kriterien gemäß ISO 19600**
Im Unternehmen ist als Bestandteil des CMS eine effektive Compliance-Organisation mit klarer Zuordnung von Rollen und Verantwortlichkeiten einzurichten. Hierzu kann auch die Bildung einer Compliance-Abteilung oder eines Compliance-Gremiums zählen, das die Compliance-Aktivitäten des Unternehmens koordiniert. Es ist allerdings keine separate Compliance-Organisation erforderlich; die entsprechenden Aufgaben können auch anderen Unternehmensfunktionen zugeordnet werden.	Hinsichtlich der Anforderungen an eine Compliance-Organisation weist ISO 19600 in den Abschnitten • 5.3.1 „Organizational roles, responsibilities and authorities – General", • 5.3.2 „Assigning responsibilities in the organization", • 5.3.3 „Governing body and top management role and responsibilities", • 5.3.4 „Compliance function", • 5.3.5 „Management responsibilities", • 5.3.6 „Employee responsibilities" klare Rollen und Verantwortlichkeiten im Bereich der Compliance zu. Hierbei wird unterschieden zwischen den Verantwortlichkeiten des Überwachungsorgans, des Managements, der Compliance Organisation und der einzelnen Mitarbeiter. Übereinstimmend mit *IDW PS 980* wird hervorgehoben, dass die Einrichtung einer eigenen Compliance-Organisation nicht erforderlich ist, soweit die einzelnen Funktionen von anderen Stellen im Unternehmen wahrgenommen werden.

Übersicht 5: Compliance-Organisation

Compliance-Kommunikation	
Erläuterung gemäß IDW PS 980	**Kriterien gemäß ISO 19600**
Die Grundsätze und Maßnahmen des Compliance-Programms sind an die betroffenen Mitarbeiter und ggf. an Dritte zu kommunizieren (z.B. in Form von Schulungsveranstaltungen), damit sie die ihnen zugewiesenen Aufgaben im CMS sachgerecht erfüllen können. Zur CMS-Kommunikation zählt auch der Bericht über festgestellte Regelverstöße oder über die Missachtung von Elementen des Compliance-Programms an jene Stellen im Unternehmen, die für Ursachenanalyse und Konsequenzen-Management verantwortlich sind.	Analog zu *IDW PS 980* enthält ISO 19600 generische Leitlinien zur Kommunikation in Abschnitt 7.4. Ganz allgemein wird an die Organisation appelliert zu bestimmen, was wann an wen wie kommuniziert wird. Auch wird zwischen interner Kommunikation an die Mitarbeiter und externer Kommunikation an Kunden, Lieferanten, Regulatoren etc. unterschieden. Hierbei werden Kommunikationsmethoden und -wege beispielhaft aufgezählt.

Übersicht 6: Compliance-Kommunikation

Compliance-Überwachung und -Verbesserung	
Erläuterung gemäß IDW PS 980	**Kriterien gemäß ISO 19600**
Abschließend ist ein Verfahren einzuführen, das auf eine systematische Überwachung und ständige Verbesserung des CMS abzielt. Eine zentrale Aufgabe kann hierbei der Internen Revision zukommen, sofern diese die erforderliche Objektivität und Kompetenz hat. Voraussetzung für eine wirksame Überwachung ist eine ausreichende Dokumentation des CMS. Dazu zählen Nachweise, dass die Grundsätze und Maßnahmen des CMS eingehalten wurden. Eine Dokumentation des CMS ist zudem für ein personenunabhängiges Funktionieren des Systems erforderlich. Die Ergebnisse der Überwachung des CMS sind auszuwerten; bei festgestellten Mängeln sind Maßnahmen zur Systemverbesserung zu ergreifen.	ISO 19600 bettet die Leitlinien zur Überwachung und Verbesserung des CMS in die Abschnitte 9 „Performance evaluation" und 10 „Improvement" ein. Empfohlen wird, dass das CMS überwacht werden sollte, um sicherzustellen, dass die angestrebten Ergebnisse erreicht werden. ISO 19600 schlägt Aspekte vor, die die Überwachung des CMS berücksichtigen sollte. Ergänzend empfiehlt ISO 19600 in Abschnitt 9.2, das CMS prüfen zu lassen. Enthalten sind aber keine klaren Vorgaben, wann die Prüfung von wem durchgeführt und in welchen Abständen sie wiederholt werden sollte. Eine Prüfung kann also sowohl intern als auch extern von kompetenten Fachleuten durchgeführt werden (extern z.B. von Wirtschaftsprüfern). Systemprüfungen für Aufsichtsbehörden können nachweisbar durchgeführt und dokumentiert werden, da empfohlen wird, die Ergebnisse der Überwachung in Compliance Reports aufzunehmen. ISO 19600 schlägt abschließend vor, einen Eskalationsprozess zu definieren, falls Verstöße festgestellt werden. Analog zu *IDW PS 980* sollten bei festgestellten Mängeln Verbesserungsmaßnahmen ergriffen werden.

Übersicht 7: Compliance-Überwachung und -Verbesserung

Die Grundelemente nach *IDW PS 980* werden von den Kriterien nach ISO 19600 somit vollständig abgedeckt. Ein nach ISO 19600 gestaltetes CMS wird somit Grundsätze und Maßnahmen aufweisen, die grundsätzlich die Grundelemente eines CMS nach *IDW PS 980* ausfüllen. Insofern kann ISO 19600 vorbehaltlich der unternehmensindividuellen Ausprägung die Basis für ein angemessenes und wirksames CMS i.S. von *IDW PS 980* bilden.[16]

6. Prüfung eines nach ISO 19600 eingerichteten CMS

Eine Prüfung nach *IDW PS 980* bezieht sich immer auf für Zwecke der Prüfung abzugrenzende „Teilbereiche" eines CMS. Dabei handelt es sich regelmäßig um die Grundsätze und Maßnahmen zur Verhinderung bzw. rechtzeitigen Aufdeckung von Regelverstößen in Rechtsgebieten, Geschäftsbereichen oder Unternehmensprozessen, die anlässlich der Prüfung als Prüfungsgegenstand definiert wurden. Das nach *IDW PS 980* zu prüfende CMS bildet somit einen Ausschnitt des im Unternehmen insgesamt durchgeführten Compliance-Managements. Nur in diesen abgegrenzten Teilbereichen wird eine Prüfung der Angemessenheit und Wirksamkeit des ggf. nach ISO 19600 empfohlenen CMS durchgeführt. Eine CMS-Prüfung soll dem Prüfer für diese Teilbereiche (z.B. für den Datenschutz oder die innerbetriebliche Exportkontrolle) eine Aussage mit hinreichender Sicherheit darüber ermöglichen,

- ob die in der der Prüfung zugrunde zu legenden CMS-Beschreibung enthaltenen Aussagen über die Grundsätze und Maßnahmen des CMS in allen wesentlichen Belangen angemessen dargestellt sind,
- dass die dargestellten Grundsätze und Maßnahmen geeignet sind, mit hinreichender Sicherheit Risiken für wesentliche Regelverstöße rechtzeitig zu erkennen bzw. zu verhindern, und zu einem bestimmten Zeitpunkt implementiert waren,
- die Grundsätze und Maßnahmen während eines bestimmten Zeitraums wirksam waren.[17]

Somit verfolgt eine CMS-Prüfung nach *IDW PS 980* nicht das Ziel, eine Aussage über die (formale) Umsetzung bzw. Beachtung von ISO 19600 zu treffen, sondern mit hinreichender Sicherheit zu beurteilen, ob das im Unternehmenskontext gestaltete CMS angemessen und wirksam ist. ISO 19600 kann bei sachgerechter Umsetzung im Unternehmenskontext vor allem die Unternehmensorgane und übrigen Vertreter des Managements dabei unterstützen, die Grundelemente eines CMS nach *IDW PS 980* zu gestalten.[18]

7. Fazit

Die Zahl der Unternehmen, die ihr CMS von einem Wirtschaftsprüfer prüfen lassen, steigt stetig. Das Ziel – vor allem der Unternehmensorgane – ist es, ihrer Pflicht zur Überwachung der Wirksamkeit des CMS mit Hilfe einer externen und unabhängigen Prüfung zu

---

16   Ähnlich *Withus/Kunz*, BB 2015, S. 688.
17   Vgl. *IDW PS 980*, Tz. 14.
18   Vgl. *Schmidt/Wermelt/Eibelshäuser*, CCZ 2015, S. 20.

entsprechen. So können Haftungsrisiken für die Geschäftsleitung und das Unternehmen reduziert und mögliche schuldhafte Sorgfalts- bzw. Organisationspflichtverletzungen vermieden werden.

Gemäß ISO 19600 sollte die Gestaltung, Angemessenheit und Wirksamkeit des CMS regelmäßig geprüft werden. Neben einer internen Prüfung können auch externe Fachleute (z.B. Wirtschaftsprüfer) damit beauftragt werden. Als Grundlage für die Prüfung ziehen deutsche Wirtschaftsprüfer – komplementär zu ISO 19600 – *IDW PS 980* heran.

ISO 19600 ist eine mögliche konzeptionelle Konkretisierung der in *IDW PS 980* formulierten Grundelemente eines CMS. Er bildet den Referenzrahmen für die Ausarbeitung der CMS-Grundsätze als Basis für die Beurteilung der Angemessenheit und Wirksamkeit des CMS in bestimmten Teilbereichen. Somit kann ein nach ISO 19600 eingerichtetes CMS Gegenstand einer Prüfung nach *IDW PS 980* sein.

Ziel einer CMS-Prüfung nach *IDW PS 980* ist nicht die Aussage über die (formale) Umsetzung bzw. Beachtung der Empfehlungen von ISO 19600, sondern eine Aussage zur Angemessenheit und Wirksamkeit des unternehmensindividuell gestalteten CMS. Dabei bezieht sich die CMS-Prüfung nach *IDW PS 980* immer auf für Zwecke der Prüfung abgegrenzte Rechtsgebiete, Geschäftsbereiche oder Unternehmensprozesse. Somit besitzen die Unternehmensorgane die Möglichkeit, sich bei der Gestaltung des CMS ihres Unternehmens an den Empfehlungen von ISO 19600 zu orientieren und dieses sodann von einem Wirtschaftsprüfer auf der Grundlage von *IDW PS 980* prüfen zu lassen.

H Compliance – Ein Geschäftsfeld auch für den Mittelstand

Von WP StB Dr. Stefan Schmidt und WP StB Daniel Groove

Erstveröffentlichung: IDW Life 06/2016 Fokus

Das Thema Compliance wird auf den ersten Blick häufig nur mit großen (besonders börsennotierten) Unternehmen in Verbindung gebracht. Dabei ist Compliance im gleichen Maße auch für mittelständische Unternehmen relevant. Denn Compliance-Risiken hängen nicht in erster Linie von der Unternehmensgröße, sondern von der Art der Unternehmenstätigkeit ab. Die zunehmende Exportorientierung sowie die steigenden Anforderungen an die Corporate Governance erhöhen zudem den Druck auch auf mittelständische Unternehmen, ein funktionierendes Compliance-Management-System (CMS) einzurichten. Für den Berufsstand erwachsen hieraus Geschäftschancen bei der Einführung und der Überwachung solcher Systeme.

1. Ausgangssituation

Mittelständische Unternehmen sind häufig der Auffassung, Compliance – d.h. die Sicherstellung der Einhaltung von Regeln – bzw. das Einrichten von Compliance-Management-Systemen (CMS), mit dem Ziel, Risiken aus der „Nicht-Einhaltung von Regeln" zu begegnen, sei eher etwas für Großunternehmen. Die zunehmende öffentliche Diskussion auch in der Presse über Wirtschaftskriminalität, z. B. in Form von Korruption oder Geldwäsche, zeigt aber, dass Compliance kein Themengebiet ist, das nur für große kapitalmarkorientierte Unternehmen von Interesse ist. Es dringt immer mehr auch in das Bewusstsein mittelständischer Unternehmer vor, da auch diese Unternehmensgruppe in den vergangenen Jahren von Compliance-Fällen und entsprechenden Sanktionen sowie Reputationsschäden betroffen war. Beispiele sind ein mittelständischer Spediteur, der wegen Bestechung und Sozialversicherungsbetrug zu einer Geldstrafe von mehr als 2 Mio. EUR verurteilt wurde, oder ein Familienunternehmen, das wegen der Beteiligung am sogenannten Reißverschlusskartell ein Bußgeld von 40 Mio. EUR zahlen musste. Vor allem für mittelständische Unternehmen können die mit solchen Compliance-Fällen verbundenen Geldstrafen und Reputationsschäden katastrophale Folgen – ggf. bis hin zur Existenzbedrohung – haben. Da die Risiken weniger von der Unternehmensgröße abhängen, sondern sich insb. aus der Branche und der Art der Geschäftstätigkeit ergeben, tragen mittelständische Unternehmen letztlich die gleichen Risiken wie Großunternehmen.

2. Notwendigkeit eines CMS

Es zählt zu den allgemeinen Sorgfaltspflichten des Vorstands bzw. der Geschäftsführung, Maßnahmen im Unternehmen zu etablieren, damit die Einhaltung gesetzlicher Vorschriften sowie unternehmensinterner Bestimmungen sichergestellt werden kann. Dem Aufsichtsrat bzw. seinem Prüfungs- oder ggf. Compliance-Ausschuss obliegt die Überwachungspflicht, dass die Geschäftsführung ihren Pflichten nachkommt. Kommt die Geschäftsführung und ggf. das Aufsichtsorgan dieser Verantwortung zur Einrichtung wirksamer CMS nicht nach, besteht die Gefahr, dass Regelverstöße wirtschaftliche Nachteile für das Unternehmen und seine Organe nach sich ziehen können (z. B. Bußgelder nach dem OWiG, Haftung nach dem AktG und Reputations schäden). CMS haben vor allem eine präventive Funktion – Risiken für Schäden und Verstöße sollen rechtzeitig erkannt und verhindert werden. Dies wird auch durch die aktuelle Rechtsprechung deutlich. So hat z.b. nach einem Urteil des Landgerichts München (Urt. v. 10.12.2013 – 5 HK O 1387/10) die Geschäftsführung dafür Sorge zu tragen, dass mit einem CMS Risiken systematisch vorgebeugt wird und auch eine regelmäßige Kontrolle und Überwachung erfolgt.

Zudem steigt die Zahl der Unternehmen, die von ihren Lieferanten erwarten, dass sie sich regeltreu verhalten und dies ggf. auch nachweisen können.

Bei Aktiengesellschaften ergeben sich die Pflichten noch klarer aus den gesetzlichen Vorschriften als bei GmbH oder Personengesellschaften. § 107 Abs. 3 AktG und der Deutsche Corporate Governance Kodex (Ziff. 5.3.2) führen zu den Überwachungsaufgaben des Prüfungsausschusses eines Aufsichtsrats aus, dass sich dieser mit der Wirksamkeit des Risikomanagement-, des internen Kontroll- und des internen Revisionssystems sowie mit der Compliance im Unternehmen zu befassen hat.

3. Ausgestaltung eines CMS

Bei der Ausgestaltung eines CMS in einem mittelständischen Unternehmen ist von Bedeutung, dass die konkreten Risikofelder im Vordergrund stehen und nicht die formale Einrichtung einer allgemeinen Compliance-Organisation. Zum Beispiel ist Geldwäsche vorwiegend ein Thema für Banken, Produkthaftung ist u.a. für Maschinenbauer relevant und Mindestlöhne sind für ausländische Subunternehmer ein typisches Problem, insb. in der Bauindustrie. Zunächst ist also entscheidend, dass ein Unternehmen die konkreten Risikofelder identifiziert und sich einen Überblick über die Rechtsgebiete verschafft, die tatsächlich relevante Risiken bergen. Für die als bedeutend eingestuften Risiken werden anschließend Maßnahmen getroffen, um Regelverstöße zu vermeiden.

Ein großer Vorteil von mittelständischen Unternehmen ist hier häufig die besondere Stellung einzelner Personen, z.B. des Gesellschafters oder des Geschäftsführers. Die Mitarbeiter werden sich an den Einstellungen und Verhaltensweisen dieser Person(en) orientieren und ihr Verhalten daran ausrichten. Wenn der Gesellschafter oder Geschäftsführer klarstellt, dass er es mit der Compliance ernst meint und Regeltreue von seinen Mitarbeitern erwartet, wirkt sich das unmittelbar auf die Compliance-Kultur aus. Anders sieht es jedoch aus, wenn die Geschäftsführung zu erkennen gibt, dass Regeltreue zweitrangig ist. Dann wird auch die beste Compliance-Organisation nicht weiterhelfen.

4. Compliance als Geschäftsfeld für mittelständische Wirtschaftsprüfungspraxen

Studien und Umfragen (z.B. WP 2025, DATEV) zeigen, dass die überwiegende Zahl kleiner und mittelständischer Prüfungsgesellschaften für die nächsten Jahre Bedarf für eine strategische Neuausrichtung sehen, um im zunehmend härter werdenden Wettbewerb weiter bestehen zu können. Wachstum wird dabei nicht primär im Bereich der klassischen Aufgabenbereiche Abschlussprüfung und Steuerberatung gesehen, sondern eher in der prüfungsnahen Beratung und bei sonstigen betriebswirtschaftlichen Prüfungen, zu denen auch die CMS-Prüfung zählt. Die Beratung durch Berufsangehörige bei der Einrichtung von CMS hilft den Geschäftsführern, relevante Risikofelder zu erkennen und darauf mit Augenmaß zu reagieren. Damit werden geschäftliche Risiken, Reputationsrisiken in der Öffentlichkeit sowie mögliche Haftungsrisiken und das Risiko für Strafen reduziert; insb. wenn in die Beratung auch Hinweise einfließen, was im Hinblick auf die Risiken und deren Begrenzung in der jeweiligen Branche „state of the art" ist.

Eine Prüfung dieser Systeme bietet den Unternehmensorganen zudem einen objektiven Nachweis, dass sie ihren Pflichten nachgekommen sind. Das kann auch in einem möglichen Bußgeld- oder zivilrechtlichen Verfahren von Nutzen sein, wenn es darauf ankommt nachzuweisen, dass die Geschäftsführung ihre Sorgfaltspflichten eingehalten hat.

Zudem können die Ergebnisse von Prüfungsleistungen als Nachweise für Kunden und Lieferanten verwendet werden.

Gerade im Bereich der Systemprüfungen hat der Wirtschaftsprüfer aufgrund seiner Kenntnisse und Erfahrungen Vorteile gegenüber anderen Berufsgruppen, die keine professionelle Prüfungskompetenz besitzen. Allerdings ist es in den meisten Risikofeldern bzw. Rechtsgebieten notwendig, besondere Rechtskenntnisse bzw. besondere Branchenerfahrungen mitzubringen.

Zudem hat der Berufsstand mit seinen Prüfungsstandards im Bereich der Corporate Governance ein gutes Handwerkszeug zur Verfügung gestellt, um die Prüfungsdienstleistungen mit hoher und konsistenter Qualität durchzuführen. Hier sind z.B. der *IDW PS 980* zur Prüfung von CMS oder der *IDW PS 340* zur Prüfung von Risikofrüherkennungssystemen zu nennen.

5. Tätigkeiten des IDW

Das IDW hat mit dem *IDW PS 980* einen Standard für die Prüfung von CMS entwickelt, der in der Wirtschaft breite Akzeptanz gefunden hat und von Unternehmen auch bei der Einrichtung von CMS herangezogen wird.

Auf der Grundlage dieser Erfahrungen und der zunehmenden Nachfrage nach weiteren Prüfungsleistungen hat das IDW im Jahr 2015 den Arbeitskreis „Prüfungsfragen und betriebswirtschaftliche Fragen zu Governance, Risk und Compliance" (GRC) eingerichtet. Dieser Arbeitskreis befasst sich mit der Entwicklung von freiwilligen Prüfungsleistungen für weitere Teilsysteme der Corporate Governance. Hierbei berücksichtigt der Arbeitskreis die in § 107 Abs. 3 AktG genannten Überwachungsgebiete des Prüfungsausschusses bzw. des Aufsichtsrats und erarbeitet Verlautbarungen zur Prüfung

- des Risikomanagementsystems,
- des internen Kontrollsystems der Unternehmensberichterstattung sowie
- des Internen Revisionssystems.

Der Entwurf eines *IDW Prüfungsstandards: Grundsätze ordnungsmäßiger Prüfung von Risikomanagementsystemen (IDW EPS 981)* wurde vom HFA im März dieses Jahres verabschiedet. Der Entwurf steht auf der IDW Website zum Download zur Verfügung (Rubrik Verlautbarungen) und wurde in der IDW Life 5/2016 S. 344 veröffentlicht.

Eine entsprechende Vertretung in den Gremien des IDW gewährleistet, dass die Verlautbarungen auch die Belange mittelständischer WP-Praxen berücksichtigen. Um sicherzustellen, dass die Regelungen auch auf mittelständische Unternehmen anwendbar sind, erfolgt ein Austausch mit Vertetern aus diesem Unternehmenssegment. Bei der Erarbeitung der Verlautbarung zur Prüfung von Internen Revisionssystemen hält das IDW zudem engen Kontakt zum Deutschen Institut für Interne Revision e.V. (DIIR), um sicherzustellen, dass die Sichtweise der Internen Revision berücksichtigt wird und ein praxisbezogener Standard entsteht.

I Tax Compliance – Ein bekanntes Thema erhält neue Brisanz

Von StB Jörg Müller, LL.M.

Erstveröffentlichung: IDW Life 03/2016 Fokus

Das Gesetz bestimmt im Einzelnen, welche steuerlichen Pflichten steuerrechtsfähige Personen treffen. Die vollständige und fristgerechte Erfüllung steuerlicher Pflichten (neudeutsch: „Tax Compliance") oblag den Steuerpflichtigen oder ihren gesetzlichen Vertretern schon immer. Steuerpflichtige ergreifen eigenverantwortlich verschiedenste Maßnahmen, um sicher zu stellen, dass sie ihren steuerlichen Pflichten nachkommen. Sie entwickeln Strategien für diese Zwecke, ohne sie als Tax-Compliance-System niederzuschreiben. Der Formalisierungsgrad und der Grad der Dokumentation bzw. Verschriftlichung solcher Strategien sind in der Unternehmenspraxis höchst unterschiedlich.

1. Ausgangssituation

Eine strafbefreiende Selbstanzeige ist bei Steuerhinterziehung (§ 370 AO) unter den Voraussetzungen des § 371 AO möglich. Die Steuerhinterziehung ist ein vorsätzlich begangenes Delikt. Sog. bedingter Vorsatz liegt nach der Rechtsprechung des Bundesgerichtshofs bereits vor, wenn der Täter die Tatbestandsverwirklichung für möglich hält und die Verkürzung von Steuern billigend in Kauf nimmt. Für die billigende Inkaufnahme reicht es, dass dem Täter der als möglich erscheinende Handlungserfolg gleichgültig ist.

In den letzten Jahren wurden die rechtlichen Hürden, bei einer Selbstanzeige eine strafbefreiende Wirkung zu erreichen, erhöht. Insbesondere von Bedeutung ist dabei, das sog. Vollständigkeitsgebot. Wird bei der Selbstanzeige etwas übersehen oder erst später erkannt, entfällt regelmäßig die strafbefreiende Wirkung.

Von der Steuerhinterziehung abzugrenzen ist die leichtfertige Steuerverkürzung (§ 378 AO). Nach dieser Vorschrift ist mit Bußgeld bedroht, wenn eine Verkürzung von Steuern leichtfertig begangen wurde. Leichtfertigkeit entspricht nach der Rechtsprechung des Bundesgerichtshofs in etwa der groben Fahrlässigkeit des Zivilrechts. Zusätzlich sind allerdings die persönlichen Kenntnisse und Fähigkeiten des Steuerpflichtigen in die Gesamtwürdigung mit einzubeziehen. Wurde eine Steuerverkürzung leichtfertig begangen, ist eine bußgeldbefreiende Selbstanzeige unter den Voraussetzungen des § 378 Abs. 3 AO möglich.

Eine Anzeige- und ggf. Berichtigungspflicht trifft den Steuerpflichtigen auch nach § 153 AO. Erkennt ein Steuerpflichtiger nachträglich vor Eintritt der Festsetzungsverjährung, dass eine von ihm oder für ihn abgegebene Erklärung unrichtig oder unvollständig ist und dass es dadurch zu einer Verkürzung von Steuern kommen kann oder bereits gekommen ist, muss er dies unverzüglich anzeigen und berichtigen (§ 153 Abs. 1 Nr. 1 AO). Die Finanzverwaltung scheint – wohl anders als der Bundesgerichtshof – derzeit davon auszugehen, dass eine solche Anzeige und ggf. Berichtigung nicht gleichzeitig in Fällen der Steuerhinterziehung oder leichtfertigen Steuerverkürzung geboten sein kann. In Fällen des § 153

AO hätte der Steuerpflichtige danach wohl kein Steuerstraf- oder Steuerordnungswidrigkeitsverfahren zu befürchten.

2. Diskussionsentwurf für einen AEAO zu § 153 – Bezugnahme auf die steuerliche Compliance

Vor diesem Hintergrund sind jüngere Arbeiten des Bundesfinanzministeriums zu sehen, die sich mit der Abgrenzung von Fällen des § 153 AO von den Fällen der strafbefreienden und der bußgeldbefreienden Selbstanzeige befassen. Das Bundesfinanzministerium hat einen Diskussionsentwurf eines Anwendungserlasses zu § 153 AO (AEAO zu § 153) veröffentlicht und den Verbänden Gelegenheit zur Stellungnahme gegeben.[1]

Zu beachten ist, dass der Nachweis von Vorsatz oder Leichtfertigkeit den Strafverfolgungsbehörden obliegt. Die Finanzbehörden müssen allerdings beim Auftreten eines Fehlers entscheiden, ob ein steuerstraf- oder bußgeldrechtliches Ermittlungsverfahren zu eröffnen ist. Dabei sind sämtliche Indizien mit einzubeziehen, auch sämtliche Bemühungen des Steuerpflichtigen um die steuerliche Pflichterfüllung. Insofern kann ein freiwillig „*eingerichtetes*" System („innerbetriebliches Kontrollsystem") nicht nur „*ggf. ein Indiz darstellen*", dass der Steuerpflichtige sich intensiv um die Erfüllung seiner steuerlichen Pflichten bemüht. Ein solches System, dürfte stets ein Indiz darstellen. Die Indizwirkung dürfte faktisch steigen, wenn Steuerpflichtige ihre Bemühungen der Finanzverwaltung im Voraus offenlegen oder ein solches System gar von unabhängigen Dritten prüfen lassen.

Die Formulierung nimmt Bezug auf ein „innerbetriebliches Kontrollsystem". Der Begriff ist nicht als Fachvokabel belegt, ähnelt allerdings sehr dem Begriff des „internen Kontrollsystems". Letzteres ist nicht ausschließlich auf die steuerliche Pflichterfüllung gerichtet und ist daher wohl nicht gemeint.

Was unter dem Begriff des innerbetrieblichen Kontrollsystems zu verstehen ist, bleibt unklar. Orientiert man sich an Systemen, die die Einhaltung gesetzlicher Pflichten sicherstellen sollen, liegt ein Rückgriff auf sog. Compliance-Management-Systeme nahe.

3. Grundlagen von und Rahmenkonzepte für Compliance-Management-Systeme

Es liegt nahe, die betriebswirtschaftliche Literatur zu Compliance-Management-Systemen heranzuziehen oder auf sog. allgemein anerkannte Rahmenkonzepte für CMS zurückzugreifen. Von Rahmenkonzepten ist die Rede, weil sich CMS ohne Bezugnahme auf den konkreten Anwendungsfall in der Form eines Regelkreismodells beschreiben lassen. CMS weisen also stets strukturelle Gemeinsamkeiten auf, die sich abstrakt beschreiben lassen. Nutzt ein Unternehmen ein solches allgemein anerkanntes Rahmenkonzept oder entwickelt es eigene Kriterien aufgrund der betriebswirtschaftlichen Literatur, spricht man von „*CMS-Grundsätzen*", die bei der Ausgestaltung eines CMS zugrunde gelegt werden. Unternehmen sind grundsätzlich frei bei der Wahl der CMS-Grundsätze, an denen sie ihren konkreten Anwendungsfall der Ausgestaltung eines CMS ausrichten.

---

[1]   Das IDW hat hierzu Stellung genommen (s. dazu FN-IDW 2015 S. 519).

4. Grundelemente eines Compliance-Management-Systems

Ein solcher Regelkreis lässt sich in abstrakte Elemente unterteilen, die miteinander in Wechselwirkung stehen.

In der Diktion des *IDW PS 980* werden diese als *„Grundelemente"* bezeichnet. In jeder Phase – also zu jedem Grundelement – trifft das Unternehmen Entscheidungen, wie es sich hinsichtlich seiner steuerlichen Pflichterfüllung aufstellt. Die CMS-Grundsätze, die *IDW PS 980* aus betriebswirtschaftlichen Grundsätzen und allgemein anerkannten Rahmenkonzepten ableitet, unterscheiden sieben solcher Regelkreis-Phasen bzw. Grundelemente:

- Compliance-Kultur,
- Compliance-Ziele,
- Compliance-Organisation,
- Compliance-Risiken,
- Compliance-Programm,
- Compliance-Kommunikation,
- Compliance-Überwachung und -Verbesserung.

Die Reihenfolge der Grundelemente ist, wegen der gegenseitigen Abhängigkeit, von untergeordneter Bedeutung.

5. Grundelemente eines Tax-Compliance-Management-Systems

Die sieben Grundelemente lassen sich auch für den Anwendungsfall der steuerlichen Pflichterfüllung abstrakt herunterbrechen (vgl. Übersicht 1).

Das Tax CMS ist regelmäßig ein Teilbereich des allgemeinen Compliance-Management-Systems eines Unternehmens. Zwar können zwischen dem Tax CMS und sowohl dem internen Kontrollsystem als auch dem Risikomanagementsystem eines Unternehmens Schnittmengen bestehen. Internes Kontrollsystem wie auch Risikomanagementsystem haben aber über die Sicherstellung der Einhaltung von Regeln hinausgehende Zwecksetzungen, weshalb die Systeme nicht deckungsgleich sind.

6. Ausgestaltung von Tax CMS durch Unternehmen

An CMS-Grundsätzen orientieren sich Unternehmen, wenn sie sich mit der Ausgestaltung ihres konkreten Systems der steuerlichen Pflichterfüllung befassen. Die Ausgestaltung eines „Tax CMS" (oder „innerbetrieblichen Kontrollsystems") ist von Unternehmen zu Unternehmen unterschiedlich und hängt von einer Vielzahl von Einflussfaktoren ab, von denen hier einige beispielhaft genannt werden sollen:

- Branchenzugehörigkeit,
- Größe,
- Betätigung auf heimischem Absatzmarkt oder Bedienung ausländischer Märkte,
- anderweitige internationale Verflechtungen,
- Konzernierung,
- IT-System,

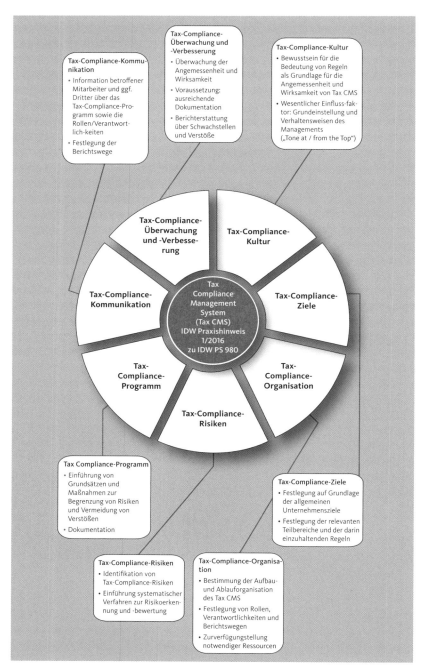

Übersicht 1: Grundelemente eines Tax-CMS-Systems

- Outsourcing von Prozessen der Leistungserstellung
- usw.

Hat ein Unternehmen einen Überblick darüber gewonnen, wie es aufgebaut ist (Aufbau-organisation), was es tut und wie es das tut (Ablauforganisation) und wer im Unternehmen im Einzelnen zuständig ist (Rollen und Zuständigkeiten), und hat es zudem einen Überblick über die das Unternehmen treffenden steuerlichen Pflichten, kann es mit der Ausgestaltung des eigenen Tax CMS beginnen. Wie dies geschieht, wird in der Übersicht oben veranschaulicht.

Diese oder ähnliche Grundelemente berücksichtigt jedes Unternehmen, wenn es sich systematisch mit der eigenen steuerlichen Pflichterfüllung beschäftigt. Auch eine ganz kleine Einheit, z.B. ein Einzelunternehmen, ordnet die Erstellung der Steuererklärung in bestimmter Weise und richtet für sich Verprobungen und Fehlerkontrollen ein, lässt sich von seinem Berufsverband über einen Newsletter über steuerliche Neuerungen informieren, passt sein Vorgehen daran an und befragt bei schwierigen, risikoreichenden Fragestellungen steuerliche Experten oder das Finanzamt. Das kann je nach Risiko im Einzelfall als Indiz gegen Vorsatz und Leichtfertigkeit ausreichend sein.

Mit steigender Komplexität steigen auch die Anforderungen an die Selbstorganisation des Steuerpflichtigen. Der Maßstab hierfür kann allerdings abstrakt-generell nur insoweit gefasst werden, dass die Anforderungen an das Tax CMS verhältnismäßig oder angemessen sein müssen. Im Einzelfall „steckt der Teufel im Detail". Werden die Anforderungen zu hoch gehängt, werden übermäßig Ressourcen von der eigentlichen operativen Tätigkeit abgezogen und in die Selbstverwaltung für Compliance-Zwecke umgelenkt. Werden die Anforderungen zu niedrig gesteckt, wird Tax Compliance nicht dem prozessualen Risiko angemessen sichergestellt. Beides gilt es zu vermeiden.

In der Praxis befassen sich die Unternehmen erfahrungsgemäß in der ganz überwiegenden Mehrzahl intensiv mit ihren steuerlichen Pflichten. Sie halten – wenn auch möglicherweise nicht formalisiert oder dokumentiert, ggf. ohne sich dessen bewusst zu sein – in aller Regel bereits ein Tax CMS vor, das die Einhaltung der steuerlichen Pflichten durch eine Reihe von Maßnahmen sicherstellen soll. Die Unternehmenspraxis wird folglich nicht „bei Null beginnen", sondern das im Hause bestehende System aufnehmen und kontinuierlich fortentwickeln können. Richtet ein Unternehmen auch ohne rechtliche Verpflichtung ein solches Tax CMS ein, ist das ein klares Signal, dass Tax Compliance diesem Unternehmen besonders wichtig ist. Darin ist ein Indiz gegen Leichtfertigkeit und bedingten Vorsatz zu sehen.

7. Prüfung steuerlicher CMS

Entscheidend für diese Indizwirkung dürfte sein, dass tatsächlich im betreffenden Zeitraum ein gelebtes Tax CMS bestanden hat. Unternehmen können dies selbst sicherstellen. Sie können ihre Erwägungen den zuständigen Finanzbehörden im Vorfeld mitteilen. Kommt es zu einem Fehler und einer entsprechenden Berichtigungsanzeige nach § 153 AO wird die Finanzbehörde dies bei der Frage der Einschaltung von Strafverfolgungsbehörden zu berücksichtigen haben.

Ein noch stärkeres Indiz dürfte darin zu sehen sein, wenn fremde Dritte das Tax CMS des Unternehmens geprüft haben. Möchte ein Unternehmen das eigene System vor diesem Hintergrund prüfen lassen, bietet *IDW PS 980* dem Berufsstand das Rüstzeug für eine solche Assurance-Leistung.

Der Prüfer setzt hierbei auf einer „*CMS-Beschreibung*" auf, in der das Unternehmen – idealerweise bereits geordnet nach den zugrunde gelegten Grundelementen – beschreibt, wie das steuerliche CMS im Unternehmen konkret aussieht und funktioniert. Das Unternehmen bestimmt mit der CMS-Beschreibung und dem Prüfungsauftrag, welchen Teilbereich des CMS es prüfen lassen möchte und welchen Umfang die Prüfung haben soll. Bei einer „*Angemessenheitsprüfung*" beurteilt der Wirtschaftsprüfer, ob das CMS oder ein Teilbereich im Einzelfall zu einem Zeitpunkt „angemessen" organisiert und implementiert ist. Bei einer „*Wirksamkeitsprüfung*", die stets eine Angemessenheitsprüfung einschließt, ist darüber hinaus zu beurteilen, ob das System im Prüfungszeitraum auch wirksam angewendet wurde.

8. Fazit

Die Finanzverwaltung sollte in der endgültigen Fassung des AEAO zu § 153 keine konkreten Anforderungen an ein Tax CMS durch checklistenartige Maßnahmenkataloge formulieren. Solche Kataloge können der Vielfalt der Unternehmenswelt nicht gerecht werden. Tax CMS sind stets anhand der unternehmensindividuellen Risikolage auszugestalten.

Betreibt der Steuerpflichtige ein angemessenes und wirksames Compliance-Management-System, das auf die steuerliche Pflichterfüllung gerichtet ist, ist das bereits heute ein Indiz dafür, dass er weder fahrlässig, noch leichtfertig, noch bedingt vorsätzlich gehandelt hat. Die Indizwirkung wird noch stärker einzuschätzen sein, wenn ein unabhängiger Dritter das Tax CMS geprüft hat. Es wird in der Praxis für Strafverfolgungsbehörden schwieriger sein, Leichtfertigkeit oder bedingten Vorsatz nachzuweisen, wenn ein Berufsträger das Tax CMS des Steuerpflichtigen in einer freiwilligen Prüfung „für angemessen bzw. wirksam befunden" hat.

Ein allgemeines CMS, das auch steuerliche Pflichten umfasst, erfüllt weit mehr Zwecke als für die Tax Compliance und damit erst recht für die Abgrenzung von § 153 AO von den Selbstanzeigen (§§ 371, 378 Abs. 3 AO) nach der Lesart der Finanzverwaltung erforderlich. Diese außersteuerlichen Zwecke haben für den betreffenden Teilbereich des CMS und damit für das Vorliegen eines „innerbetrieblichen Kontrollsystems" im Sinne des Diskussionsentwurfs keine Bedeutung.

Es ist erfreulich, dass die Finanzverwaltung die bestehende Indizwirkung ausdrücklich erwähnt. Hierin ist ein Signal zu sehen, die Bemühungen der Steuerpflichtigen um Tax Compliance angemessen würdigen zu wollen.

Wünschenswert wäre, über die Formulierung im Diskussionsentwurf hinauszugehen. Würde beispielsweise widerleglich vermutet, dass bei solchen freiwilligen Bemühungen um Tax Compliance (z. B. Einrichtung und Prüfung eines Tax CMS) weder Leichtfertigkeit noch bedingter Vorsatz vorliegen, wäre vermutlich in der Unternehmenspraxis vermehrt mit der Einrichtung von Tax CMS zu rechnen. Um Wirkung gegenüber Strafverfolgungsbehörden zu entfalten, müsste hierzu wohl der Gesetzgeber tätig werden.

J Was kann ein Tax-Compliance-Management-System leisten? – Zur Änderung des AEAO zu § 153 AO durch BMF vom 23.05.2016

Von StBin Dr. Janine v. Wolfersdorff und Prof. Dr. Johanna Hey

Erstveröffentlichung: WPg 16/2016 (S. 934 ff.)

Gesetzlich sind Unternehmen nicht zur Einrichtung eines bestimmten innerbetrieblichen Kontrollsystems zur Erfüllung ihrer Steuerpflichten verpflichtet. Die Einrichtung solcher Systeme hat allerdings nicht nur im Besteuerungsverfahren, sondern auch für ein mögliches Steuerstrafverfahren Relevanz. Verwaltungsseitig hat das BMF aktuell im AEAO zu § 153 AO den Grundstein für die Einführung von Tax-Compliance-Management-Systemen ("Tax-CMS") gelegt. Bei Fehleranzeige nach § 153 AO kann ein solches System zumindest Indiz gegen bedingten Vorsatz – und damit gegen eine vermeintliche Selbstanzeige – sein. Der Vorschlag des IDW zur Gestaltung und Prüfung von Tax-CMS ist im Ergebnis hilfreich für die Praxis, birgt allerdings auch die Gefahr eines faktischen Hochschraubens entsprechender Sorgfaltsstandards.

1. Der Anlass: Das BMF-Schreiben zu § 153 AO

Selten ist eine Änderung des Anwendungserlasses zur AO Anlass für spannende Lektüre und hitzige Diskussionen. Dass sie es sein kann, zeigt die aktuell vorgenommene Einfügung einer Regelung zu § 153 AO in den AEAO.[1] § 153 AO statuiert Anzeige- und Berichtspflichten eines Steuerpflichtigen für von ihm abgegebene Steuererklärungen innerhalb der jeweils geltenden Festsetzungsfrist. Sobald der Steuerpflichtige erkennt,[2] dass seine Steuererklärung aufgrund eines eigenen Fehlers[3] unrichtig oder unvollständig ist und es dadurch zu einer Verkürzung von Steuern kommen kann oder bereits gekommen ist, verpflichtet ihn § 153 AO, dies „unverzüglich" anzuzeigen und die erforderliche Richtigstellung vorzunehmen.

Zentral ist es, im Hinblick auf die unterschiedlichen Rechtsfolgen § 153 AO von der Selbstanzeige nach § 371 AO bei Steuerhinterziehung bzw. leichtfertiger Steuerverkürzung zu unterscheiden.[4] In beiden Fällen ist die Erklärung im Zeitpunkt ihrer Abgabe objektiv unrichtig; der Unterschied liegt allein im subjektiven Tatbestand. Eine schlichte Berichtigung kommt grundsätzlich nur in Betracht, wenn der Steuerpflichtige nicht um die Fehlerhaftigkeit seiner Erklärung weiß. Allerdings muss auch derjenige eine Fehleranzeige nach § 153 AO abgeben, der mit „Eventualvorsatz" (bedingtem Vorsatz) gehandelt hat und damit den subjektiven Tatbestand einer Steuerhinterziehung erfüllt. Der Steuerpflichtige ist

---

1 Vgl. BMF vom 23.05.2016, DStR 2016, S. 1218, AEAO, Ergänzung zu § 153 – Berichtigung von Erklärungen, mit sofortiger Wirkung.

2 Maßgeblich ist tatsächliches Erkennen, nicht bloßes Erkennen-Können oder Erkennen-Müssen; vgl. AEAO zu § 153 AO, Rn. 2.4.

3 Vgl. BFH vom 04.12.2012 – VIII R 50/10, BStBl. II 2014, S. 222.

4 Eine als solche intendierte „Selbstanzeige" nach § 371 AO braucht dabei nicht so betitelt zu werden und ist formal nicht auf einem bestimmten Vordruck abzugeben.

sich hier bereits von Anfang an einer möglichen Fehlerhaftigkeit der Erklärung bewusst, erkennt sie aber erst nachträglich als sicher.[5]

Das Problem liegt in einer gewissen Trennschwäche des Konzepts des „Dolus Eventualis" ebenso wie in der generellen Schwierigkeit, innere Tatsachen, die sich in der „Gedanken- und Gefühlswelt" einer Person abspielen, festzustellen bzw. zu widerlegen.[6] In der Unternehmenspraxis lässt sich – befördert durch die strafrechtliche Rechtsprechung des BGH[7] – seit geraumer Zeit eine zunehmende „Kriminalisierung des Besteuerungsverfahrens" beobachten.[8] Beklagt wird die oft zu schnelle Einschaltung der Buß- und Strafgeldsachenstellen (BuStra) aufgrund des „Anfangsverdachts" für eine Steuerstraftat[9] mit entsprechend schwerwiegenden Folgen für Unternehmen wie betroffene Mitarbeiter.[10]

Mit den Ergänzungen zu § 153 AO im AEAO thematisiert das BMF diese Abgrenzungsfragen und stellt zunächst klar, dass „nicht jede objektive Unrichtigkeit ... den Verdacht einer Steuerstraftat oder Steuerordnungswidrigkeit nahe(legt)".[11] Ein entsprechender Anfangsverdacht muss von der Finanzbehörde im Einzelfall sorgfältig geprüft werden und darf nicht automatisch etwa allein aufgrund der Höhe der steuerlichen Auswirkung angenommen werden.[12]

Entscheidend ist, ob und wie sich der Steuerpflichtige gegenüber dem Vorwurf vorsätzlichen oder leichtfertigen Handelns absichern kann. Diese Frage stellt vor allem die innerbetriebliche Organisation von Unternehmen vor Herausforderungen. Hierzu regelt Rn. 2.6 des AEAO zu § 153 AO:

„Hat der Steuerpflichtige ein innerbetriebliches Kontrollsystem eingerichtet, das der Erfüllung der steuerlichen Pflichten dient, kann dies ggf. ein Indiz darstellen, das gegen das Vorliegen eines Vorsatzes oder der Leichtfertigkeit sprechen kann, jedoch befreit dies nicht von einer Prüfung des jeweiligen Einzelfalls."

Damit wird verwaltungsseitig der Grundstein für die Einführung von Tax-Compliance-Management-Systemen (Tax-CMS) gelegt, was freilich voraussetzt, dass geklärt wird, was unter einem solchen System zu verstehen ist und was dieses überhaupt leisten kann. Das IDW hat mit dem *Entwurf eines IDW Praxishinweises 1/2016* zur Einrichtung und Prüfung von Tax-Compliance-Management-Systemen („Tax-CMS") reagiert.[13] Von diesem Vor-

---

5   Vgl. BGH vom 17.03.2009 – 1 StR 479/08, BGHSt 53, S. 210.

6   Vgl. *Steinberg*, WiVerw 2014, S. 112. Die Feststellungslast für das Vorliegen einer Steuerhinterziehung oder leichtfertigen Steuerverkürzung trägt dabei das Finanzamt; vgl. BFH vom 03.03.2015 – II R 30/13, BStBl. II 2015, S. 777.

7   Vgl. Abschnitt 3.2.

8   Vgl. *Geberth/Welling*, DB 2015, S. 1742; Neuling, DStR 2015, S. 558.

9   §§ 399 Abs. 1 AO, 152 Abs. 2 StPO, 10 Abs. 1 Satz 2 BPO, 113 Abs. 3 AStBV.

10 Vgl. *Esterer*, DB 21/2016, S. M5; Stellungnahme der Spitzenverbände der Deutschen Wirtschaft und des Deutschen Steuerberaterverbands vom 28.08.2015 zum vorläufigen Diskussionsentwurf AEAO zu § 153 AO – Abgrenzung einer Berichtigung nach § 153 AO von einer strafbefreienden Selbstanzeige (Stand: 16.06.2015), zu Rn. 2.5.

11 AEAO zu § 153 AO, Rn. 2.5.

12 Vgl. ebenda.

13 Vgl. *Entwurf eines IDW Praxishinweises 1/2016: Ausgestaltung und Prüfung eines Tax Compliance Management Systems gemäß IDW PS 980* (Stand: 22.06.2016) (*www.idw.de*; Abruf: 21.07.2016). Änderungs- oder Ergänzungsvorschläge zu dem Entwurf können bis zum 30.12.2016 abgegeben werden.

schlag ausgehend soll die Grundfrage nach den möglichen Effekten derartiger Systeme im Folgenden analysiert werden.

2. Kurzüberblick: Der Vorschlag des IDW zur Gestaltung und Prüfung eines Tax-CMS

Dient ein „innerbetriebliches Kontrollsystem" der Einhaltung steuerlicher Pflichten,[14] liegt es nahe, für dennoch auftretende steuerliche Erklärungsfehler Vorsatz und Leichtfertigkeit auszuschließen. Die entsprechende, allerdings zurückhaltend formulierte Passage im AEAO zu § 153 AO[15] ist der Hintergrund des Entwurfs eines IDW Praxishinweises 1/2016. Ein Tax-CMS wird dabei als abgegrenzter, auf Steuerpflichten bezogener Teilbereich eines umfassenden Compliance-Management-Systems verstanden. Grundelemente sind demnach

- die Compliance-Kultur im Unternehmen (innere Einstellung/Haltung zu Tax Compliance),
- die Compliance-Ziele im Rahmen der Steuerstrategie,[16]
- die Compliance-Risiken (Risiken für Verstöße gegen einzuhaltende Regeln),
- das Compliance-Programm (Einzelmaßnahmen und Anweisungen),
- die Compliance-Organisation (Aufgaben, Verantwortlichkeiten, Prozesse),
- die Compliance-Kommunikation innerhalb des Unternehmens und an Dritte,
- die Compliance-Überwachung und Verbesserung.[17]

Der Entwurf eines *IDW Praxishinweises 1/2016* enthält Ausführungen zur projektbegleitenden Einschaltung eines Wirtschaftsprüfers bei der Entwicklung, Einführung, Änderung oder Erweiterung eines Tax-CMS eines Unternehmens sowie zu dessen Prüfung.[18] Letztere stellt als Systemprüfung einen Anwendungsfall von *IDW PS 980*[19] dar.[20] Sie kann als Wirksamkeits- oder als Angemessenheitsprüfung vorgenommen werden. Ein Tax-CMS wird dabei als angemessen beurteilt, wenn es geeignet ist, mit hinreichender Sicherheit sowohl Risiken für wesentliche Regelverstöße rechtzeitig zu erkennen als auch solche Regelverstöße zu verhindern.[21] Die Wirksamkeit des Tax-CMS wird dann bejaht, wenn die Grundsätze und Maßnahmen in den laufenden Geschäftsprozessen von den hiervon Betroffenen nach Maßgabe ihrer Verantwortung zur Kenntnis genommen und beachtet wer-

---

14   Vgl. *Entwurf eines IDW Praxishinweises 1/2016*, Abschnitt 1.3 und 2.8.

15   Vgl. AEAO zu § 153 AO, Rn. 2.6.

16   Vgl. hierzu auch *Risse*, Tax Compliance und Tax Risk Management, Lohmar 2015, S. 45.

17   Vgl. *Entwurf eines IDW Praxishinweises 1/2016*, Abschnitt 4 („Ausgestaltung eines Tax CMS").

18   Beides schließt sich gemäß *Entwurf eines IDW Praxishinweises 1/2016*, Abschnitt 5.3., Rn. 63, nicht aus.

19   *IDW Prüfungsstandard: Grundsätze ordnungsmäßiger Prüfung von Compliance Management Systemen (IDW PS 980)*, S. 203ff.

20   Vgl. *Entwurf eines IDW Praxishinweises 1/2016*, Abschnitt 5.1., Rn. 55.

21   Vgl. *Entwurf eines IDW Praxishinweises 1/2016*, Rn. 15.

den.[22] Zielsetzung der Systemprüfung ist allerdings nicht, Sicherheit über die tatsächliche Einhaltung von steuerrechtlichen Vorschriften im Einzelfall zu erreichen.[23]

3. Bedeutung eines Tax-Compliance-Management-Systems

3.1. Das Tax-CMS im Besteuerungsverfahren

3.1.1. Unmittelbare Bedeutung eines Tax-CMS

Die Einrichtung eines Tax-CMS als solches ist in der AO nicht vorgeschrieben. Gesetzlich vorgegeben sind jedoch Sorgfaltspflichten, aus denen sich mittelbar Anforderungen an die innerbetriebliche Organisation ableiten lassen.[24] Angaben in den Steuererklärungen sind vor allem wahrheitsgemäß nach bestem Wissen und Gewissen zu machen (§ 150 Abs. 2 Satz 1 AO); im Besteuerungsverfahren hat der Steuerpflichtige Mitwirkungs- und Aufzeichnungspflichten zu erfüllen (§ 90 AO, GAufzV, VWG-Verfahren[25]). Die Buchführung muss überprüfbar sein und einem sachverständigen Dritten innerhalb angemessener Zeit einen Überblick über die Geschäftsvorfälle und über die Lage des Unternehmens vermitteln können (§ 145 Abs. 1 Satz 1 AO). Die Geschäftsvorfälle müssen sich in ihrer Entstehung und Abwicklung verfolgen lassen (§ 145 Abs. 1 Satz 2 AO) und die Aufzeichnungen so vorgenommen werden, dass der Zweck, den sie für die Besteuerung erfüllen sollen, erreicht wird (§ 145 Abs. 2 AO). Das setzt ein Mindestmaß an Ordnung und Systematik voraus.[26] § 146 AO normiert steuerliche Ordnungsvorschriften; die Buchungen und die sonst erforderlichen Aufzeichnungen müssen vollständig, richtig, zeitgerecht und geordnet vorgenommen werden.

Sorgfalt und Ordnung bei Buchführung und Aufzeichnungen können im Unternehmen durch ein Tax-CMS sichergestellt werden. Sie sind Grundbedingung einer auf den Angaben des Steuerpflichtigen basierenden Steuerfestsetzung, denn die eigenen Aufzeichnungen des Steuerpflichtigen sind der Besteuerung zugrunde zu legen, soweit im Einzelfall kein Anlass besteht, ihre sachliche Richtigkeit zu beanstanden (§ 158 AO, Beweiskraft der Buchführung).

Die Sorgfaltspflichten genügende Einrichtung eines Tax-CMS kann sich zudem direkt positiv auf verschuldensabhängige Tatbestände auswirken wie bei der Wiedereinsetzung in den vorigen Stand nach § 110 AO, der Festsetzung eines Verspätungszuschlags nach § 152 AO oder eines Zuschlags nach § 162 Abs. 4 AO infolge der Verletzung von Mitwirkungspflichten nach § 90 Abs. 3 AO, der Aufhebung oder Änderung von Steuerbescheiden zugunsten des Steuerpflichtigen wegen neuer Tatsachen oder Beweismittel nach § 173 AO oder Ermessensentscheidungen der Finanzverwaltung bei Stundung und Erlass (§§ 222 und 227 AO).

---

22 Vgl. *Entwurf eines IDW Praxishinweises 1/2016*, Rn. 16.

23 Vgl. *Entwurf eines IDW Praxishinweises 1/2016*, Rn. 56.

24 Vgl. auch *Drüen*, in Tipke/Kruse (Hrsg.), AO/FGO, § 145 AO, Rn. 17.

25 BMF vom 12.04.2005, BStBl. I 2005, S. 570.

26 Vgl. Drüen, a.a.O. (Fn. 24), § 145 AO, Rn. 20.

3.1.2. Mittelbare Bedeutung eines Tax-CMS

Mittelbar kann sich die Einrichtung eines Tax-CMS auf die Abgrenzung zwischen einer bloßen Fehleranzeige nach § 153 AO und einer Selbstanzeige nach § 371 AO auswirken. Neben den strafrechtlichen Konsequenzen[27] unterscheiden sich beide Situationen steuerverfahrensrechtlich bezüglich Verjährung und Haftung.

So beträgt die Festsetzungsfrist zehn Jahre statt regulär vier Jahre, soweit eine Steuer hinterzogen, und fünf Jahre, soweit sie leichtfertig verkürzt worden ist (§ 169 Abs. 2 Satz 2 AO). Das bedeutet, dass auch nachträglich erkannte Fehler in Sachverhalten, für die eigentlich Rechtsfrieden durch Festsetzungsverjährung gelten sollte, ggf. noch eine Anzeige- und Berichtspflicht nach § 153 AO auslösen können – nämlich dann, wenn sie bedingt vorsätzlich oder leichtfertig begangen wurden.[28] Kommt der Steuerpflichtige vorsätzlich nicht „unverzüglich" einer entsprechenden Anzeigepflicht aus § 153 AO nach, riskiert er wiederum eine Steuerhinterziehung durch Unterlassen (§ 370 Abs. 1 Nr. 2 AO) mit weiterer Verlängerung der Festsetzungsfrist nach § 169 Abs. 2 Satz 2 AO.

Bewirken Vorstand oder Geschäftsführer eines Unternehmens durch Missachtung ihrer Sorgfaltspflichten grob fahrlässig oder gar (bedingt) vorsätzlich eine Steuerverkürzung, haften sie außerdem persönlich für die verkürzte Steuer (§§ 34, 69, 71 AO).[29] Grob fahrlässig handelt, wer die Sorgfalt, zu der er nach seinen persönlichen Kenntnissen und Fähigkeiten verpflichtet und imstande ist, in ungewöhnlich großem Maße verletzt.[30] Zu den steuerlichen Sorgfaltspflichten eines Geschäftsführers gehört vor allem die Auswahl und hinreichende Überwachung der mit steuerlichen Angelegenheiten betrauten Mitarbeiter. Welche (Mindest-)Überwachungsmaßnahmen er im Einzelfall zu treffen hat, hängt von den Umständen des Einzelfalls ab.[31] Hat ein Geschäftsführer im Vertrauen auf die Zuverlässigkeit eines Mitarbeiters etwa auch keine Überwachungsmaßnahmen durchgeführt, handelt er nicht grob fahrlässig, wenn im konkreten Fall kein Anlass zur Überprüfung bestanden hat.[32]

Mit Blick auf steuerliche Haftungsfolgen dürfen auch die Anforderungen an steuerliche Compliance-Systeme nicht überspannt werden. Nicht das „perfekte Tax-CMS", sondern die vernünftigerweise im Einzelfall zu erwartende und zumutbare Organisationssorgfalt als Mindeststandard ist hier entscheidend.

3.2. Das Tax-CMS im Steuerstrafverfahren

Verletzt ein Geschäftsführer steuerliche Sorgfaltspflichten und bewirkt er dadurch eine Steuerverkürzung, riskiert er den Vorwurf einer Steuerordnungswidrigkeit oder gar Steu-

---

27 Vgl. Abschnitt 3.2.

28 Steuerbescheide, die aufgrund einer Außenprüfung ergangen sind, kann die Finanzbehörde zudem nur dann noch ändern, wenn ihr steuererhebliche Tatsachen oder Beweismittel nachträglich bekannt werden und eine Steuerhinterziehung oder eine leichtfertige Steuerverkürzung vorliegt (§ 173 Abs. 2 AO).

29 Vgl. hierzu BFH vom 07.03.1995 – VII B 172/94, BFH/NV 1995, S. 941, m.w.N.; Prinz/Hick, Risikobereich und Haftung: Steuerrecht, in: Krieger/Schneider (Hrsg.), Handbuch Managerhaftung, 2. Aufl., Köln 2010, S. 965 ff.

30 BFH vom 03.12.2004 – VII B 178/04, BFH/NV 2005, S. 661; vom 07.03.1995 – VII B 172/94, BFH/NV 1995, S. 941, m.w.N.

31 Vgl. BFH vom 04.05.2004 – VII B 318/03, BFH/NV 2004, S. 1363, mit zahlreichen Nachweisen.

32 Vgl. BFH-Urteil vom 30.08.1994 – VII R 101/92, BStBl. 1995 II, S. 27.

erhinterziehung (§§ 370, 378 AO). Tathandlung ist dabei die Nicht- oder die Fehlinformation über steuerlich erhebliche Tatsachen, wobei in der Praxis besonders relevant ist, dass der Steuerpflichtige einen bestimmten Sachverhalt auch bei Rechtszweifeln und von der Finanzverwaltung abweichender Rechtsauffassung offenzulegen hat.[33] Tathandlung i.S. von §§ 370, 378 AO ist indes *nicht* die Verletzung steuerlicher Sorgfaltspflichten wie Organisationsmaßnahmen zur Sicherstellung der Erfüllung steuerlicher Pflichten.[34]
Die unterlassene Einrichtung eines Tax-CMS ist damit *für sich betrachtet* steuerstrafrechtlich irrelevant.[35] Existenz bzw. Fehlen eines Tax-CMS kann aber im Rahmen einer Indizien-Gesamtbewertung[36] zur Beurteilung des subjektiven Tatbestands des (Eventual-)Vorsatzes bzw. der Leichtfertigkeit beitragen und einen Anfangsverdacht entkräften bzw. begründen.[37]
Eventualvorsatz wird bereits dann bejaht, wenn der „Täter" die Verwirklichung steuergesetzlicher Tatbestandsmerkmale für möglich hält, die Finanzbehörde über die Besteuerungsgrundlagen jedoch gleichwohl in Unkenntnis ist. Er nimmt dann eine eventuelle Steuerverkürzung billigend in Kauf.[38] Leichtfertigkeit i.S. von § 378 AO wird unter Berücksichtigung der persönlichen Fähigkeiten des Täters als subjektiv grobe bzw. erhebliche Fahrlässigkeit definiert. Sie liegt vor, wenn ein Steuerpflichtiger im Einzelfall die Sorgfalt außer Acht lässt, zu der er verpflichtet und imstande ist, und ihm sich geradezu aufdrängen muss, dass er dadurch Steuern verkürzt.[39]
Unkenntnis schützt nicht in jedem Fall; besonders von Unternehmensorganen wird erwartet, dass sie sich über ihre steuerlichen Pflichten informieren und im Zweifel externen Rat einholen.[40] *Indizien* für Leichtfertigkeit liegen folglich vor, wenn die Organisationsmaßnahmen zur Erfüllung steuerlicher Pflichten im Einzelfall offenkundig rudimentär sind, sodass sich eine Verletzung von Erklärungs- und Anzeigepflichten geradezu aufdrängen musste. *Indizien* für Eventualvorsatz liegen vor, wenn diese Maßnahmen so mangel- und lückenhaft sind, dass geradezu von einer *Gleichgültigkeit* hinsichtlich der Erfüllung der steuerlichen Pflichten auszugehen ist; der Täter muss infolgedessen mit der Möglich-

---

33 Vgl. BGH vom 23.02.2000 – 5 StR 570/99, NStZ 2000, S. 320.

34 Im Unterlassen von Aufsichtsmaßnahmen kann jedoch gemäß dem subsidiär – auch im Konzern – zur Anwendung kommenden § 130 OWIG eine unmittelbare *Ordnungswidrigkeit* liegen. Auch das OWiG enthält indes keine Konkretisierung der Aufsichtsverpflichtung, es geht vielmehr abstrakt davon aus, dass „erforderliche Aufsichtsmaßnahmen" zu installieren sind, wozu auch die Bestellung, sorgfältige Auswahl und Überwachung von Aufsichtspersonen gehört (§ 130 Abs. 1 Satz 2 OWiG). Vgl. OLG Celle vom 10.07.2015 – 2 Ss (OWi) 112/15, BeckRS 2015, 14331; OLG München vom 23.09.2014 – 3 Ws 599, 600/14, BB 2015, S. 2004; Ziegler, in: Blum/Gassner/Seith, OWiG, § 130, Rn. 4, 52 ff.

35 Anderenfalls käme es zu einer „Verdopplung" von Strafnormen; vgl. Kölbel, ZSTW 2013, Bd. 125, Heft 3, S. 499 (530 f.)

36 Vgl. BFH vom 03.03.2015 – II R 30/13, BStBl. II 2015, S. 777.

37 Vor Einleitung eines Steuerstrafverfahrens bedarf es eines Anfangsverdachts i.S. „zureichender tatsächlicher Anhaltspunkte" für eine Steuerstraftat (§§ 152 Abs. 2, 160 Abs. 1 StPO). Die Verfolgungsbehörden sind dann nach pflichtgemäßem Ermessen zur Einleitung eines Verfahrens verpflichtet. Bei möglicher Steuerordnungswidrigkeit gilt das Opportunitätsprinzip (§§ 410 Abs. 1 AO, 47 Abs. 1 OWiG). Ein erkennbar „indolenter" Umgang mit der Erfüllung steuerlicher Pflichten kann jeweils einen Anfangsverdacht begründen.

38 BGH vom 08.09.2011 – 1 StR 38/11, NStZ 2012, S. 160.

39 BFH vom 24.07.2014 – V R 44/13, BStBl. II 2014, S. 955; vom 03.03. 2015 – II R 30/13, BStBl. II 2015, S. 777. An „Kaufleute" werden hierbei höhere Anforderungen gestellt als an andere Steuerpflichtige; BFH vom 19.02.2009 – II R 49/07, BStBl. II 2009, S. 932, m.w.N.

40 BFH vom 24.04.1996 – II R 73/93, BFH/NV 1996, S. 731; vom 19.02.2009 – II R 49/07, BStBl. II 2009, S. 932, m.w.N.

keit der Steuerpflicht nicht erklärter Sachverhalte rechnen und Zweifel an der Rechtmäßigkeit seines Verhaltens haben.[41]

Angesichts der Komplexität sowohl des Steuerrechts als auch der unternehmerischen Prozesse[42] dürfen die Anforderungen an steuerbezogene Organisationspflichten allerdings nicht so überspannt werden, dass der subjektive Tatbestand einer Steuerstraftat oder -ordnungswidrigkeit faktisch an Bedeutung verlöre. Sind etwa im Unternehmen keinerlei Abläufe und Kontrollen fixiert, um sicherzustellen, dass im Vertrieb Aufwendungen für allgemeines Marketing, Geschenke und Bewirtungen separat aufgezeichnet und der Steuerabteilung gemeldet werden, könnte dies ein Indiz für Eventualvorsatz oder Leichtfertigkeit sein. Unterläuft bei der ansonsten ernsthaft angegangenen internen Aufzeichnung und Kommunikation „nur" ein Fehler, wird man jedoch nicht automatisch auf den subjektiven Tatbestand einer Steuerstraftat oder Steuerordnungswidrigkeit schließen können.

Indiz und subjektiver Tatbestand selbst dürfen nicht verwechselt werden, und die anhand äußerer Umstände des Kontrollsystems vorwerfbare Leichtfertigkeit einer Pflichtverletzung darf nicht automatisch zur Annahme von Eventualvorsatz führen.[43] Das widerspräche nicht zuletzt dem strafrechtlichen Grundsatz des „in dubio pro reo". Droht die Gefahr, dass eine Fehleranzeige nach § 153 AO vorschnell zur Selbstanzeige mutiert, belastet sich der Steuerpflichtige außerdem möglicherweise selbst, ohne dies – entgegen der verfassungsrechtlich geschützten Selbstbelastungsfreiheit[44] – zu wollen und ohne mit Sicherheit Strafbefreiung erlangen zu können.[45] In der Praxis könnte dies zur Folge haben, dass eine Anzeige nach § 153 AO im Zweifel unterbleibt – was indes gerade die Hinterziehungstat begründen würde. Gelöst werden kann dies nur, wenn die Sorgfaltsmaßstäbe, bei deren Verletzung Eventualvorsatz indiziert wird, nicht zu hoch gesetzt werden.

4. Folgerungen

4.1. Einordnung und Prüfung eines Tax-CMS durch die Finanzverwaltung

Vorstehenden Ausführungen entspricht das BMF-Anwendungsschreiben zur Bedeutung eines Tax-CMS; es soll *ggf.* ein Indiz darstellen, das gegen das Vorliegen von Vorsatz oder Leichtfertigkeit sprechen kann, jedoch nicht von einer Prüfung des jeweiligen Einzelfalls befreit (Rn. 2.6 des AEAO zu § 153 AO).

Die relativ schwache Formulierung erklärt sich bereits daraus, dass die Installierung und Prüfung eines bestimmten „innerbetrieblichen Kontrollsystems" zur Erfüllung steuerlicher Pflichten nicht vorgeschrieben ist. Nicht das Fehlen eines Tax-CMS oder die einzelne Lücke im innerbetrieblichen Kontrollsystem als solche darf geahndet werden;[46] es kommt

---

41 Vgl. *Steinberg*, WiVerw 2014, S. 112, m.w.N.; Ransiek in Kohlmann (Hrsg.), Steuerstrafrecht, § 370 AO, Rn. 658ff. Ein schuldausschließender Tatbestandsirrtum wird dann verneint; vgl. BGH vom 08.09. 2011 – 1 StR 38/11, NStZ 2012, S. 160.

42 Vgl. *Esterer*, DB 21/2016, S. M5.

43 Vgl. auch *Steinberg*, WiVerw 2014, S. 112.

44 BVerfG vom 13.01.1981 – 1 BvR 116/77, BVerfGE 56, S. 37.

45 Unter Hinweis auf die möglicherweise kritische Konfliktsituation geht hiervon indes BGH vom 17.03.2009 – 1 StR 479/08, BGHSt 53, S. 210, Rn. 28, aus.

46 Das entspräche faktisch einer Minimierung des subjektiven Tatbestands von Vorsatz und Leichtfertigkeit, letztlich könnte dann jeder Fehler als vermeidbar und damit verschuldet eingeordnet werden.

vielmehr auf die „Ernsthaftigkeit"[47] und Angemessenheit des jeweiligen Sicherungssystems im Einzelfall an, die dann Indiz *gegen* Eventualvorsatz und Leichtfertigkeit sein kann. Die fortbestehende Rechtsunsicherheit hinsichtlich der steuerverfahrens- und vor allem steuerstrafrechtlichen Wirkungen eines Tax-CMS schmälert dessen Wert aus Sicht der Unternehmen, die hierfür Kosten aufwenden müssen, indes beträchtlich.[48] Fraglich ist, ob dem Problem mittels einer Zertifizierung von Tax-CMS durch die Finanzbehörden begegnet werden könnte, wobei sich dann sogleich die Frage nach der möglichen Feststellungswirkung einer derartigen Zertifizierung stellt. Letztlich könnte eine derartige Prüfung durch die Finanzverwaltung, für die eine gesetzliche Grundlage zu schaffen wäre, nur bescheinigen, dass das System bestimmten Sorgfaltsanforderungen genügt. Den Vorwurf von Vorsatz oder Leichtfertigkeit im *Einzelfall* könnte eine verwaltungsseitige Akkreditierung des Kontrollsystems dagegen – ebenso wie Prüfungsfeststellungen nach IDW Grundsätzen – nicht ausschließen.

Kapazitätsrestriktionen der Finanzverwaltung können der Forderung nach Zertifizierung nicht per se entgegengehalten werden. In der Betriebsprüfung erlangt die Finanzverwaltung Kenntnis von den steuerbezogenen Organisationsstrukturen. Zudem ist damit zu rechnen, dass diese Maßnahmen auch im Rahmen des Risikomanagementsystems der Finanzverwaltung als „Zuverlässigkeitsparameter" Berücksichtigung finden werden.[49] Hieraus könnte entsprechend der allgemeinen Betreuungspflicht der Finanzbehörden eine verwaltungsseitige Hinweispflicht zumindest für den Fall gefolgert werden, dass im innerbetrieblichen Kontrollsystem gravierende Mängel festgestellt werden.[50] Das wiederum wird auch bei einer nachfolgenden Prüfung von Vorsatz oder Leichtfertigkeit aufgrund mangelnder innerbetrieblicher Kontrollsysteme mit zu berücksichtigen sein.

Sind Maßnahmen des innerbetrieblichen Kontrollsystems implizit Gegenstand einer Betriebsprüfung, könnte mit § 204 AO – der verbindlichen Zusage nach einer Außenprüfung – womöglich auch schon ein Instrument zur partiellen Absicherung des Steuerpflichtigen zur Verfügung stehen. Gegenstand der verbindlichen Zusage sind bereits geprüfte (Dauer-)Sachverhalte und deren – auch künftige – rechtliche Würdigung durch die Finanzbehörde. Ein solcher „Sachverhalt" kann ein tatsächlicher Zustand oder Vorgang sein, der für die Besteuerung von Bedeutung ist;[51] auch Sachverhalte, die Indizien subjektiver Tatbestandselemente darstellen wie die Strukturen eines innerbetrieblichen Kontrollsystems, könnten hierunter gefasst werden. Ähnliches könnte für die geplante Einrichtung eines Tax-CMS mit Blick auf eine verbindliche Auskunft gelten (§ 89 Abs. 2 AO). Solange nicht das Gegenteil geklärt ist, könnte bereits ein entsprechender ernstgemeinter Antrag gegen Vorsatz wie Leichtfertigkeit sprechen.

---

47 Insoweit sollte auch das „Bemühen" des Steuerpflichtigen um Verbesserung seiner „Compliance" eine Rolle spielen; vgl. hierzu auch *Esterer*, DB 21/2016, S. M5.

48 Denkbar ist hier auch eine unterschiedliche Interessenlage von Management und Unternehmen im Sinne eines Principal-Agent-Konflikts.

49 Vgl. auch *Esterer*, DB 21/2016, S. M5.

50 Vgl. *Seer*, in: Tipke/Kruse, AO/FGO, § 89 AO, Rn. 6.

51 Vgl. *Seer*, a.a.O. (Fn. 50), § 204 AO, Rn. 18.

Insgesamt ist zu bedenken, dass die Einschätzung der Finanzbehörden nicht bindend für ein mögliches Steuerstrafverfahren ist. Soweit allerdings bereits ein Anfangsverdacht ausgeräumt und ein Strafverfahren nicht eingeleitet wird, haben Regelungen der Finanzverwaltung weiterreichende Bedeutung.

4.2. Einrichtung und Prüfung eines Tax-CMS gemäß Entwurf eines IDW Praxishinweises 1/2016

Die Befassung des IDW mit dem Thema „Tax Compliance" ist insgesamt zu begrüßen; die beispielhaften Ausführungen zur möglichen Gestaltung eines Tax-CMS können für die Unternehmenspraxis wertvolle Hinweise liefern. Richtigerweise betont das IDW indes auch, dass seine Ausführungen zur Gestaltung einzelner Grundelemente eines Tax-CMS nur beispielhaft erfolgen und keinen neuen Mindeststandard unabhängig von Unternehmensgröße und anderen Spezifika setzen.[52] So wird „Tax Compliance" in größeren Konzernen am ehesten auch eine Frage der richtigen „Automatisierung" zum Erlangen von „Prozesssicherheit" sein.[53] Kleinere Unternehmen werden dagegen im Einzelfall auch außerhalb automatisierter Kontroll- und Berichtsabläufe ihre allgemeinen steuerlichen Sorgfaltspflichten erfüllen können.

Wichtig ist vor allem Flexibilität. Es muss möglich sein, die Maßstäbe des Entwurfs eines *IDW Praxishinweises 1/2016* zur Gestaltung eines Tax-CMS auf unterschiedliche Unternehmenstypen zuzuschneiden und anzuwenden: So könnte die sorgfältig arbeitende Bürovorsteherin in einem Kleinbetrieb, die nach Checklisten steuerliche Fristen prüft, durchaus Kern eines „Tax-CMS" sein, auch wenn man dies nicht so bezeichnen würde. Zudem darf bei einem Abweichen von den Vorschlägen des IDW nicht ohne Weiteres auf grobe Fahrlässigkeit oder gar (Eventual-)Vorsatz hinsichtlich möglicher Fehler geschlossen werden. Nicht ohne Grund hat das BMF – ungeachtet der Frage, ob dies ohne gesetzliche Grundlage überhaupt möglich wäre – im Anwendungsschreiben zu § 153 AO kein bestimmtes System vorgegeben.

5. Fazit: Was kann ein Tax-Compliance-Management-System leisten?

Angesichts von Komplexität und Fehleranfälligkeit des Unternehmenssteuerrechts spielt die Abgrenzung zwischen schlichter Fehleranzeige und -berichtung nach § 153 AO und einer Selbstanzeige nach § 371 AO in der Praxis eine erhebliche Bedeutung. Positive Erwartungen auf die eingangs gestellte Frage, was ein Tax-Compliance-Management-System im Hinblick auf entsprechende Abgrenzungsfragen einer Steuerstraftat oder -ordnungswidrigkeit leisten kann, werden indes bereits dadurch gedämpft, dass die Einrichtung be-

---

52 Die Gestaltung eines Tax-CMS hänge vielmehr von Unternehmensspezifika wie der Größe des Unternehmens, Art, Umfang und Internationalität seiner Geschäftstätigkeit oder auch Branche ab; vgl. *Entwurf eines IDW Praxishinweises 1/2016*, Abschnitt 4.3., Rn. 24.

53 Gemeint sind die externen Prozesse zwischen Unternehmen und Finanzverwaltung wie auch die internen Prozesse zwischen Steuerabteilung und anderen Unternehmensabteilungen; vgl. *Esterer*, DB 21/2016, S. M5. Auch wenn originär keine handelsrechtliche Pflicht zur Einrichtung eines Internen Kontrollsystems und Risikomanagementsystems besteht, sind kapitalmarktorientierte Unternehmen überdies zur Lageberichtstattung über das (handels-)rechnungslegungsbezogene Interne Kontrollsystem und Risikomanagementsystem verpflichtet (§ 289 Abs. 5 HGB).

stimmter innerbetrieblicher Kontrollsysteme zur Erfüllung steuerlicher Pflichten gesetzlich nicht vorgeschrieben ist und die Auffassung der Finanzverwaltung hierzu – aktuell die Einpassung von Regelungen zu § 153 AO in den AEAO – in einem möglichen strafrechtlichen Verfahren keine Bindungswirkung entfalten kann.

Dabei geht es nicht um die Beurteilung herausragender Einzelfälle möglicher Steuerstraftaten, sondern darum, ob aus steuerlichen Organisationsmängeln Fehler strafrechtlich vorgezeichnet sind. Ist allerdings die unterlassene Einrichtung spezieller Kontrollsysteme als solche irrelevant und gesetzlich nicht vorgeschrieben, ist hier zwingend Augenmaß zu wahren, damit es nicht zu einer faktischen Verdopplung von Strafnormen kommt. Versteht man unter einem Tax-CMS allgemein einzelfallangemessene Vorkehrungen zur Sicherstellung der Erfüllung steuerlicher Pflichten, wird dies allerdings sowohl im Besteuerungsverfahren (verschuldensabhängige Tatbestände, Verjährung, Beweiskraft der Buchführung) wie auch in einem möglichen Strafverfahren Relevanz haben.

Die Befassung auch des IDW mit dem Thema „Tax Compliance" ist zu begrüßen; die Diskussion um Inhalt, Bedeutung und Prüfung von Tax-CMS darf allerdings nicht zu einer allgemeinen faktischen Erhöhung von Sorgfaltsstandards in dem Sinne führen, dass bei Abweichen von den beispielhaften Ausführungen des IDW Vorschlags Leichtfertigkeit oder gar Vorsatz angenommen würde. Nicht die Einrichtung eines Tax-CMS als solche ist nämlich mit Blick auf Indizien des subjektiven Tatbestands einer Steuerhinterziehungstat oder -ordnungswidrigkeit entscheidend, sondern dass der Steuerpflichtige sich grundsätzlich ernsthaft um eine im Einzelfall angemessene steuerliche Compliance bemüht.